나노경영

저자 **노중호**

저자는 현재 기업의 저효율 고비용 체질구조를 저비용 고효율 고창출 체질구조로 리모델링을 하는 기업병원인 아이크텍에서 법인전문의로 활동하고 있다. 미 국방경영대학원에서 시스템과학을 전공하였으며 조지워싱턴대학교 보스턴대학교 서울대학교에서 CIO와 CEO과정을 이수하였다. 미 국방부 산하기관에서 컴퓨터 전문가로 출발하여 IBRD 조사단 수석경제전문가 겸 컴퓨터과학자로 활동하다 일본으로 가 솔루션컨설팅사 컨설턴트 사부로 활동했으며, 대만에서는 RPTI 및 후와신정보시스템사 등에서 시스템 컨설턴트로 근무하였다. 국내에서는 쌍용양회 상무이사, 쌍용정보통신 전무이사 겸 대표컨설턴트, 시에치노컨설팅사 CEO 겸 마스터 컨설턴트를 역임했으며 과학기술처 소프트웨어 진흥위원을 비롯해 경제기획원, 총무처 등 여러 부처의 정책자문위원으로 활동했다. 동국대학교 및 대학원 강사, 국민대학교 강사, KDI 초빙 연구원을 지냈다. 미 연방정부 10년 장기근무공로상, 오세아니아.태평양 정보산업연합회 국제정보화공로상, 한국 컴퓨터기자 클럽 올해의인물상 등을 수상했다.
저서로는 21세기 정보화와 인공지식시스템(한울), 맥이트(McIT)경영혁명(황금가지), 다운사이징과 기업재창조(김영사), 정보화 실전현장(매일경제) 등 다수가 있다.

나노경영학 총서 ①

나노경영

지은이 | 노중호
펴낸이 | 손상목
펴낸곳 | 도서출판 인디북
편집 | 신선균 조혜민 정세현 우정은 최영선
디자인 | 디자인캠프 최승협 엄혜강 이경주 나수정
마케팅 | 이민우 정현철
관리 | 김봉환 길은자

1판 1쇄 인쇄 | 2004. 3. 23
1판 1쇄 발행 | 2004. 3. 31

등록일자 | 2002. 2. 28
등록번호 | 제 10-2321호
서울시 마포구 현석동 105-56 3층
전화번호 3273-6895, 6 팩시밀리 3273-6897
홈페이지 | www.indebook.com

ISBN 89-89258-70-7 (세트)
89-89258-71-5 94320

나노경영학 총서 ①

나노경영

노중호 지음

인디북

RECOMMENDATION

I have some experience in BPR consulting project using CHNO's "McIT-AutoDes". "McIT-AutoDes" is a basic methodology/tool of "eDoctor". It had several good features as following.

For Manager
  Can get new business process & organization
  with applied IT at a time.
For User
  Can use their own terms/words & thinking way.
  Can understand a way to innovating themselves.
For Developer
  Can reflect business expert's KnowHow on IT.
  Can make model and can develop IT easily.
For Consultant
  Can grasp whole customer's business quickly.
For All people
  Can arrive more high level without time and money.

I know that CHNO had dilated "McIT-AutoDes" and purified it in last several years. Now then, "eDoctor" is more friendly and more easily to apply.

CHNO's concept is "Total Re-Creating a Company" with changing mind and enterprise businesses. Company can strengthen their power withal downsizing their IT & organization.

By occasion of above-mentioned reasons, I am convinced that "eDoctor" is a one of best solution of enterprise innovation.

Best regards.

Toshiya Kiriyama
Consulting Manager
EST Consulting Dept.
CAC Corporatio n, Japan
toshiya@cac.co.jp

추천서

나노경영을 가능케 한 법인의학이
세계 최초로 기업 게놈지도를 찾아내다

본인은 비즈니스 프로세스 리엔지니어링 컨설팅 프로젝트를 CHNO(노중호)의 eDoctor로 수행한 경험을 갖고 있으며 본인이 사용하였던 eDoctor는 나노경영의 실행 기술로 기초적인 기술 도구였음에도 불구하고 다음과 같은 장점이 있었다.

경영관리자는
　IT를 비즈니스 프로세스와 조직구조에 동시 적용할 수 있다.
업무수행자는
　그들이 사용하는 일상적인 용어와 사고방식대로 IT를 사용할 수 있으며,
　그들 스스로가 이노베이션하는 방법을 알게 된다.
개발자는
　IT에 비즈니스 전문가의 노하우를 반영할 수 있다.
컨설턴트는
　전 고객들의 업무를 모두 빠르게 파악할 수 있다.
일반인들은
　시간과 돈에 구애되지 않고 높은 경지로 업그레이드된다.

본인은 지난 몇 년 사이에 eDoctor가 더욱 발전되어 보다 난해한 문제도 쉽게 풀어 주고 사용하기 편리하게 된 것으로 알고 있다.

나노경영과 eDdctor는 경영 마인드와 기업경영 모델을 전체적으로 재창조해 주고 회사의 경쟁력을 IT의 다운사이징을 통해 강화시켜 준다.

위에서 설명한 바와 같은 이유들로 본인은 나노경영의 eDoctor가 기업의 이노베이션을 성취시키는 세계적인 솔루션이라고 확신하여 이에 추천하는 바이다.

도시야 기리야마
EST컨설팅부 부장
일본 CAC 주식회사
toshiya@cac.co.jp

머리말

“유년기에는 사는 버릇 들여 인생의 씨앗이 되게 하고, 소년기에는 학습하고 공부해 뿌린 씨앗 자라게 하고, 청 · 장년기에는 열심히 일하여 열매 열도록 하고, 노년기에는 수확을 거둬들여 후학들에게 가르침이 되다가 인생을 마무리하는 것이 인생에서 성공하는 것이다.”

말을 하기 시작하면서부터 할아버님으로부터 천자문을 배울 때 받은 가르침이다. 동양 사상에 체화된 사람으로서 최첨단 서양과학 문명 가운데 하나인 컴퓨터와 정보통신 기술을 배우고 활용하는 영역에서 조부님의 가르침대로 인생을 경영해 왔으나 아직까지도 욕심이 있어 감히 법인의학을 책으로 남기려고 한다.

평생을 디지털 혁명의 파도를 타고 정보화 사회의 여명기를 지나 지식기반 정보화 사회에 이르다 보니, 산업화 시대의 뿌리를 갖고 있는 경영학만으로는 지식기반 정보화 기업을 경영하는 방법을 알 수가 없다는 것을 뼈저리게 느껴 왔다.

법인의학을 나름대로 나만의 것으로 활용하면서 기업의 고비용 저효율의 체질병을 치료하는 법인전문의(法人專門醫)로서 활동하고 있던 중에 인디북 출판사의 손상목 사장님과 파이낸셜 뉴스의 노정용 차장님의 권고와 협조로 이 책을 출간하기에 이르렀다. 그리고 이 책을 차제(此際)에 법인의과 대학교가 세워지면 교재로 활용할 수 있도록 '나노경영학 총서'로 제목을 정하였으며, 그 첫 권으로 『나노경영』을 썼다.

법인의학 연구소에서

저자

이 책이 주는 의미

최고경영자와 경영인에게

기업 경영인들은 항상 기업의 고비용 저효율을 개선하려고 불철주야로 노력하며 고심하고 있다. 구조조정도 해 보고, 비즈니스 프로세스 리엔지니어링(BPR)도 해 보고, 경영정보 시스템(MIS)도 시도해 보고, 전사적 자원계획(ERP)도 구축해 보았지만 백약이 무효로 고비용 저효율의 구조는 뜻대로 개선되지 않고 있다.

IT의 기능과 성능이 개선되면서 18개월마다 가격이 절반씩 떨어지고 있는데도 불구하고 IT 이용 비용은 경영 효율이나 비용 개선과는 무관하게 날이 갈수록 누적 증가되고 있다.

신문도 하루 전의 소식은 취급하지 않으려고 하는데 초고속 디지털 정보 처리 시설을 갖추어 놓고도 2개월 전의 경영 결산 소식을 활용할 수밖에 없다.

정보의 집중화로 기업의 프라이버시는 파괴되고 있다. 뿐만 아니라 정보 처리 속도는 빨라졌으나 기업환경 변화에 실시간으로 적응하는 유연성은 오히려 악화되고 있다.

이러한 현실 속에서 시대는 지식기반 정보화로 흐르고 있다. 말로는 지식경영을 외치면서도 업무 지식과 노하우가 축적된 40대 이후의 직원들을 퇴출시키고 있다. 그러나 이와 같은 어려움 속에서도 경영인들은 IT를 버릴 수가 없다. 이러한 연유로 법인의학을 찾게 된 것이다. 산업화 시대의 경영이론과 기술을 버리고 지식기반 정보화 시대의 경영이론과 기술을 활용하는 것이 법인의학/의술이다. 기업의 고비용 저효율은 기업 체질 구조가 일으키는 체질병이다. 그러므로 기업 체질 구조를 치료해야 한다.

ERP와 같은 기존의 기업정보화는 기업을 무생물로 보면서 정보계만을 다루고 있기 때문에 지식기반 정보화를 이룰 수 없다. 기업은 법인(法人)으로서 생명체이다. 그러므로 법인체는 12개의 경락으로 된 경결계와 경혈이 있고, 순환계와 같은 물량계가 있다. 그리고 신경계인 정보계가 있다. 이 3계를 다룰 수 있어야 지식기반 정보화 기업(법인)이 될 수 있는 것이다.

정보화는 정보를 공유하는 양지가 있는 반면, 프라이버시를 파괴하는 법인 인권 침해의 음지가 있다. 이 상극 관계를 '지식산소

(Knoxygen)'로 상생 관계로 만들어야 한다.

지금까지의 정보화는 '표준화'를 지향하는 것인데 표준화는 변화에 실시간 적응하는 유연성을 잃게 한다. 표준화는 기술에 적합한 것이다. 기업은 문화이다. 문화는 다양성의 속성을 지니고 있다. 그러므로 표준화는 금물이다. '다양화'를 지향하면서 스피드를 결합해야 한다. '다양화 + 스피드'가 유연성이다. 업무처리 구조의 레고(Lego)화로 되는 것이다.

업무 전문가가 컴퓨터 프로그램을 제작해야 업무를 잘 처리하는 IT 시스템이 되는 것인데 IT 엔지니어가 업무 전문가에게 배워가며 컴퓨터 프로그램을 제작하고 있다. 업무 전문가는 자신이 알고 있는 지식과 노하우를 모두 알려 주면 토사구팽이 될 수 있기 때문에 IT 엔지니어에게 모두 털어놓는다고 장담할 수 없다.

이 문제는 업무 전문가가 스스로 컴퓨터 프로그램을 제작하면서 IT 엔지니어에게는 IT 시스템 인프라 구축에서만 작업을 하게 함으로써 해결할 수 있다. 지식기반 정보화는 최고경영자가 깃발을 들고 법인의 구성원들이 하나이면서 하나가 아니 되는 시스템 파워로 되는 것이다. 시스템 파워는 인간의 두뇌 역량의 한계를 벗어나 있기 때문에 실현성이 없었다. 이제는 시스템 파워도 인공지식(人工知識) 시스템으로 실현시킬 수가 있게 되었다. 이는 인공 지식 법인의사(eDoctor)이다.

생명 과학자들은 인간 게놈 지도를 완성하여 지금의 평균 수명 75세를 배로 늘릴 수 있다는 전망을 내놓고 있으나 경영 과학자들은 아직까지 법인의 평균 수명을 연장시킬 수 있는 길을 내놓지 못하고 있다. 오히려 50세 정도였던 수명이 5세 정도로 단축되고 있다. 법인 게놈 지도의 작성으로 법인의 생로병사의 요인을 찾아낼 수 있게 됨으로써 기업의 평균 수명을 연장시킬 수 있는 전환점을 맞게 된 것이다.

중소기업 사장에게

사람은 어린이든 어른이든 간에 인간으로서의 구조가 똑같듯이 중소기업이나 대기업의 경영 기능, 구조 및 관리요소는 모두 같다. 그러나 중소기업의 사장은 대기업과 같은 조건으로 경영전문인이나 직원을 쓸 수가 없다. 그럼에도 불구하고 마음으로는 직무분석도 하고, IS9000도 인증받고, 행위 기준 원가도 관리하고, 비즈니스 프로세스 리엔지니어링 컨설팅도 받고, 지식기반 정보 시스템도 구축하고 싶다.

그러나 비용과 인적 자원 등의 역량 때문에 이 소망을 이룰 수가 없다. 이 모든 것을 이루려면 기본으로 30억 원 정도가 들기 때문이다.

정보시스템만이라도 제대로 구축해 운영하고 싶어도 IT 엔지니어 등을 붙들어 놓을 수가 없다. 신입사원을 뽑아 3년 동안 훈련시켜 쓸 만하게 되면 조건이 좋은 곳에서 뽑아 가고 만다.

그러나 이제 중소기업도 대기업에서나 할 수 있는 최신 최고의 경영 기술을 활용할 수 있게 되었다. 중소기업 사장도 마음만 먹으면 현실적인 역량에 관계없이 꿈에 그리던 소망을 이룰 수가 있다. 바로 법인의학에서 그 길을 알려 주고 있다.

일반 직장인에게

요즘 직장인들은 평균 36.5세부터 퇴출 노이로제에 시달리기 시작한다고 한다. 경험과 노하우는 쌓이지만 급격히 발전되며 변하고 있는 기술, 특히 경영관리 기술에 직접적인 영향을 주는 IT의 발전을 따라잡기가 힘들다. 경영진에서는 지식경영이란 화두로 압박해 오고 있으나 새로운 것을 배울 시간을 만들어 낼 수가 없다. 기껏해야 한 달에 한두 번씩 한두 시간의 조찬강연이 고작이다. IT 문맹자는 퇴출될 수 있다는 분위기 때문에 인터넷을 배우고 컴퓨터 앞에 앉아 있지만 증권시장 창구에 눈이 가고 온라인 포커나 게임에 손이 간다. 서류행정을 간편하게 할 수 있다고 하여 그룹웨어와 전자결제 시스템을 설치했지만 본부경영진에서 요구하는 보고서 횟수와 양은 그만큼 많아져 이를 치다꺼리하느라고 여념이 없다. 최고위층에서는 나이 많은 직원을 젊은 사원으로 물갈이하는 것이 회사를 새롭게 변화시키는 길이라 오해하고 있다.

한군데에 뿌리를 내리고 있으면서 쌓인 습성, 이 습성을 닦아내는 공부를 반복할 수 있다면 업무 노하우에 날개를 다는 것이다. 이로 인해서 회사가 새롭게 태어나면서 지식경영이 되는 것이다. 답답하다. 자녀를 학교에 보내면서 돈이 많이 들기 시작하는 30대 후반에 퇴출을 당하면 생존권이 박탈된다. 같은 처지에 있는 노동자들끼리 똘똘 뭉쳐 대항하는 길밖에 없다고 생각한다. 노사간에 너 죽고 나 죽기로 싸우다가 공멸하고 마는 걸 몰라서 그러겠는가? 지식기반 정보화기업으로 리모델링하면 모두가 살 수 있다. 기업 시스템을 구조적으로 달리할 때 직장인들이 업그레이드되어 회사가 새롭게 변화하고 직장인들의 갈등도 녹아 버린다. 법인의학에서 그 길을 안내하고 있다.

경영 컨설턴트에게

경영 혁신이나 경영 관련 지식이 기업 등 법인에게 실용화될 수 있도록 전달하려면 경영 컨설턴트가 직접 IT 시스템에 자신의 생각과 지식을 적용해야 하는데 그 길이 없다. 경영 컨설턴트의 전문영역과 IT 엔지니어의 전문영역의 차이를 맞추기가 어렵다. 즉 생각과 지식의 프로토콜이 어렵다. 그래서 경영 컨설턴트의 지식과 노하우는 보고서로만 존재하게 되는 경우가 많다. IT 엔지니어의 생각과 지식에 따라 결과가 나올 뿐이다.

경영 컨설턴트가 IT 엔지니어를 리드하면서 기업의 목적인 저비용 고효율의 체질을 형성시킬 때 경영 컨설턴트의 가치는 더욱 높아진다. 법인 의사로서 업그레이드하는 길로 가면 된다.

IT 엔지니어에게

IT 엔지니어, 특히 어플리케이션 엔지니어의 정년은 35세이다. IT를 구동시키는 각종 기술들은 날이 갈수록 달라지고 있다. IT 제작 업체들이 '인스턴트'로 만들어 내는 도구들을 활용하는 요즘의 환경에서, IT 엔지니어는 조립공으로 존재하다가 바뀌는 도구에 밀려 조기 퇴출될 수밖에 없다. 경영 혁신 컨설턴트로 변신하기 가장 쉬운 속성을 지닌 직종이 어플리케이션 엔지니어이다. 경영 혁신 컨설턴트로 변신하면 건강이 다할 때까지 퇴출될 염려 없이 일을 할 수 있다. 법인의학에서 길을 찾으면 된다.

미취업인들에게

미국의 명문대학에서 경영학 박사학위를 취득하고 돌아온 인재들의 취업이 제대로 안 되고 있다. 기업의 고비용 저효율 체질이 더욱 악화되어 고급인력의 취업문이 더욱 좁아지고 있는 것이다. 학 · 석사학위를 가진 고학력자들이 기술학교에 다시 입학해 공부하고 있다. 그러나 한편에서는 대부분의 기업들이 지식기반 정보화 시대에 접어들어서도 산업화의 틀을 못 벗어나 수명이 짧아지고 있다. 이 모든 기업과 기관들이 지식기반 정보화 모델로 리모델링을 할 수밖에 없게 된 것이다. 이제 너도나도 지식기반 정보화 모델로 리모델링하려고 들 것이다.

그런데 리모델링을 수행할 법인의사도 학교도 없다. 고비용 저효율의 체질병을 고치기 위해 전사적 자원 계획(ERP), 경영정보 시스템(MIS), 전략정보 시스템(SIS), 지식경영 시스템(KMS), 의사결정 시스템(DMS)을 하나로 하는 실시간 경영 시스템(REMS)을 만드는 기술과 전문성을 교육 · 훈련시키는 곳이 바로 법인의과 대학이다. 그래서 법인의과 대학/대학원/교육원이 필요한데 학문도 책도 없는 현 상황에서 이 『나노경영』은 법인의학에 관한 첫 번째 책이다. 이 책을 통해 여러분은 법인의사의 길을 갈 수 있을 것이다.

차례

Part_3 법인의술

01

배경

NANO
MANAGEMENT

배경 1

법인의학의 태생 배경

복수의 사람이 모여 기업을 만들어 사업을 수행할 경우, 사업 수행의 효율성을 높이기 위해 먼저 사업 기능별로 업무를 구분해 분리한다. 분리된 업무들을 실무에 적합하도록 나눈 다음 이들을 다시 작업 단위로 나눈다. 그런 후에 작업 단위별로 인원을 배치해 숙련도와 효율성을 높인다. 예를 들면 제조판매사업을 수주, 구매, 제조, 재고, 출하, 유통, 수금, 경리, 자금, 급여, 회계 등으로 나누고 또 이들을 더 작은 단위로 나눈 다음 작업별로 인원을 배치해 해당 작업만을 수행케 하는 것이다. 이 방법은 아담 스미스의 『국부론』에 근거한 것으로, 표준화와 획일화를 전제로 하며 대량 생산을 가능케 하는 반면에 사람을 업무와 조직의 부품으로 만드는 특성을 지니고 있다. 산업혁명을 잉태시킨 이 이론이 모든 경영에서 기본이 되고 있다. 기업이나 조직경영의 현장은 물론 경영학도 이 틀 속에 있다.

그러므로 지금까지의 경영학이나 그러한 기법의 발상점은 '사업'이란 것을 무생물로 보고 시작한 것으로서 생명체인 인간마저 사업의 한 부품으로 무생물화되는 길로 가게 하고 있다. 지금의 경영학도 사람의 신바람을 일으키는 것을 과제로 하고 있으나 그것 또한 이미 무생물의 틀 속에 있는 것이어서 뇌사법인(腦死法人)의 꿈틀거림에 지나지 않는다.

기업은 경영정보를 통해 평가되며 여기에서 핵심은 경험이다. 재무제표, 자금유동성표, 원가분석서 등과 같은 경영정보를 보고 기업을 다루려면 역시 경험이 꼭 필요하다. 이 경험은 경영학자들에 의해 연구되어 정리된다. 그래서 '경험경영학'이 될 수밖에 없는 것이다. 오늘날에는 매입/매출표, 회계전표, 지출결의서 등을 수집, 분류, 나열, 집계, 계산, 기록, 전달이란 정보 처리 공정을 거쳐 경영정보를 만들어 내기 위해 과거 수작업으로 해 오던 정보처리 공정에 정보기술을 적용하고 있다. 전사적 자원 관리(ERP), 공급망 관리(SCM), 고객관계 관리(CRM) 등의 그럴듯한 용어를 만들어 내고 있지만 결국 모두가 '정보 처리 기술'의 범주 내에 있는 것이다.

동일한 경영환경에 있는 같은 업종의 기업들이라면 동일한 경영기술 및 정보기술들을 최대한 적용하게 되어 있다. 그러나 기업은 저마다 독특한 기업체질과 문화를 갖고 있으며 경영철학도 다르다. 고비용 저효율의 현상은 기업체질이 일으키는 병리현상이다. 따라서 이 체질병을 고치려면 기업체질에 맞는 처방으로 경영기술과 정보기술을 활용해야 하는데 그렇지 못한 실정이다.

경영철학, 기업문화, 기업체질은 생태계에나 있는 것이다. 그런

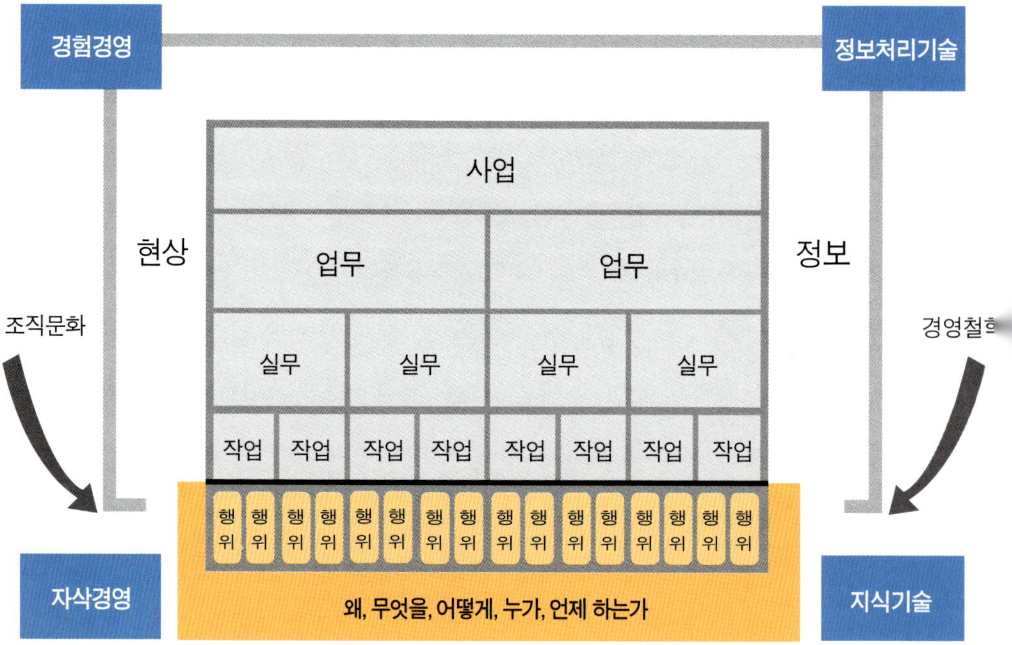

데 지금의 경영기법이 기업을 무생물로 보는 데서 출발한 것이기 때문에 이러한 생태계의 흐름을 볼 수가 없으며, 정보기술도 기업의 정보계에만 적용될 수밖에 없는 것이다. 생명체로서 인간에게 경락계, 신경계, 순환계가 있듯이 기업도 '법인(法人)'으로서 경결계, 정보계, 물량계가 있다. 그럼에도 불구하고 지금의 경영기법이나 학문은 경결계와 물량계를 다룰 수 있는 길이 없다. 기존의 접근법으로는 힘들기 때문이다.

기업에 있어서 사업은 업무의 집합이며, 업무는 실무의 집합이며, 실무는 작업의 집합이다. 이들을 다룰 수 있는 것은 각 집합 단위별로 집계되는 결과물을 분석하고 평가하여 피드백(Feed Back)하는 '관리'일 뿐이다. 따라서 현상을 관리할 수밖에 없는 태생적 한계점을 지니고 있는 것이다.

작업은 행위의 집합이며, 행위는 마음과 두뇌의 작용으로 생성된다. 마음과 두뇌는 조직(기업)문화와 경영철학의 영향을 받는다. 그러므로 행위의 패턴에 의해 기업체질이 형성된다. 행위가 생성해 내는 결과물이 현상인 것이다.

모기가 생기는 것은 물이 고여 썩기 때문에 일어나는 현상이다. 살충제를 뿌려 모기를 없애느냐 아니면 물이 고여 썩지 않도록 해서 모기가 생겨나지 못하게 하느냐에서 지금의 경영기법은 전자인 살충제를 뿌리는 방법이라 하겠다. 즉, 원인 행위를 다루는 후

자는 방법을 사용할 수가 없다. 다시 말하면 사업이라는 현상을 만들어 내는 '행위' 를 다루지 못하기 때문에 현상 관리를 하게 되는 것이다. 행위를 다룰 수가 없으므로 기업문화, 경영철학 그리

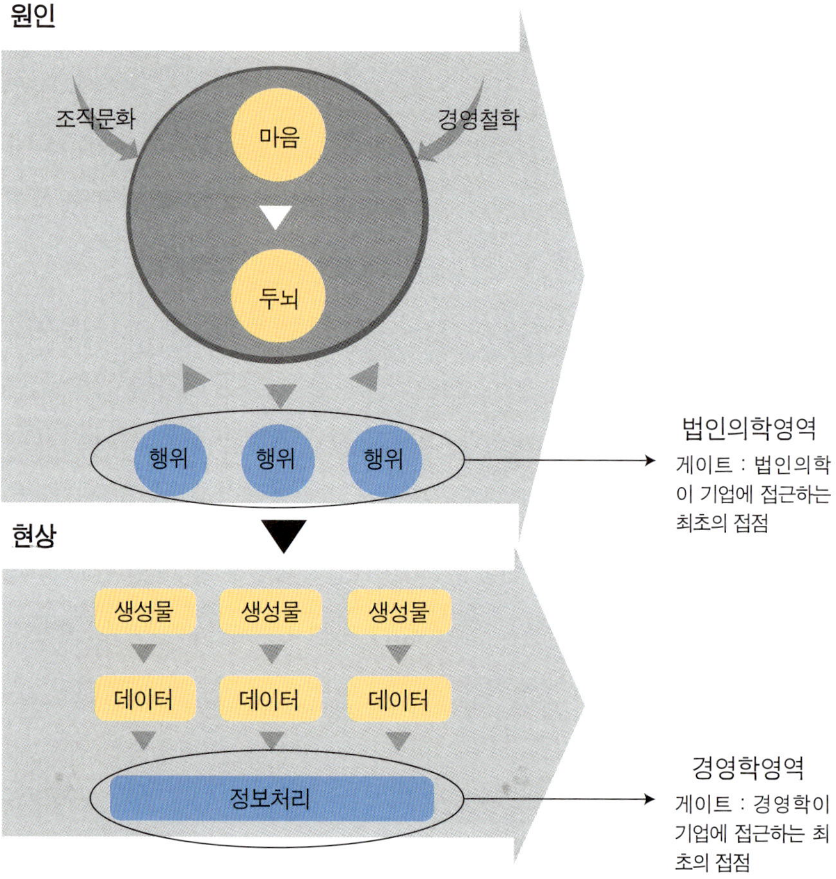

법인의학과 경영학의 영역 차이

고 기업체질도 경영할 수가 없다.

행위는 생명체만이 할 수 있다. 기업은 수많은 행위들이 일정한 궤도상에서 같은 목적을 가지고 공전과 자전을 하고 있는 생태계 시스템이다. 그렇기 때문에 기업을 법인이라고 하는 것이다. 법인의 생로병사를 다룰 수 있는 길은 기업을 생명체로 보고 법인체(法人體)의 구조를 해부학적으로 해석해야 열리게 된다. 법인체의 행위들을 만들어 내는 구성원들은 대부분 업무나 조직의 부품으로 살아오면서 시스템적 정신질환을 갖게 되었다. 이 정신질환을 치유함으로써 행위가 교정되고, 행위가 올바를 때 가치 있는 결과를 생성할 수 있다. 따라서 법인체를 진단하고 처방하며 시술하는 법인의학(法人醫學)과 의술이 창시된 것이다. 이 법인의학은 정보기술을 인간의 사고영역에 적용하는 지식기술(Knowledge Technology) 시대를 열고 경험경영을 지식경영으로 개벽하는 지식혁명의 도화선이 될 것이다.

02

법인의학

NANO MANAGEMENT

법인 의학 1

나노경영의 요점

현재까지도 많이들 활용하고 있는 매크로와 마이크로 경영기법은 지난 시대의 유물이 되고 있다. 디지털 시대가 되면서 나노경영을 해야만 살아남을 수가 있게 되었다.

기술문명이 혁신을 거듭하면서 인간의 평균 수명은 계속 연장되고 있으나 기업 등 법인의 평균 수명은 오히려 짧아지고 있다. 그 원인은 경영기법이 아날로그 시대에 멈추어 있기 때문이다. 즉, 생명과학 분야에서는 인간 게놈 지도의 완성으로 노화의 원인이 되는 세포까지 찾아내고 있는데 경영 분야에서는 아직까지 경영활동의 결과인 현상을 분석해 대응하는 분석적 경험경영에 머물러 있다.

이제 경영과학 분야에서도 법인 게놈 지도의 작성으로 법인 생로병사의 원인이 되는 세포를 찾아내게 되었으므로 현상의 원인 소자를 이루고 있는 법인활동구조를 미세 분해하여 다루는 과학 경영을 하게 된 것이다. 이로써 기업의 수명을 연장시키는 저비용 고창출을 생성할 수가 있게 되었다.

법인 게놈 지도의 작성을 통해 법인 생로병사의 원인을 형성하고 있는 EBN(법인 DNA)을 진단하여 치료하는 것이 나노경영의 핵심이기 때문에 나노경영학을 법인의학이라고 한 것이며 법인의술을 터득한 전문가를 법인의사라고 한다.

이 시대를 살고 있는 사람들은 디지털혁명에 휩쓸려 떠내려가고 있으면서도 구체적으로 그 실체를 알고 적용하려는 사람은 드물다. 그렇다면 디지털혁명의 실체부터 밝혀 보자.

이 세상 모든 사안과 사물들을 설명하고 전달하는 미디어의 구성 소자인 데이터를 '0'과 '1'로 미세 분해한 디지털이 혁명의 씨앗이 되고 있다. 이 디지털은 컴퓨터의 세포 단위이기도 하다. 인류문명을 생성하며 발전시키는 공정(工程)의 기축인 〈1.데이터수집→2.가공처리→3.전달〉을 수작업으로 하던 것을 정보통신기술(IT)로 하기 시작하면서부터 디지털혁명이 일어나기 시작했다.

디지털 문명의 인프라 기술은 IT이며, 그 문명의 창조기술은 응용(application)에 있다. 이 두 개의 축이 어떻게 발전되어 왔으며 어느 방향으로 발전해 가고 있는가가 디지털혁명의 실체이다.

인프라 기술 축에서 데이터수집공정은 자판입력(Key Entry) → 바코드입력(BAR Code Entry) → 패시브RFID(Passive Radio Frequency Identification) → 액티브RFID(Active RFID) → 지능RFID(Thinking RFID)으로의 방향이다. 따라서 이 상태는 상품 등이 박스에 포장되어 있는 채로 품명, 규격, 수량, 제조원, 제조일자 등과 같은 상품정보들이 자동으로 컴퓨터에 입력될 수 있고 또한 컴퓨터에서 처리된 결과치가 자동으로 상품에 부착된 RFID에 전달될 수 있으며 운반용기, 트럭, 선박, 비행기 등의 제원(諸元)을 컴퓨터가 자동으로 포착할 수 있다는 의미가 된다.

인프라 기술 축의 가공처리공정은 붙박이 대형 컴퓨터(Immovable Computer) → 탁상용 컴퓨터(Desk-Top Computer) → 노트북 컴퓨터(Notebook Computer) → 모바일 컴퓨터(Mobile Computer) → 동전형 컴퓨터(Coin Computer)로의 방향이다. 따라서 컴퓨터를 품속에 지니고 다니면서 인간의 두뇌를 지원할 수 있는 시스템으로 이용하는 시대가 되었다고 하겠다. 예를 들어 수만권의 책을 코인 컴퓨터 시스템에 담고 다니면서 누구나 척척박사가 될 수가 있는 것이다.

인프라 기술 축의 전달공정은 텔렉스 → 전화 → 광케이블 → 무선 → 통신위성으로의 방향이다. 따라서 지구촌 어디에서나 상시 전개되는 상황이 생중계될 수가 있다는 것이다.

창조기술인 응용 축에서 데이터수집공정은 텍스트(글자)→음성→동영상→입체동영상으로의 방향이다. 따라서 인간생활과 자연현상을 사이버 세계에서 그대로 재현할 수가 있다.

또한 응용 축에서 가공처리공정은 계산통계→사무처리→문방구→공간(Space)→사고(思考)영역으로의 방향이다. 따라서 한 사람이 수많은 전문가들의 지식행위들을 모두 해낼 수 있는 길이 열린 것이다.

이것이 디지털혁명의 실체다. 따라서 이 시대에 우뚝 설 수 있는 지도자나 부자가 될 수 있는 직업은 아티스트 겸 비즈니스 전략가 겸 엔지니어인 〔아트비즈엔저(ARTBIZENGER)〕이다.

그런데 아트비즈엔저가 되려면 전통적인 학문으로는 수학, 논리학, 경제학, 심리학, 경영학, 정보기술 등을 알아야 하고, 신(新)학문으로는 시스템과학, 인지스키마, 지식기술 그리고 법인의학을 알아야 한다.

디지털혁명은 지식혁명으로, 지식혁명은 생활혁명으로 도미노현상을 일으키면서 인간 생활의 인프라인 부(富)를 창조해 내는 기업경영도 전통적인 경영학과 경영기법만으로는 할 수가 없게 되었다. 이 시대의 파도에 휩쓸려 떠내려가지 않고 슬기롭게 탈 수 있는 지혜, 지식 그리고 기술을 배울 수 있는 신(新)학문을 '나노경영학총서'라 명명하고, 먼저 그 기초학문으로 핵심이 되는

『나노경영』을 펴내게 되었다. 아트비즈엔저가 되려는 사람이 배워야 하는 여러 가지 학문들을 모두 읽지 않고서도 이 한 권의 책만으로 길을 열 수 있도록 하였다.

이 책 전반부에서는 기업을 생명체로 정관(靜觀)한 법인체 해부학을 다루고, 후반부에서는 법인 게놈 지도를 통해 법인의 생로병사(生老病死)의 원인을 과학적으로 진단하고 처방하는 법인의술을 다루고 있다. 법인의술을 배움으로써 산업사회에 기초한 기업들의 고비용 저효율이라는 고질적인 기업병을 치유하고 저비용 고창출의 지식기반 정보화기업으로 이끄는 법인의사인 나노경영 전문가가 될 수 있을 것이다.

법인
의학 2

법인의학의 개념

법인의학은 기업, 국가기관, 사회단체 등과 같은 법인을 생명체로 대함으로써 법인의 생로병사의 원인을 찾아내고 치유해 고비용 저효율의 법인 체질병(法人體質病)을 고치는 사상, 이론 및 기술이다.

법인의학은 동양사상의 뿌리에 서양 과학기술을 가지로 접목해 창안되었다. 좀더 구체적으로 말하면 주역(周易), 시스템과학, 인지과학, 조직심리학, 인간행동공학, 논리학, 정보과학, IT 등의 통합지식을 기축으로 하고 관련 응용 지식들을 날개로 하는 이론인 것이다.

이것은 법인을 구성하고 있는 미세 소자들간의 연계 파동을 규명하여 기생충 속성을 갖는 EBN(Enterprise Bio Nuclear)은 제거하

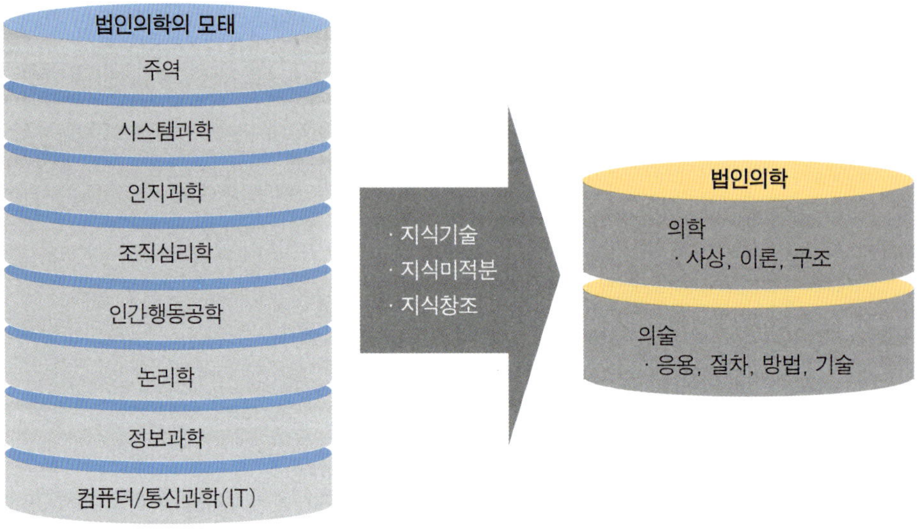

법인의학의 개념도

고, 새로운 가치를 만들어 주는 EBN이 생동토록 하여 미세 소자의 연계파동을 바로잡아 줌으로써 법인 활동의 균형을 이루어 주는 과학이다.

그리고 지식기반 정보화 사회에 적응할 수 있는 법인을 만드는 이론과 기술이라 할 수 있으며, 기존 산업화 모델의 법인을 지식기반 정보화 법인으로 리모델링(remodeling)하는 데 유효한 이론과 기술이다. 또한 산업화 시대의 경영, 경영혁신 및 정보화 방법을 대체시키는 방법이다.

변하면서 순환되고 있는 것이 우주만물의 이치이다. 이것만이

유일하게 변하지 않는 진리로서 그 외에 모든 것은 변하고 있다. 차면 기울게 되고, 실하면 허하게 되고, 오르면 내려오게 되고, 성하면 쇄하고, 쇄하면 성하게 되고, 헤어지면 만나게 되고, 어두우면 밝아지게 되고, 있음으로 없음이 있는 것이다. 있음은 양(陽)이고 없음은 음(陰)이다. 남자는 양이고 여자는 음이다. 세상만사가 음과 양이 합치고 분리되면서 변하게 되는 것이며, 분리된 것이 합쳐지고 합쳐진 것이 분리되는 이러한 순환을 거듭하고 있는 것이다.

합쳐지고 분리되는 과정에서 파동이 일어난다. 뜻과 말 그리고 실체가 모두 그러하다. 양은 1로 음은 0으로 기호화하여 디지털(Digital)이라 하였으며 1과 0의 결합과 그 분리를 주기와 사이클로 나타낸 것을 아날로그라고 하였다.

이치의 철학은 주역이며 이치의 과학적 접근을 시스템과학이라 한다. 이 시스템과학을 실용화시키는 기술이 컴퓨터이다. 주역의 8괘 64효는 컴퓨터의 8비트(bit) 64캐릭터(Character)와 맥을 같이 하고 있다.

인간 두뇌에 기억된 지식을 살펴보는 인지 스키마의 접근은 인지과학이며 지식을 미적분하는 학문은 논리학이다. 자유로운 상태에서와 조직의 일원으로서의 인간 심리 상태는 다른데 법인의 구성인이 되었을 때는 조직원으로서의 심리에 서게 된다. 그리고 이 심리 상태의 접근은 조직심리학이다.

인간의 마음과 습성은 행위에 담겨져 표출되며 이 행위 패턴의 접근이 인간행동공학이다. 또 사람간의 커뮤니케이션은 봉화불 커뮤니케이션에서 텔레파시 커뮤니케이션까지, 이 커뮤니케이션의 접근이 정보과학이다.

이 8개 학문영역을 정관(精觀)을 통해 추출해 융화하는 과정에서 지식기술이 나왔으며 여기에 경영 등 업무관련 실무지식을 미적분하여 삽입함으로써 법인의학이 창시된 것이다.

법인
의학 3

법인의학의 정의

법인이란 둘 이상의 사람들이 모여 너와 나 모두의 공생목표(共生目標)를 핵으로 하면서, 나의 사생목표(私生目標)를 개체(個體)로 하여 공전(共轉)과 자전(自轉)을 하는 가운데 공(公)과 사(私)의 가치 추구 및 실현을 위해 경쟁하면서, 삶과 죽음을 거듭하는 법적 인격체라고 정의된다.

이 정의는 '하나이면서 하나가 아니다' 라는 맥이트(McIT)사상* 에서 발상된 이론에 입각한 것이다.

너가 있으면 내가 있고, 내가 있으면 네가 있고, 너가 없으면 내가 없고, 내가 없으면 네가 없는 것이다. 이것이 세상 이치이다.

* 『맥이트(McIT)경영혁명』(노중호 저, 황금가지 출판) 참조.

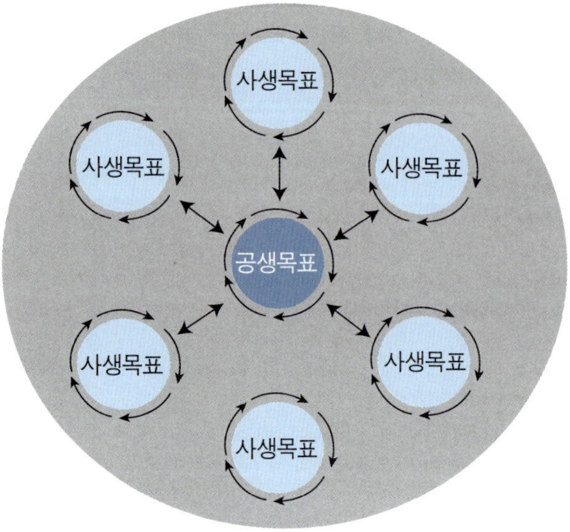

법인의 정의도

이치를 알면 실천하라. 그것이 진리이다. 법인의학은 이 불변의 진리를 갖고 태어난 법인의 생로병사를 다루는 학술로서, 고비용 저효율의 법인 체질병을 진단하고 치료하는 의학/의술이다.

법인
의학
4

법인체

기업, 정부기관, 학교, 은행, 조합, 기타 사회단체 등을 법인이라고 한다. 즉 '아티피셜 퍼슨(AP : artificial person)' 이다. 물(水) 흐르듯이 가는 사람(人)이라는 의미에서 법인(法人)이라고 한다. 법인체(法人體)는 이러한 법인의 모습과 구조이다. 그런데 사람들은 법인체의 모습과 구조를 어떻게 그려 내고 있는가? 조직도, 기능도, 업무흐름도, 법인정관, 재무제표, 법인의 이력과 실적표 등 각양각색이다. 그러나 이 모두가 법인체를 나타내 주지는 못하고 있다. 경영 전문가는 법인체를 다루는 전문인, 즉 법인체의 문제점을 찾아내고 고치는 일종의 '법인의사(法人醫師)' 인 셈이다. 이들 경영 전문가들은 어떻게 법인체의 구조를 알 수 있을까? 나름대로의 경험에 의해 자신의 기준으로 볼 수밖에 없다. 이것은 인체를 다루는 의사들이 인체의 구조를 인체 해부도로 그려 내기 전에 인간을 진단하던 때와 다를 바가 없다. 일반 의사들은 의학을 배우는 초기에 인체 해부도를 통해 인체 구조를 이해하게 된다. 인체 해부도는 그래서 의학과 의술의 관문인 것이다. 생명과학자들은 '인간 게놈 지도'까지 완성해 냄으로써 현재의 경험의학이 지식의학으로 뛰어넘는 길을 닦아 놓았다. 그러나 아직까지 경영 전문가들이 법인체 해부도를 그려 냈다는 소식은 없다. 이 법인체의 구조를 밝혀 주는 법인체 해부도가 없는 한, 경영 전문가들은 자신의 경험에 의존한 경영 컨설턴트의 역할을 뛰어넘어 법인전문의(法人專門醫)로서의 역할을 하기는 어렵다.

법인체의 구조를 해부학적으로 풀이하면 산업사회의 법인과는 또 다른 지식기반 정보사회의 법인체 구조를 쉽게 이해할 수 있다. 산업화 모델의 법인을 구성하고 있는 구성원들은 블루칼라와 화이트칼라뿐이었으나 지식기반 정보화 모델의 법인을 구성하고 있는 구성원들은 블루칼라 및 화이트칼라 외에 골드칼라가 더 있다. 이제 전통적인 경영학만으로는 법인을 다룰 수가 없게 된 것이다. 경영 컨설턴트의 역할만으로는 법인의 생로병사를 다루는 데 한계가 있다. 따라서 법인전문의의 역할이 필요하다.

법인
의학 5

법인체 구조

법인체는 두뇌 부분의 네 부위, 육체 부분의 액티비 트랙 그리고 심포(心包)로 구성된다.

액티비트랙(activi track)은 법인체의 행위들이 작동하는 궤도를 말한다.

법인의 두뇌 구조

법인의 두뇌 구조는 엔세파론, 너브, 비세라, 액션스터브 등의 네 부위로 되어 있다.

엔세파론(encephalon)은 법인체의 생명수를 분출하는 샘터로서

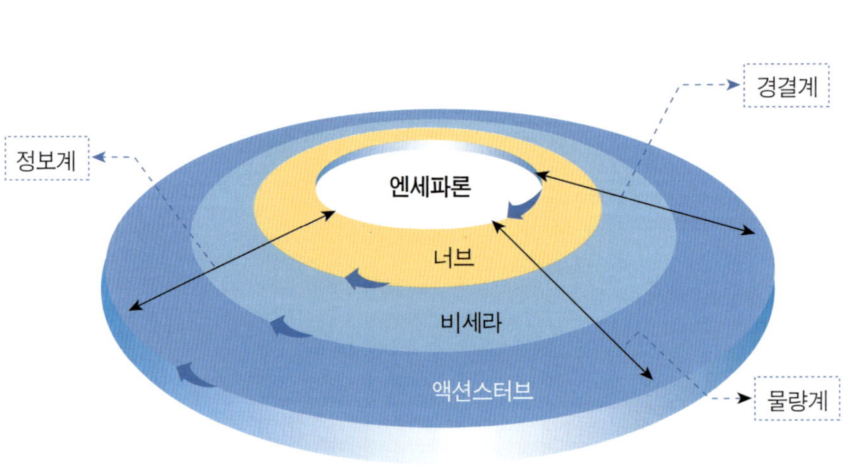

법인 두뇌 구조 (1차 분해도)

법인이 거두어들일 열매의 씨앗을 낳는다.

너브(nerve)는 법인체의 생명력을 유지시켜 주는 심장이다.

비세라(viscera)는 법인체가 생명체로 존재하는 데 필요한 활동 기능이다.

액션스터브(action Stub)는 법인체의 활동 기능을 수행하는 행동 단위이다.

법인체의 네 부위들이 하나이면서 하나가 아니 되는 시스템으로 생동하는 것은 경결계, 정보계, 물량계 등의 3계가 함께 작동하기 때문이다.

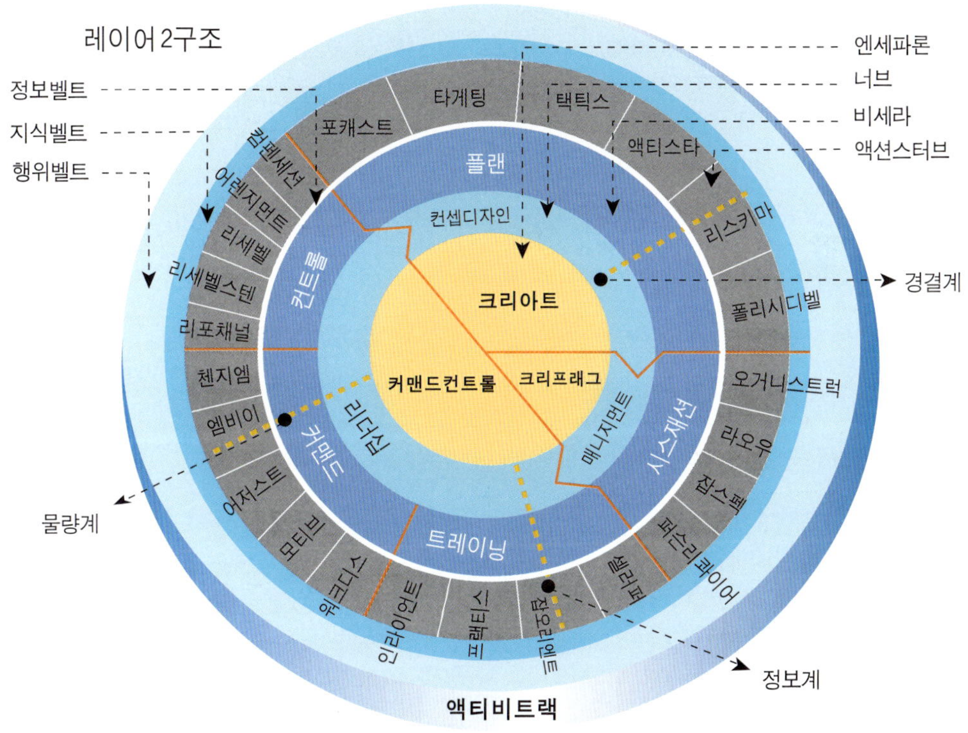

법인 두뇌 구조 (2차 분해도)

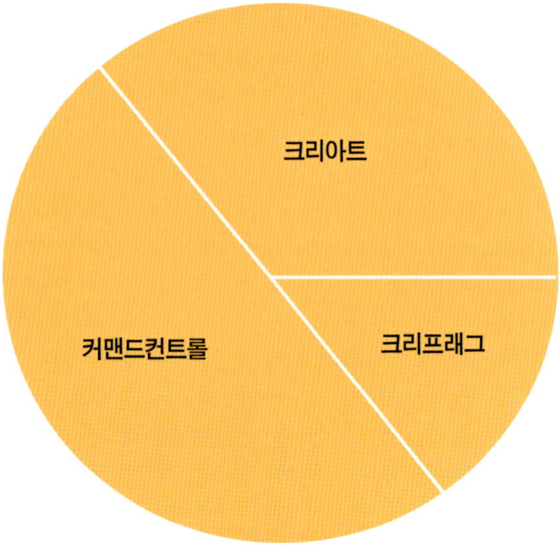

엔세파론

엔세파론 부위의 구조는 크리아트, 크리프래그, 커맨드컨트롤 등 세 개의 역활기(力活器)로 되어 있다.

크리아트(creart)는 변화를 창조하고, 창조를 생산한다. 변화는 안정이며, 창조는 도약이다. 그러므로 변화와 창조를 분출하지 못하면 법인은 샘물이 말라 버린 우물처럼 된다. 크리아트는 구상을 낳으며, 구상은 발상에서 싹이 트는 것이기 때문에 구상이 잘되고 못되는 것은 발상에서 결정된다. 위대한 발상은 지혜로부터 나온다.

크리프래그(creplag)는 구상을 실체화하는 준비작업을 한다. 크리아트에서 샘솟은 창조나 변화에 대응하는 아이디어를 담아 내는 그릇을 준비하는 역할을 하는 것이다. 그릇은 법인이 과업을 수행할 수 있는 역량을 의미한다.

커맨드컨트롤(commandcontrol)은 크리프래그에서 준비한 그릇으로 법인이 과업을 수행하도록 명령하고 통제한다. 즉, 법인의 일상적인 집행 활동을 관장한다.

너브

너브 부위는 컨셉디자인, 매니지먼트, 리더십의 세 영양소로 되어 있으며 이것은 엔세파론의 역활기(力活器)를 건강하게 해 준다.

컨셉디자인(concept-design)은 크리아트에서 솟아난 구상을 이론체계로 만드는 영양소이다.

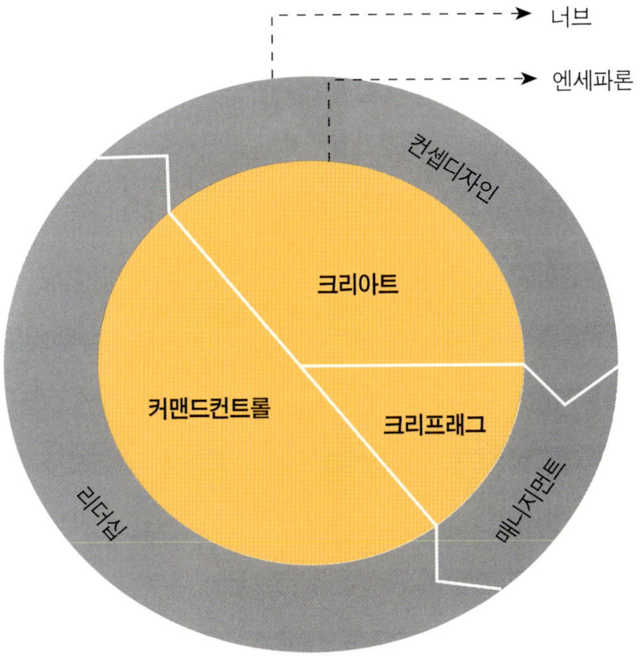

매니지먼트(management)는 크리프래그가 그릇을 준비하는 역량을 갖도록 하는 영양소이다.

리더십(leadership)은 커맨드컨트롤의 역량을 키우는 영양소이다.

비세라

비세라는 플랜, 시스재션, 트레이닝, 커맨드, 컨트롤 등의 다섯 가지 활동기능 단위로 구성되어 있다.

플랜(plan)은 과업의 구상이론을 실사(實事)로 구현하는 계획을 작성한다.

시스재션(syszation)은 과업의 구현 계획을 실행할 인원들을 조직화한다.

트레이닝(training)은 조직 구성원들에게 과업의 임무와 행동 요령을 훈련시킨다.

커맨드(command)는 과업수행 명령을 내린다.

컨트롤(control)은 과업수행 상황을 보고하고, 평가하며, 보상을 한다.

액션스터브

액션스터브는 포캐스트, 타게팅, 택틱스, 액티스타, 리스키마, 폴리시디벨, 오거니스트럭, 라오우, 잡스펙, 퍼슨리콰이어, 셀러

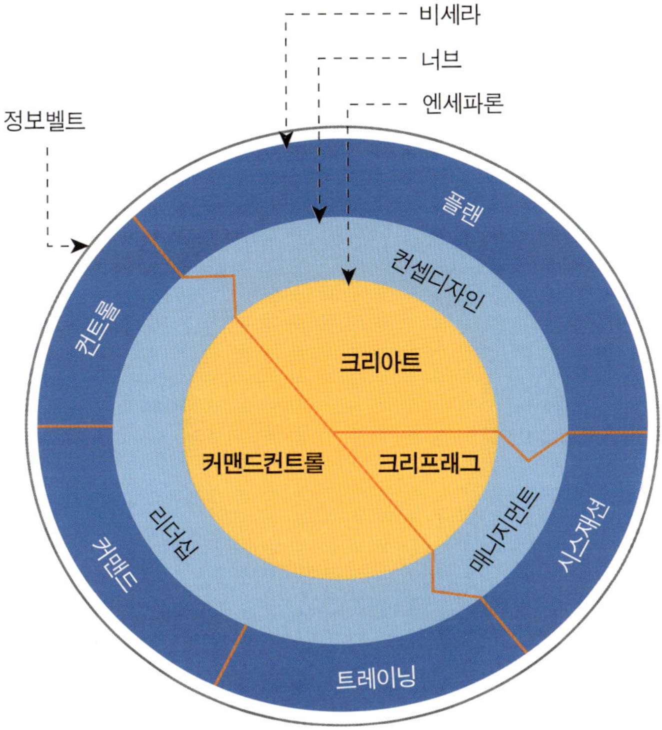

퍼, 잡오리엔트, 프랙티스, 인라이언트, 워크디스, 모티브, 어저스트, 엠비이, 첸지엠, 리포채널, 리세벨스텐, 리세벨, 어렌지먼트, 컴펜세션으로 구성되어 있다.

그리고 포캐스트, 타게팅, 택틱스, 액티스타, 리스키마, 폴리시디벨은 플랜에서 분기된 것이다. 오거니스트럭, 라오우, 잡스펙, 퍼슨리콰이어는 시스재션에서 분기된 것이다. 워크디스, 모티브, 어저스트, 엠비이, 첸지엠은 커맨드에서 분기되었다. 리포채널,

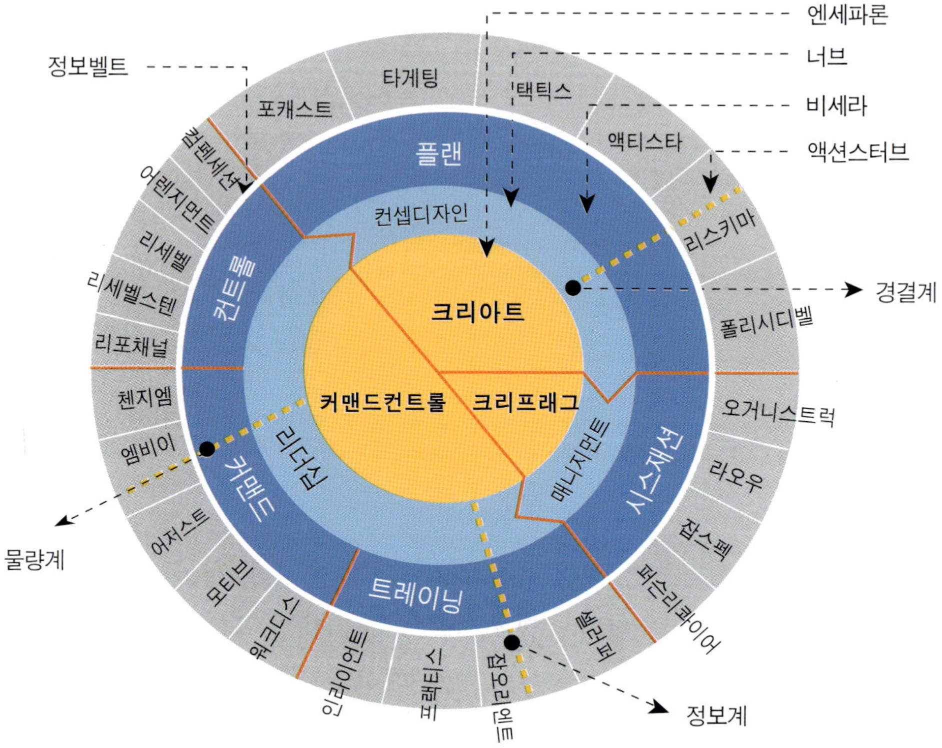

법인 두뇌 구조(2차 분해도)

리세벨스텐, 리세벨, 어렌지먼트, 컴펜세션은 컨트롤에서 분기되었다.

플랜

포캐스트(forecast)는 예측하는 역할을 한다. 미래투시력(未來透視力)이 에너지로 요구되며, 영기(靈氣)를 먹음으로써 생성되는 에

너지이다. 즉, 학습하고 공부하여 학문으로부터 해방되어 깨달음의 경지에 이르렀을 때 미래투시력이 강해진다.

타게팅(targeting)은 도달해야 할 목표를 설정하는 역할을 한다. 선입견과 욕심 등을 버리고 마음이 공(空)한 상태에서 목표를 설정할 때, 그리고 법인 자신의 역량을 정확히 측정하고 있을 때 확실히 달성할 수 있는 목표를 설정할 수 있는 에너지가 생성된다.

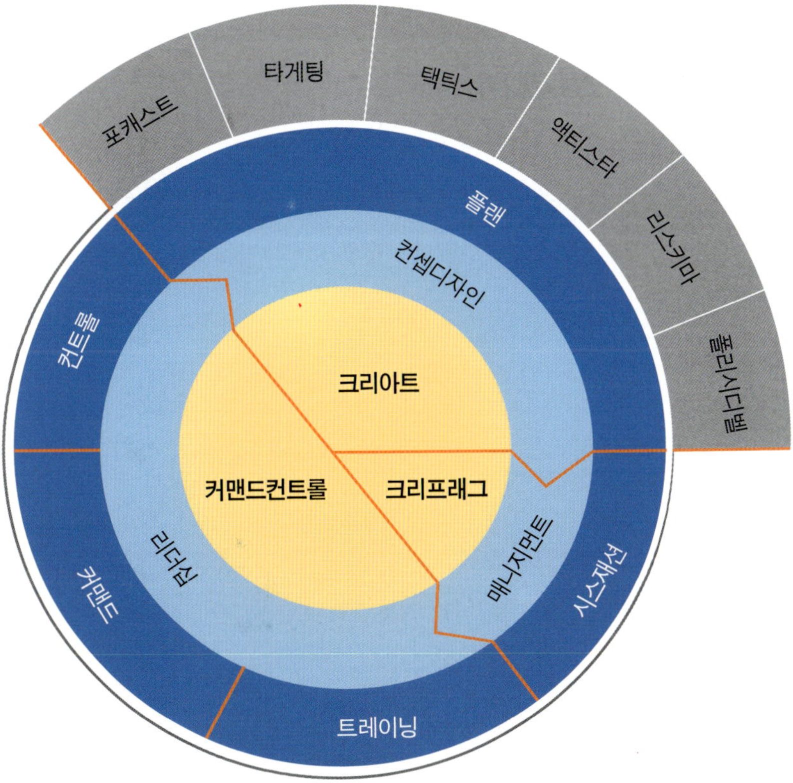

택틱스(tactics)는 목표를 실현할 수 있는 전술을 개발하는 역할을 한다. 택틱스가 필요로 하는 에너지는 경험을 통해 축적된 노하우이다.

액티스타(actesta)는 목표를 실행할 수 있는 가치 행위들을 설정한다. 법인 체질을 미세 소자로 분해하면 8,825개의 행위가 된다. 이 행위들 중에서 법인의 체질에 따라 처방되어 사용될 때 가장 좋은 행위들이 설정되는 것이다.

리스키마(re-schema)는 행위들이 필요로 하는 지식을 인지구조화하는 역할을 한다. 법인의 과업수행에 필요한 지식이 에너지가 된다.

폴리시디벨(policydevel)은 법인이 행위를 할 때 대내외적인 장애요인 제거 등 법인 행위의 고속도로를 개발하는 역할을 한다. 폴리시디벨이 필요로 하는 강력한 에너지는 사회적 도덕성이다.

시스재션

오거니스트럭(organistrug)은 작업 인원들의 효율성을 높이기 위한 조직화 업무를 관장한다. 창조와 변화를 추구하는 진보적 성향의 인원, 주어진 임무에 충실하고 부과된 업무의 성과를 달성하는데 초점을 맞추는 성향의 인원, 변화를 두려워하고 기득권을 고수하려는 보수적 성향의 인원들로 구성되는 조직에서 이 세 부류의

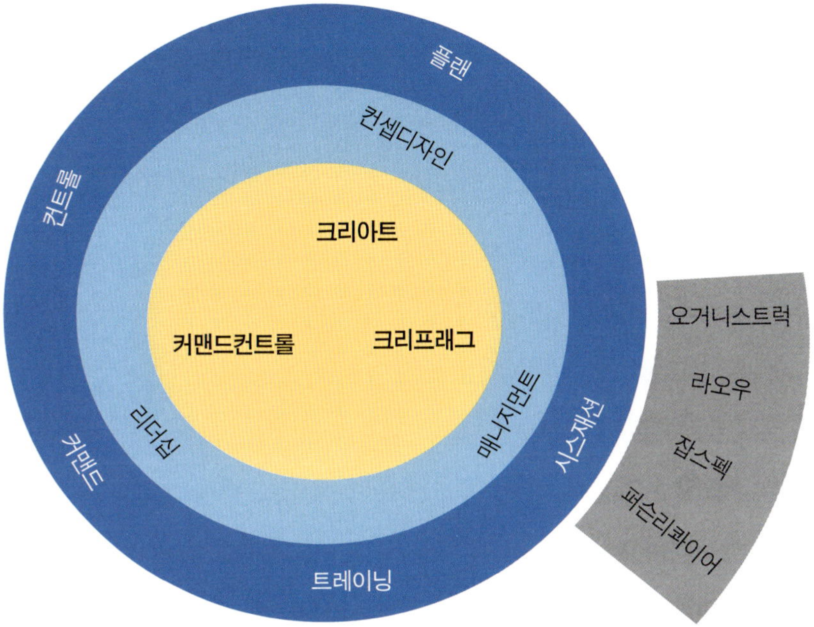

성향이 각각 10% : 80% : 10%의 구성비를 이루도록 하는 것이 기준이다.

변화와 도전이 요구되는 시대적 환경에서는 진보적 성향의 인원이 리드하게 하고, 앞으로 나아가는 것보다 현재의 것을 추스리는 것이 요구되는 환경에서는 보수적 성향의 인원이 리드하도록 해야 하기 때문에 조직 구성에서 구성원들의 성향 비율이 중요한 것이다.

라오우(raou)는 조직 단위들간에 상관관계를 설정하고 관리한다. 조직사회에서 암적 요인이 되는 것이 끼리끼리의 무리를 이룬 집단 이기주의이다. 이 이기주의는 한 법인 내에 존재하고 있는 조직 단위들간에 장벽을 쌓는다. 물질문명이 발달할수록 자기만의 이익을 위해 남에게 피해를 끼치고도 그 결과가 자신에게 더 큰 불이익이 되어서 돌아오는 하늘의 이치(理致)를 망각한 '시스템적 정신질환자' 들이 늘어난다. 시스템적 정신질환자들이 만들어 내는 갈등의 장벽이 법인을 병들게 하고 죽게 하는 것이다.

조직 단위간의 장벽이 법인의 경락계를 막히게 하여 법인체 내에 기(氣)의 흐름을 끊어 놓음으로써 법인이 죽게 되는 것이다. 그러므로 조직 내에 갈등장벽이 생겨나지 않도록 조직 구성원들간의 관계를 관리하는 것이다. 관계 관리원칙은 '하나이면서 하나가 아니다' 라는 맥이트(McIT)사상, 즉 법인의학 사상이다.

잡스펙(Jobspec)은 일의 사양을 설계하는 역할을 한다. 일은 임무가 있으므로 생겨나는 것이다. 그리고 임무수행을 위해 의무와 권한이 주어진다. 구체적으로 일, 즉 임무를 완수하기 위해 행위를 하는데 이때 일의 목표를 달성하려는 행위에 필요한 지식, 정보, 기술 그리고 도구 등이 필요하다. 따라서 임무, 의무, 권한, 지식, 정보, 기술 그리고 도구에 관한 사양규격(Specification)이 설계되는 것이다. 이 역할은 법인체의 건강과 체질을 강화시키는 데 필요한 단초이다. 일의 사양규격이 없으면 일에 가장 적합한 인원을 선발할 수가 없고, 직무수행을 올바로 평가하지 못하고, 인원을 계발(啓發)하기 위한 교육훈련을 제대로 할 수가 없는 것이다. 잡스펙의 역할이 없거나 부실하면 인맥, 학벌, 서열, 자기 사람 심기 등에 의해 인원이 선발되고 관리되게 된다. 이는 법인체의 구성요소들이 구조적으로 잘못 형성케 되는 결과를 가져온다.

퍼슨리콰이어(Personrequire)는 일의 사양규격과 일의 양에 기준하여 필요한 수의 인원을 책정하는 역할을 한다.

트레이닝

셀리퍼(seliper)는 법인의 구성 요소인 인원을 선발하는 역할을 한다. 선발기준은 잡스펙(jobspec)에서 생성된 일의 사양규격이며 선발인원의 수는 퍼슨리콰이어(personrequire)에서 제시하는 요건에 따른다. 인원을 선발하는 절차는 선발권을 가진 사람의 감정과 주관점이 개입될 수 없도록 한다. 즉, 선발되고자 하는 응모자에게 할 수 있는 일의 사양규격을 작성해 제출하게 한 다음, 이를 선발하려는 일의 사양규격과 비교해 적합한 인원을 예비적으로 선발한다. 그리고 예비 합격자들을 대상으로 인성과 인품을 검증받게 한다. 검증하는 사람은 복수로 하며 사계의 권위자로 한다.

잡오리엔트(joborient)는 새로 선발된 법인의 구성원들에게 소속 법인의 경영사상과 역할의 개요, 지향하는 방향 그리고 사회적 임

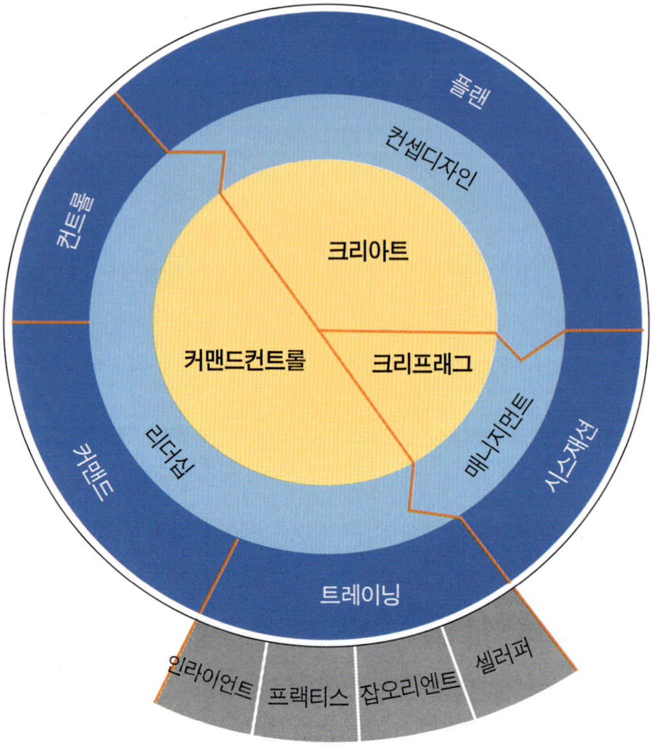

무 등을 체화시키고 아울러 각자에게 주어진 일의 사양규격을 이해시켜 주는 역할을 한다. 새로 일에 접하는 인원들에게도 일에 임하기 전에 입직지도(入職指導)를 한다.

프랙티스(practice)는 일의 사양규격이 새로 선발된 인원에 의해 이행될 때 행위의 숙련도를 높여 주는 역할을 담당한다. 법인의 구성원이 맡은 일에서 달인(達人)이 되게 하는 관문의 역할이 되는 것이다. 그러므로 훈련지도자는 고정관념에 집착해서는 안 되며 열린 마음으로 피훈련자의 참신한 아이디어를 받아들여야 한다.

인라이언트(enlighten)는 법인의 구성원을 계발하는 일을 관장한다. 진정한 안정은 이노베이션(innovation)이다. 법인이 생존을 영위하기 위해서는 항시 이노베이션을 반복해야 한다. 물이 흘러가야지 고여 있으면 썩듯이 법인이 현재의 것에 머물러 있으면 상해 버리게 된다. 변화의 물결을 타고 흐르고 있어야만 한다. 그 요체가 법인 구성원의 계발이다. 구성원들의 머릿속에 낀 먹물을 닦아 내고 새로운 지식과 기술을 재충전하는 일을 항시 주기적으로 되풀이하는 것이다.

커맨드

워크디스(workdis)는 법인 구성원들에게 작업을 할당하여 현업에 배치하는 역할을 관장한다. 인원마다 갖고 있는 일의 사양규격과 숙련도에 따라 작업의 난이도와 양을 달리하여 작업을 할당한다. 축구경기에서 감독이 경기의 흐름에 따라 포지션별로 선수들의 속성과 기량에 맞추어 선수를 기용해 배치하는 역할에서 그 예를 볼 수 있다. 인원들의 개인적 역량과 재량이 뛰어나다고 해도 워크디스의 역할이 잘못되면 경영경쟁에서 패하게 되는 것도 축구경기에서 감독의 역할이 부적절해 경기에 패하는 것과 같은 것

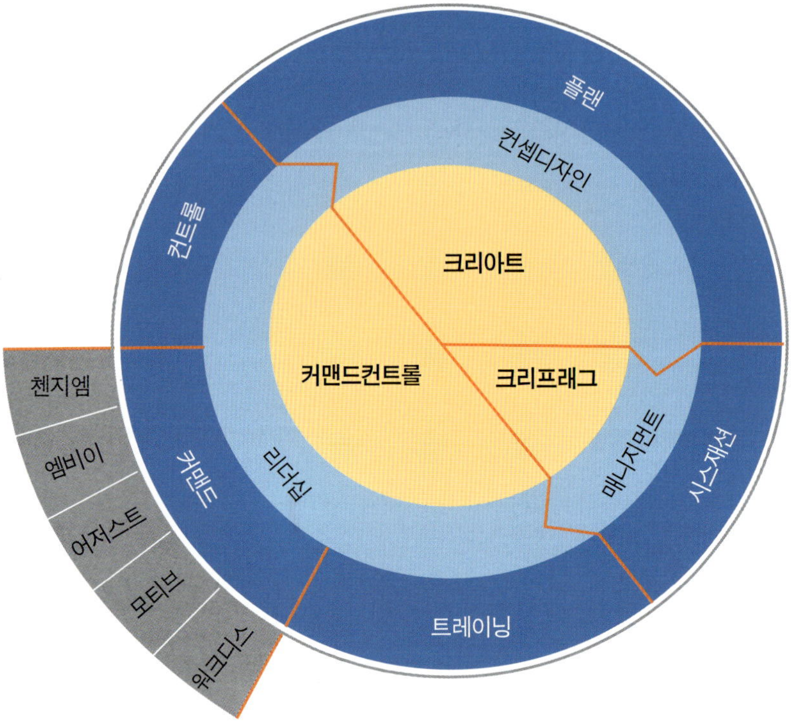

이다. 인사(人事)가 만사(萬事)라고 하는 것도 이 워크디스 역할에서 나온 것이다.

모티브(motive)는 법인 구성원들의 신명을 끌어내는 역할을 한다. 인원들이 일이 즐거워 일에 자신의 혼을 다 바칠 수 있도록 이끄는 것이다. 춥고, 졸리고, 배고파 지쳐 떨어진 병사들을 일으켜 세워 험준한 산을 넘어 적진을 돌파하도록 한 나폴레옹의 역할에서 모티브의 진가를 볼 수 있다. 종을 울리는 데 신명을 바치도록 해서 '누구를 위하여 종을 울리나?' 하는 의문을 갖지 않게 하는 역할인 것이다. 아무리 뛰어난 재주꾼이라 하더라도 하기 싫은 일은 천군만마를 준다 해도 하지 않는 것이다. 사람의 마음을 움직이는 힘이 모티브에 달려 있다.

어저스트(adjust)는 법인 구성원들의 행위를 조정하는 역할로서, 법인의 목표 지점을 향해 진행하는 궤도의 범위 내에 인원들의 행위들이 있도록 조정하는 것이다. 지나침과 크게 모자람이 없는 행위들이 법인 구성원들에게서 나오도록 조율하는 역할이다. 처음에 실패를 가져온 행위는 다음 행위의 스승으로 삼도록 하고 같은 실패가 반복된 행위는 잘라 내며 성공을 가져온 행위는 법인 구성원들이 모두 공유토록 조정한다.

엠비이(MBE)는 법인의 진행 방향을 관리함에 있어서 관리 범위를 이탈하는 차이점을 경영하여 법인 항로의 궤도 수정을 하는 역할을 한다. 목표를 상향조정하거나 때로는 하향조정해서라도 법인이 험한 파도를 무사히 헤쳐 나갈 수 있도록 하는 일이다. 법인 구성원들의 행위로 인해 생성되는 결과치를 시계열분석을 통해 확인하고 관리 범위를 벗어나고 있는 예외 상황을 찾아내서 경영하는 것이다.

첸지엠(changem)은 창조와 변화를 관리하는 역할을 한다. 법인 구성원들이 변화의 요구를 거부하지 않고 기회로 삼아 창조를 생산하고 변화에 자신들을 맞추고자 하는 자세와 능력을 갖게 하는 것이다. 상시 법인의 존재 의미를 제로베이스(zero base)에서 발상점을 찾고 구상을 새롭게 하여 설계를 한 법인의 미래 모델을 거울삼아 현재의 모습에서 변화해야 할 부위를 찾아낸다. 이것이 첸지엠의 역할이다.

컨트롤

리포채널(repochannel)은 법인 구성원의 행위가 생성한 결과를 보고하는 역할을 한다. 보고의 대상과 범위, 보고처, 비밀등급 구분, 보고 주기 등을 설정하여 시행토록 한다.

리세벨스텐(resevelstand)은 법인 구성원의 행위가 생성한 실적을 측정하는 잣대를 개발하는 역할을 한다. 이 잣대는 법인이 항해할 항로의 트랙이 되며 관리 범위의 중심이 된다.

리세벨(resevell)은 법인 구성원의 행위가 생성한 실적을 측정하는 역할을 한다.

어렌지먼트(arrangement)는 리세벨에서 측정한 결과를 보고 이에 따른 조치를 취하는 역할을 한다.

컴펜세션(compensation)은 법인이 이룬 과실을 법인 구성원들에게 배분하는 역할을 한다. 그 배분 기준은 법인체의 성장을 위한

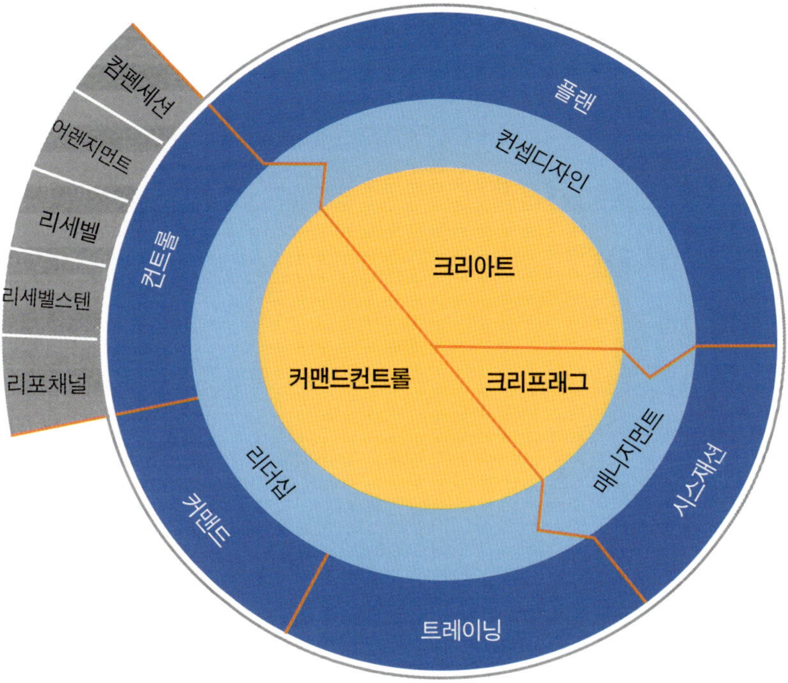

부분, 근로자원을 제공한 법인 구성원 부분, 자본자원을 제공한 법인 구성원 부분이 각각 3분의 1씩 할당되는 삼원공영사상(三元共榮思想)에 따른다.

법인체의 육체 구조

법인체의 육체 구조는 액티비트랙의 궤도 위에서 활동한다. 법인이 활동할 때 무질서하게 제멋대로 움직이는 것이 아니라 각자가 주어진 트랙 위에서 작동하는 것이다.

법인도 인간과 마찬가지로 홀로 존재할 수 없기 때문에 자연의 일원으로 다른 모든 것들의 관계 트랙에서만 활동해야 한다.

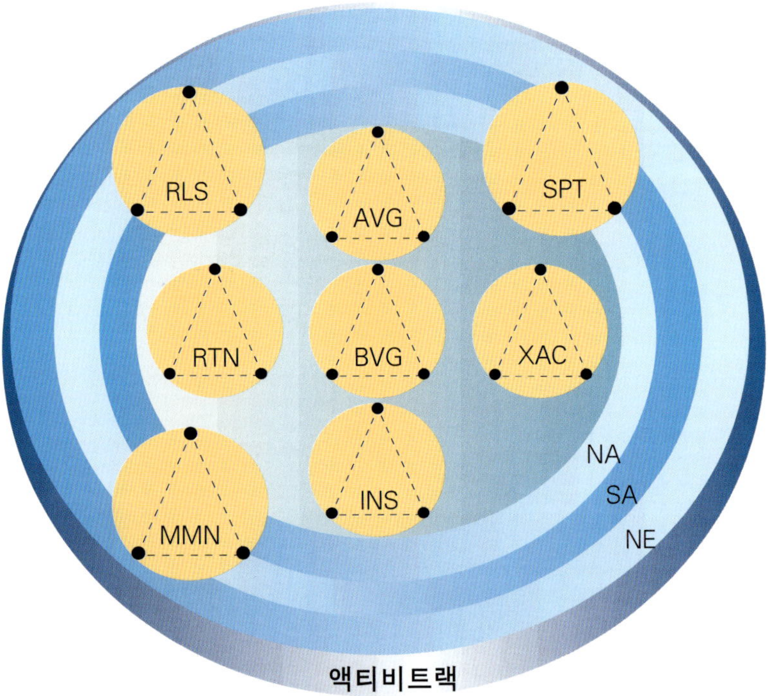

액티비트랙은 기반트랙과 구조트랙으로 구분된다. 기반트랙은 NE트랙, SA트랙, NA트랙으로 구분되며 구조트랙은 BVG트랙, AVG트랙, XAC트랙, TNS트랙, RTN트랙, RLS트랙, SPT트랙, MMN트랙 등으로 구분된다.

기반트랙

NE트랙은 지구 자연환경 트랙으로 자연의 섭리를 따르는 궤도이다. 즉 순천(順天)하는 길로서 법인은 이 길을 따라야만 영생할 수 있다. 이 순천의 길을 벗어나면 법인 행위의 구조트랙이 좋고 나쁨은 의미가 없다. 부와 영광이 있다 한들 찰나일 뿐이다.

SA트랙은 사회 가치 구현 트랙으로서 사회에 공헌하는 궤도이다. 이 궤도에서 보람과 기쁨을 만끽할 수 있다.

NA트랙은 나라의 법질서 트랙으로 법을 지키는 궤도이다.

구조트랙

BVG트랙은 법인의 브랜드 가치를 생성하는 트랙으로 법인의 명성을 구축하는 궤도이다.

AVG트랙은 가치를 생성하는 트랙으로 지식, 서비스, 제품 등의 상품을 생산하는 궤도이다.

XAC트랙은 상품거래 트랙으로 상품을 팔거나 사는 활동 궤도이다.

TNS트랙은 상품을 이전시키는 트랙으로 상품의 소유권을 변경하는 궤도이다.

RTN트랙은 가치의 대가를 회수하는 트랙으로 상품의 소유권 이전에 따른 이익을 회수하는 궤도이다.

RLS트랙은 법인과 더불어 사는 모든 것들과의 관계를 유지하며 향상시키는 트랙으로 상생의 궤도이다.

SPT트랙은 법인의 활동이 원활하게 되도록 지원하는 트랙으로 행위를 지원해 주는 궤도이다.

MMN트랙은 법인 행위의 족적을 기록 · 보존하고 활용하는 트랙으로 정보 시스템 궤도이다.

법인체 심포 구조

인간이 심포(心包), 두뇌 및 육체 부위들로 구성되어 있듯이 법인도 앞에서 설명한 두뇌 부위 및 육체 부위와 더불어 심포 부위로 구성된다. 법인 심포는 법인의 마음과 정신을 담고 있는 부위로서 법인을 움직이는 지령을 만들어 내고 법인의 생로병사(生老病死)의 갈림길을 결정하는 원류이다.

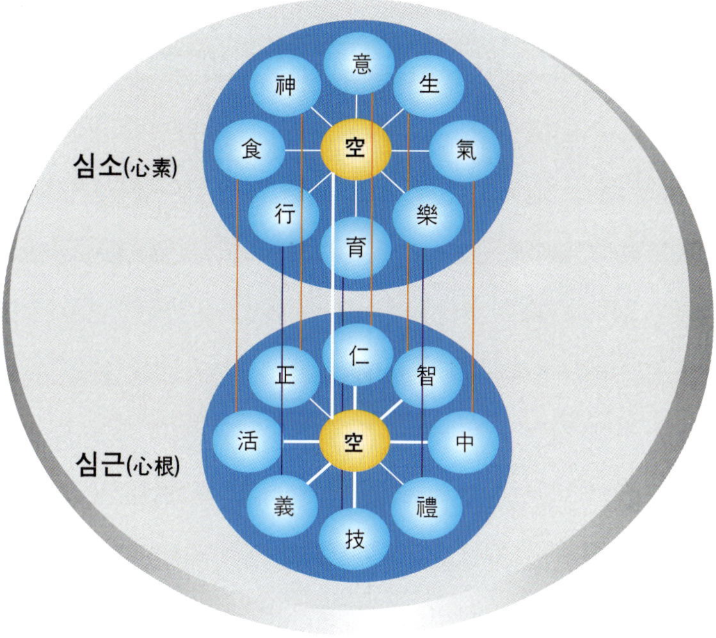

법인체 심포 구조는 심근(心根)과 심소(心素), 두 개의 작은 부위로 되어 있다. 법인 심포의 심소는 공(空)을 핵으로 하여 의(意), 생(生), 기(氣), 락(樂), 육(育), 행(行), 식(食), 신(神) 등의 여덟 개 소자로 구성되어 있다.

공(空)은 생명의 근원이다. 원래 생명의 원천은 영원한 것이다. 나고 죽음이 없는 것이며 보이지도 않고, 냄새도 나지 않고, 소리도 없다. 있음도 아니요 없음도 아닌, 있는 그대로이다. 법인이 태어났다 없어지는 것은 찰나의 현상으로 허망된 욕심과 가시적 시각에 들어오는 모습일 뿐이다.

의(意)는 법인의 의지이다. 법인이 무엇을 할 때 어떠한 뜻을 갖고 시작했느냐를 말한다. 가난하고 어려운 사람들을 도와주려는 수단으로써 돈을 벌려고 사업을 시작했느냐 아니면 부자가 되어 대대손손 떵떵거리며 살아 보겠다는 뜻으로 사업을 시작했느냐 등을 예로 들 수 있다. 의가 자비로운 마음의 근원인 인(仁)에서 나올 때 법인이 거리낌 없는 활동을 하게 된다. 그러므로 인에서 의가 바로 서게 되는 것이다.

생(生)은 창조 생산을 말한다. 인간이 새로운 피를 생산해 내지 못하면 죽듯이 법인도 새로운 가치를 생산해 내지 못하는 순간부터 죽음의 길로 접어들게 된다. 생은 새로운 지식, 서비스, 기술, 제품 등을 연구하고 개발해 내는 아이디어를 분출하는 마음이다. 생은 지(智)에서 나온다. 알고 있는 지식, 기술 및 경험 등에서 모방은 할 수 있으나 새로운 가치를 생산할 수는 없다. 선입견, 편견, 가시적 현상 등의 장벽을 뚫고 나와 '깨달음'의 경지에서 새로운 것이 창시되는 아이디어가 나온다. 깨달음이 지인 것이다. 찻잔의 앞면은 보아서 알 수 있으나 찻잔의 뒷면은 보이지 않아 알 수 없는 것은 깨달음의 경지에 있지 못하기 때문이다. 지에 이르게 되면 찻잔의 뒷면이 훤히 보이게 된다.

기(氣)는 하고자 하는 신바람을 만들어 내는 마음이다. 근육적 행위에서 기를 모으면 깊고 넓은 강도 도보로 건너가게 되고, 지식적 행위에서 기를 모으면 각기 다른 분야별로 18명의 전문지식인이 10개월간에 걸쳐 만들어 낼 수 있는 '사이버 최고 경영자(Cyber CEO)' 시스템 설계를 혼자서 10시간 만에 해낼 수가 있는 것이다. 물론 이 경우는 깨달음의 경지에서 기를 모았을 때만 가능하다. 지적 행위인 경우는 깨달음의 경지에서 기를 모았을 때 위대한 지식산물을 만들어 낼 수 있다. 기는 중(中)에서 나온다. 법인 구성원들의 행위 결과를 평가함에 있어서 치우침 없이 균형있는 측정을 하고 보상을 했을 때 행위에 기가 살아나는 것이다. 그래서 예부터 중용지덕(中庸知德)이 지도자의 최고 덕목으로 꼽히고 있는 것이다.

낙(樂)은 즐거움을 만들어 내는 마음이다. 법인은 다수의 인간들이 모인 시스템적 인공인간(人工人間)이기 때문에 작업장의 분위기가 법인 건강에 영향을 준다. 즐거운 분위기가 조성되어 있으면 엔돌핀이 생성되어 작업능률이 올라가고, 갈등 분위기가 조성되면 스트레스가 생성되어 작업능률이 떨어지게 된다. 낙은 예(禮)에서 나온다. 예는 '너 먼저 나는 나중', '네가 살아야 내가 살 수 있다'는 마음으로 나보다 남을 먼저 배려하는 것을 말한다. 주려는 마음의 씨앗을 심는 것이 결국 가장 큰 열매로 열려 되돌아온다는 천리(天理)가 예인 것이다.

육(育)은 공부하고 학습하려는 마음이다. 창조 생산의 아이디어를 실체화하려면 새로운 지식과 기술이 필요하다. 법인이 변화의 강풍에 견디려면 변화되는 지식과 기술을 습득하는 행위를 해야 한다. 육은 달(達)에서 나온다. 달은 달성하려는 의지이다. 기술의 경지에 달하고, 예술의 경지에 달하고, 도의 경지에 달하려는 '이룸'을 추구하는 것이다. 법인의 최선봉에 있는 리더는 도(道)의 경지에 있어 미래를 투시하고, 법인의 책사들은 예(禮)의 경지에 있어 참신하고 품격 있으며 부가가치가 높은 상품을 구상하고 설계하는 것이다. 그리고 법인의 최일선 실무자들은 기(技)의 경지에 있어 최상의 품질과 서비스 그리고 최소의 비용으로 상품을 공급한다. 법인의 구성원들이 달인이 되기 위해서는 육의 마음을 가져야 한다.

행(行)은 일하려는 마음이다. 행위는 일하려는 마음이 있을 때 생겨난다. 행은 의(義)에서 나온다. 행위는 정당할 때에야 강력한 힘을 발휘하는데, 의에서 나온 행위라야 정당한 것이다. 남을 속이거나, 남의 약점을 이용해서 허를 찌르는 행위는 정당하지 않은 것이다. 정당치 못한 행위가 뿌린 씨앗들은 결국 불이익의 열매가 되어서 돌아온다.

식(食)은 물질적인 자원을 요구하는 마음이다. 식은 활(活)에서 나온다. 법인 활동에 소요되는 칼로리와 영양분 때문에 식의 마음이 생겨난다. 식은 법인 활동, 즉 법인의 성장 발전 및 법인 구성원들의 생존과 발전 등에 공급되는 물적 자원을 충족하려는 마음이지 구성원들의 사적 욕구를 충족시키려는 것은 아니다.

신(神)은 법인 신경계로서의 정보를 생성 유통하려는 마음이다. 신은 정(正)에서 나온다. 정은 법인 행위들이 필요로 하는 정보로, 필요한 시점에서 가장 적게 드는 원가로 정확하게 생성되어 공급된다.

법인
의학 6

법인체 해부도

법인체 해부도는 법인의 생로병사(生老病死)를 규명하는 데 핵심적인 역할을 하는 것으로 법인의학의 관문이다. 법인의 생존 구조를 분해하여 그 미세 소자들의 관계 파동을 분석한 다음, 고비용 저효율의 체질병을 일으키는 원인인 파동의 불균형 상태를 바로잡아 치료를 하는 법인의술의 키가 바로 법인체 해부도이다.

법인체의 각 부위에 관해 해부학적 이론은 앞에서 설명하였다. 법인체의 세 부위인 심포, 두뇌 및 육체들을 요약하면 심포에는 창업자의 철학과 정신 그리고 법인 문화가 스며들어 있으며, 두뇌에는 법인 구성원들의 지식과 노하우가 스며들어 있으며, 육체에는 법인 구성원들의 행위 역량이 스며들어 있다.

심포와 두뇌 간의 연결통로로 심창(心窓)이 있고, 두뇌와 육체

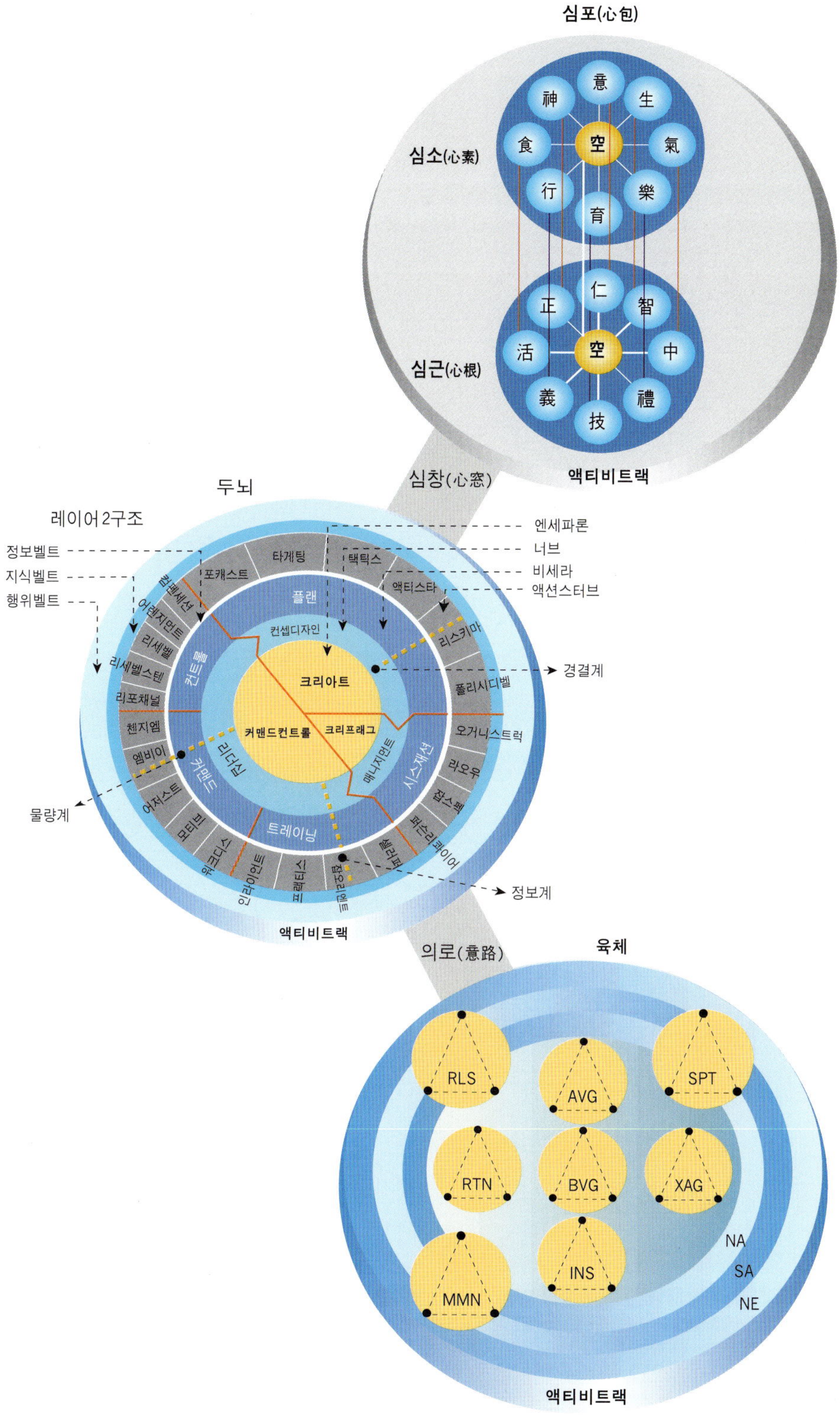
심포(心包)
심소(心素)
神
意
生
食
空
氣
行
樂
育
仁
正
智
活
空
中
심근(心根)
義
禮
技
심창(心窓)
액티비트랙
두뇌
레이어2구조
정보벨트
지식벨트
행위벨트
엔세파론
너브
비세라
액션스터브
타게팅
포캐스트
택틱스
액티스타
플랜
컨셉디자인
크리아트
커맨드컨트롤
크리프래그
컨트롤
리더십
커맨드
트레이닝
매니지먼트
리스키마
경결계
폴리시디벨
오거니스트럭
라오우
잡스펙
컴펜세션
어레지먼트
리세벨
리세벨스텐
리포채널
첸지엠
엠비이
어저스트
물량계
프랙티스
잡오리엔트
정보계
액티비트랙
의로(意路)
육체
RLS
AVG
SPT
RTN
BVG
XAG
MMN
INS
NA
SA
NE
액티비트랙

간의 연결통로로 의로(意路)가 있다.

심창에 먼지가 끼게 되면 아무리 좋은 지식과 노하우가 두뇌에 가득 차 있다 하더라도 이를 심포가 제대로 받아들이지 못할 뿐 아니라, 심포가 지식과 노하우를 엉뚱한 곳에 이용하게 된다. 심창에 끼는 먼지는 법인 구성원들의 탐욕, 분노, 어리석음이 만들어 내는 것이다. 그러므로 항상 심창을 깨끗이 닦는 일을 소홀히 해서는 안 된다. 심창에 낀 먼지는 공부(工夫)로 닦는다.

의사들은 인체를 연구하고 치료할 때 인체 해부도로 서로 의견을 소통하고, 법인전문의들은 법인체를 연구하고 치료하는 과정에서 법인체 해부도를 통해 상호 의견을 소통한다.

법인
의학 7

법인의 생동성

법인을 살아 움직이게 하는 생명의 근원, 즉 원리와 성질을 법인의 생동성(生動性)이라고 한다.

기업인 경우에는 자금이 법인의 생명원인 것으로 생각하는 경우가 있는데 자금은 생명의 근원이 아니라 영양소이다. 돈만 쌓아 놓고 있다고 해서 법인이 생동하는 것은 아니다. 그것은 인공호흡 상태에서 영양주사를 맞고 있는 식물인간과 같은 것이다. 또한 사람이 밥이나 축내면서 못된 짓만 도맡아 한다면 살아 있다고 해도 참 인간은 아니다. 사람다운 영혼을 갖고 사람다운 행위를 했을 때 참 인간으로서 살아 있는 것이다. 인간과 같이 법인도 지구 자연의 일원으로서 가치를 생성하면서 보탬이 되는 활동을 하고 있을 때 살아 있는 것이다. 그렇지 못한 법인은 쓰레기로서 분리수

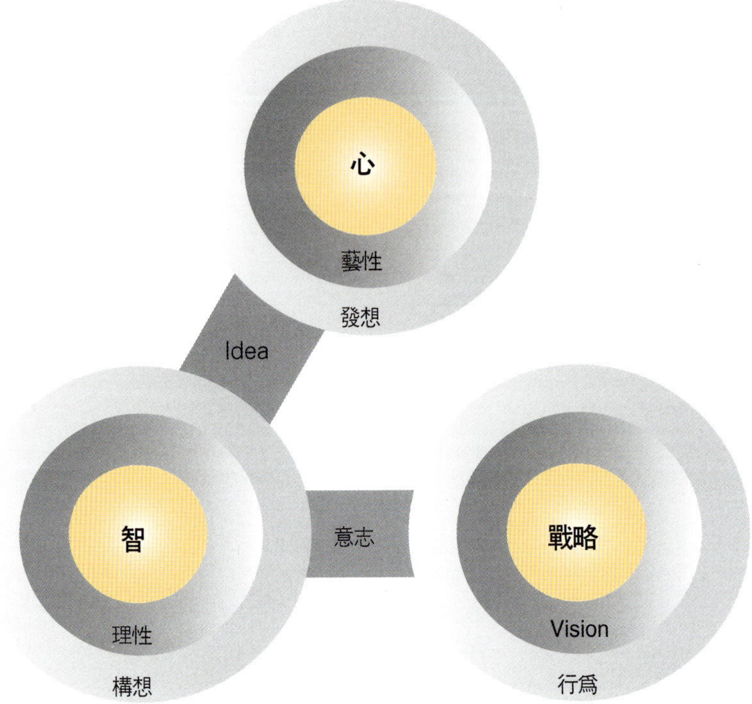

법인의 연동성

거의 대상이 될 수밖에 없다.

법인의 상태는 법인 구성원들의 업무 행위들이 일으키는 현상이며 업무 행위는 경영 전략에 따른 것이다. 경영 전략은 사업 구상에서 나오는 것이며 사업 구상은 리더의 발상에서 나온다.

심(心)은 발상을 낳고 지(智)는 구상을 낳는다. 구상은 전략을 낳고 전략은 비전을 낳는다. 비전은 신바람을 일으키며 신바람은 결집력을 낳는다. 이것이 법인 생명의 근원이다. 법인체의 심층 구조 속에 마음이 있으며 두뇌 구조 안에 지식이 있듯이 행위 구조 안에 전략이 있다.

마음이 예성(藝性)일 때 참신한 아이디어를 발상해 내며 지식이 이성(理性)일 때 발상을 의지(意志)로 구상해 낸다. 그리고 전략은 비전이 있을 때 마음을 실은 행위를 낳는다.

아이디어는 지식에 마음을 연결하는 다리이며 의지(意志)는 전략에 지식을 연결하는 다리이다.

지식과 노하우를 담은 전략이어야만 신바람을 일으켜 실천 가능한 비전을 낳을 수 있다. 법인 구성원들이 비전을 공유할 때 행위에 마음과 정성이 담기게 된다. 이는 인재(人財) 자원이 발휘하는 가치이다. 인재 자원의 가치가 발할 때 비로소 물재 자원이 제 가치를 발휘하게 된다.

인재 자원이 마음을 통해 아이디어를 생성하여 가치 창조를 해야 법인 생명을 유지하는 데 필수적인 종자를 만들 수 있다. 그리고 이 종자를 파종함으로써 법인의 업무 행위들이 생동하기 시작한다. 뿌린 종자를 키우고 가꾸는 데 기술이 동원되며, 성숙된 열매는 브랜드 형성을 통해 상품으로서의 가치를 발휘하게 되고, 엄격한 품격관리를 통해 고객의 마음을 살 때 돈 또는 기타의 가치로 수확되는 것이다.

법인 의학 8

3벨트, 3계

정보벨트는 법인 활동에 필요한 정보와 법인 활동으로 생성되는 정보의 집합체이다.

지식벨트는 정보를 활용하는 데 필요한 지식과 업무 행위 방법에 관한 지식의 집합체이다.

행위벨트는 법인의 과업 수행에 소요되는 행위의 집합체이다.

법인체의 3벨트는 경결계, 정보계, 물량계와 연동하여 법인 생명의 게놈(genome)을 형성하고 있다.

경결계는 법인체의 기를 소통한다. 경결계는 열두 개의 경결과 네 개의 경혈로 되어 있다. 법인체의 기(氣)는 열두 개의 경결을 통해 흐르고 있으며 경혈로 기의 소통과 균형을 조절할 수 있다. 경혈에는 임무혈, 신분혈, 교육혈, 처우혈이 있으며 중용지덕(中庸

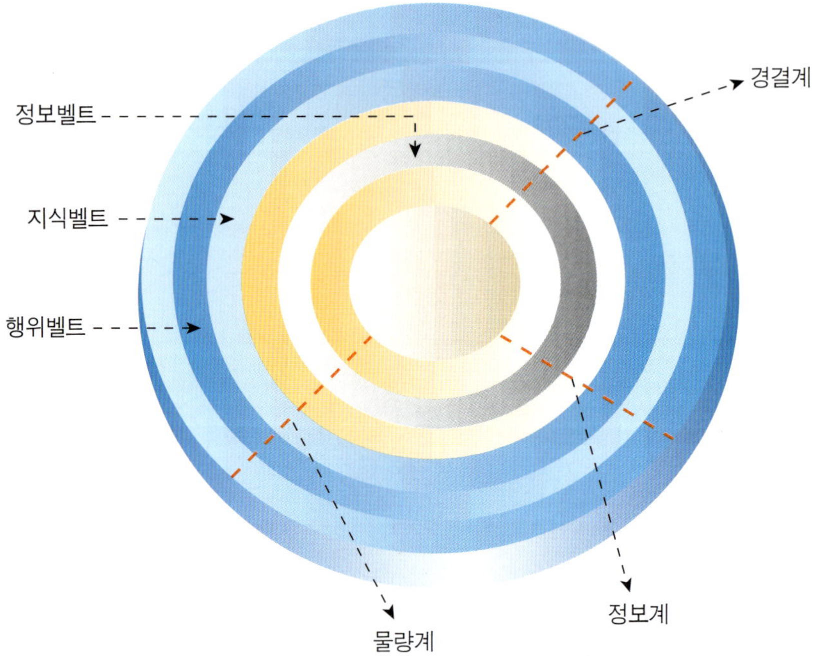

知德)의 리더십은 이 경혈로 법인의 구성원을 다스린다.

정보계는 법인체의 신경계이다. 정보계는 업무 처리, 사무 행정, 상황 소식, 전략 정보, 의사 결정 정보 등을 소통시킨다.

물량계는 법인체의 영양 순환계이다. 물량계는 법인 활동에 소요되는 자원을 필요한 시점에 필요한 곳으로 최적의 상태로 공급한다. 소요 자원량의 산정과 원가계산 그리고 공급처의 선택을 자동으로 한다.

정보벨트의 구조

데이터(data)는 행위(activity)가 남기는 발자취이다. 이 데이터를 목적성을 갖고 가공하여 의미화한 것이 정보(information)이다. 정보는 행위를 유발하며, 행위는 지식(knowledge)에 따라 달리 생기며, 지식의 선악(善惡)은 마음(心)에 의해 결정된다.

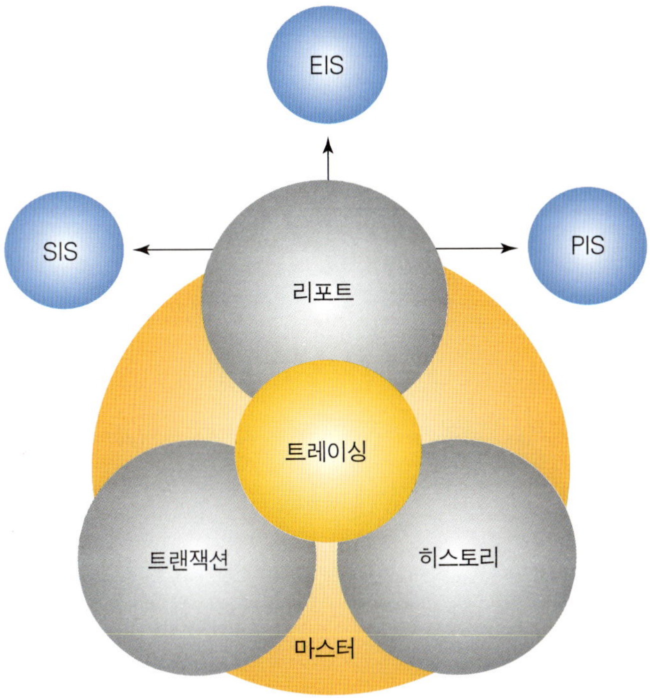

정보벨트 구조

법인 행위들이 만들어 내는 데이터와 정보가 형성하는 영역이 정보벨트이다. 정보벨트의 구조는 트레이싱, 마스터, 트랜잭션, 히스토리, 리포트로 되어 있다.

트레이싱(tracing)은 데이터를 만들어 내고 정보를 가공하는 행위들이 모이는 곳이다.

마스터(master)는 실체(entity)를 식별할 수 있는 식별 인자들(identification)이 모이는 곳이다.

트랜잭션(transaction)은 법인의 구성원간에 또는 법인과 법인들간에 일어난 거래 행위들이 만들어 내는 데이터와, 업무 처리 행위가 만들어 내는 데이터가 모이는 곳이다.

히스토리(history)는 법인 행위를 남기는 족적을 모두 기록하여 두는 곳이다.

리포트(report)는 트레이싱, 마스터, 트랜잭션 그리고 히스토리 등에 있는 데이터를 가공하여 생성한 정보가 있는 곳이다.

리포트는 실무 행위용 정보 시스템(PIS : Practical Information System), 최고 경영자용 정보 시스템(EIS : Executive Information System) 및 전략 정보 시스템(SIS : Strategic Information System)으로 배분된다.

지식벨트의 구조

법인체 두뇌 부위의 소부위들이 역할을 하는 데 필요한 코어 날리지(core knowledge)들로 구성된 지식벨트는 14개 분야이다.

경쟁이론(競爭理論) : 경쟁 대상자와 경쟁에서 승리할 수 있는 전략

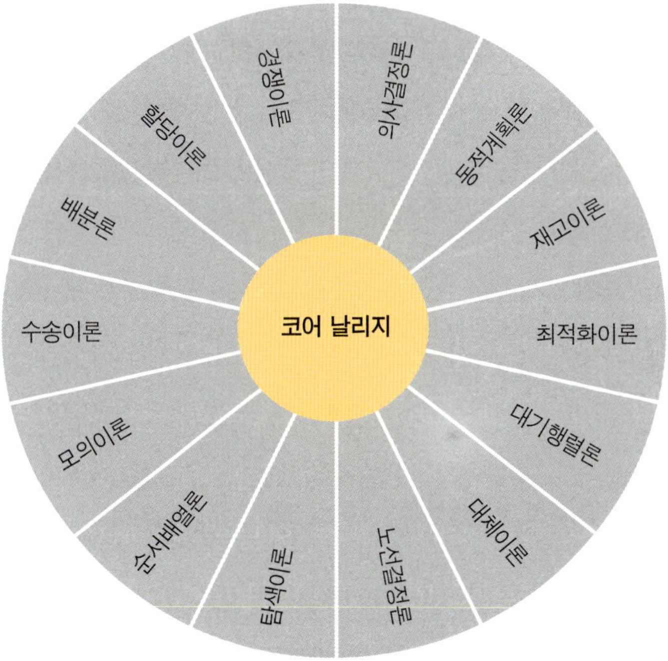

지식벨트의 코어 구조

을 도출한다.

의사결정론(意思決定論) : 중용지덕(中庸之德)의 결정을 도출한다.

동적계획론(動的計劃論) : 적시적지에 경제적으로 도달하고 퇴각할 수 있는 행동 계획을 도출한다.

재고이론(在庫理論) : 고객서비스를 만족시키면서도 기회 이익, 매출 이익, 자산 이익 등을 최적화하는 방안을 도출한다.

최적화이론(最適化理論) : 구성요소간의 상충되는 이익과 불이익을 최적의 상태로 만들어 모두가 승복할 수 있는 방안을 도출한다.

대기행렬론(待期行列論) : 대기상의 타임리소스(time resource : 시간자원)를 최소화하면서 순서를 기다리게 하는 방안을 도출한다.

대체이론(代替理論) : 기존의 것을 다른 것으로 대체할 때 가장 적정한 방안을 도출한다.

노선결정론(路線結定論) : 오리진 – 데스터네이션 네트워크(origin – destination network)에서 최적의 기착점과 도착점의 경로를 도출해 낸다.

탐색이론(探索理論) : 불특정 다수의 상황에서 필요로 하는 것을 찾아내 준다.

순서배열론(順序排列論) : 순서를 배열하는 데 최적의 방안을 도출해 낸다.

모의이론(模擬理論) : 시뮬레이션 등과 같이 가상의 실제 상황을 실험하여 검증해 준다.

수송이론(輸送理論) : 안전, 시간 및 비용상 최적화 상황의 운반 방안을 도출한다.

배분론(配分論) : 배분을 함에 있어서 최적화 방안을 도출한다.

할당이론(割當理論) : 과잉 또는 과소의 할당을 배제해 준다.

지식벨트에는 코어 날리지 외에 행위벨트의 미세 소자인 행위들을 위한 지식이 존재한다.

행위벨트의 파동

행위벨트의 8,825개의 행위들은 필요에 따라 동원되는데 이때 서로 만나 또 다른 행위를 불러 내고 그렇게 유발된 행위는 또 다른 행위들과 만나 또다시 다른 행위를 유발하게 된다.

이러한 현상을 행위 관계 파동이라고 하는데 그 관계 파동에는 일정한 패턴이 있다. 이 패턴은 오행법칙(五行法則)을 갖고 있다. 즉 서로 만나면 상생(相生)이 되는 관계가 형성되기도 하고, 상극(相克)이 되는 관계가 형성되기도 한다.

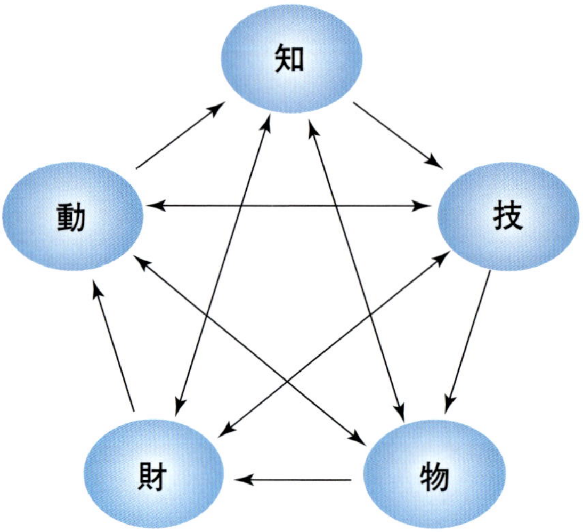

오행법칙도(五行法則圖)

지생기(知生技) : 아는 것은 기술을 낳는다.

기생물(技生物) : 기술은 물자를 낳는다.

물생재(物生財) : 물자는 돈을 낳는다.

재생동(財生動) : 돈은 행동을 낳는다.

동생지(動生知) : 행동은 아는 것을 낳는다.

지(知), 기(技), 물(物), 재(財), 동(動) 등은 모두 법인이 생존하는 데 필요한 자원이다. 이 자원들을 충당하기 위한 행위들이 오행법칙에 따라 상생관계를 이룰 때 가장 큰 효율성을 나타낸다.

이 상생의 관계 파동 외에 다른 관계 파동들은 상극 현상을 이루기 때문에 효율성이 나빠진다. 그러므로 이 상극 현상을 조정 또는 조율하게 되는데 경결계가 이 역할을 한다.

법인 의학 9

법인 게놈 지도

과학기술이 발전할수록 인간의 평균 수명은 연장되고 있다. 40세 미만이던 평균 수명이 75세로 늘어났으며 인간 게놈 지도의 완성으로 머지않은 장래에 인간의 수명은 현재보다 배로 연장될 것으로 전망하고 있다.

그런데 과학기술이 발전할수록 기업의 평균 수명은 오히려 짧아지고 있다. 과거에는 기업의 평균 수명이 50세 정도였던 것이 오늘날에는 10세 정도로 줄어들었고, 지식기반 정보화 사회가 진전되면서 5세 정도로 단축되었다.

그렇다면 생명 과학자들은 과학기술을 인간의 수명을 늘리기 위해 활용하고 있는 데 반하여 경영학자나 전문가들은 기업의 수명을 단축하는 데 과학기술을 활용하고 있을까? 궁금하지 않을 수 없다.

인간들은 같은 자연환경에서 살면서도 감기에 잘 걸리는 사람이 있고 건강한 사람이 있다. 이는 바로 개인의 체질 차이에서 오는 것이다. 체질이 강하면 감기에 걸리지 않는 것과 같이 기업도 체질이 강하면 나쁜 경영환경에서도 살아남을 수 있다.

기업 체질이 약하면 고비용 저효율병에 걸리게 된다. 나쁜 체질을 갖고 있는 기업에 첨단 과학 기술인 IT를 도입한다고 고비용 저효율병이 치유되지는 않는다. 그것은 체질이 약해 병이 든 환자를 외과 수술로 고치려고 하는 것처럼 오히려 기업의 고비용 저효율병을 만성적으로 고질화시키는 결과만 가져온다.

IT 강국이라고 하는 한국을 보아도 기업의 매출 이익률은 개선되지 않고 있는 실정이다. 이것은 IT가 기업의 고비용 저효율병을 치유해 주지 못하고 있다는 증거이다.

현 기업의 구조는 대부분 산업화 모델이다. 이 산업화 모델의 경영 패턴은 대량 생산 경영, 기계식 경영 그리고 코스트 경영으로 요약된다. 이러한 경영 패턴은 기업 체질 구조, 업무 처리 구조, 조직 구조, 정보 시스템 구조에 기인하여 형성된다.

이 산업화 기업 모델의 경영 패턴을 창조/지식 경영, 시간/스피드 경영을 통해 저비용 고효율로 치유할 수 있다. 그러자면 기업 체질을 진단하고 처방전을 만드는 것이 관건인데 이는 법인의학/

의술의 요체가 된다.

이 요체가 법인 게놈 지도(Enterprise Genome Map) 작성이다. 이 법인 게놈 지도를 통해 법인의 생로병사의 요인을 찾아내고 법인 체질도 밝혀 낼 수가 있다.

법인 게놈은 정보벨트, 지식벨트 그리고 행위벨트를 구성하고 있는 미세 소자들이 법인의 활동 구조상에서 관계 파동들을 형성하는 EBN(Enterprise Bio Nuclear)과 그의 관계요소를 의미한다.

따라서 법인 게놈은 법인체의 건강 상태를 형성하고 있는 세포 구조인 것이다. 이 세포 구조의 형상을 그린 것이 법인 게놈 지도이다. 이 지도를 통해 법인의 자원을 갉아먹고 있는 세포와 법인체가 필요로 하는 자원을 생성하고 있는 세포들간의 싸움을 볼 수 있다. 자원(영양소)을 갉아먹고 있는 세포들의 기생충 행위가 만들어 내는 것이다. 한 법인체의 EBN 수는 최대 4억 5,400만여 개에서 최소 300만여 개가 된다. 법인체의 건강 상태가 나쁠수록 EBN의 수는 많아진다. 그리고 기업의 경우에 매출 규모가 크다고 해서 EBN의 수가 많아지는 것은 아니다. 오히려 매출 규모가 클수록 가치 생성 행위가 활발해진다. 경영 및 관리 기술이 나쁠수록 기생충 행위가 늘어나기 때문에 EBN 수는 많아진다.

법인 의학 10

법인의 체질

법인 체질이란 법인의 습성이다. 기업의 경우는 영위하는 업종, 최고경영자의 인품과 의식 구조 그리고 경영철학, 기업문화 등이 법인 체질을 형성하는 내부요인이 된다. 또한 법인 체질을 형성하는 외부요인으로는 국가와 사회의 문화, 국민들의 의식 수준, 정치의 발전 수준, 나라의 정책과 제도, 경제 수준 그리고 교육환경 등을 들 수 있다.

이러한 요인들이 법인 구성원들의 습성을 만들며, 이 습성대로 법인 구성들의 행위가 작동된다. 이 행위들은 또 다른 습성을 낳거나 있는 습성을 고착화시켜 법인 영역의 문화를 만들어 내고, 또 이러한 문화는 행위의 패턴을 만들면서 또 다른 습성을 낳게 하는 작용을 하고 있다.

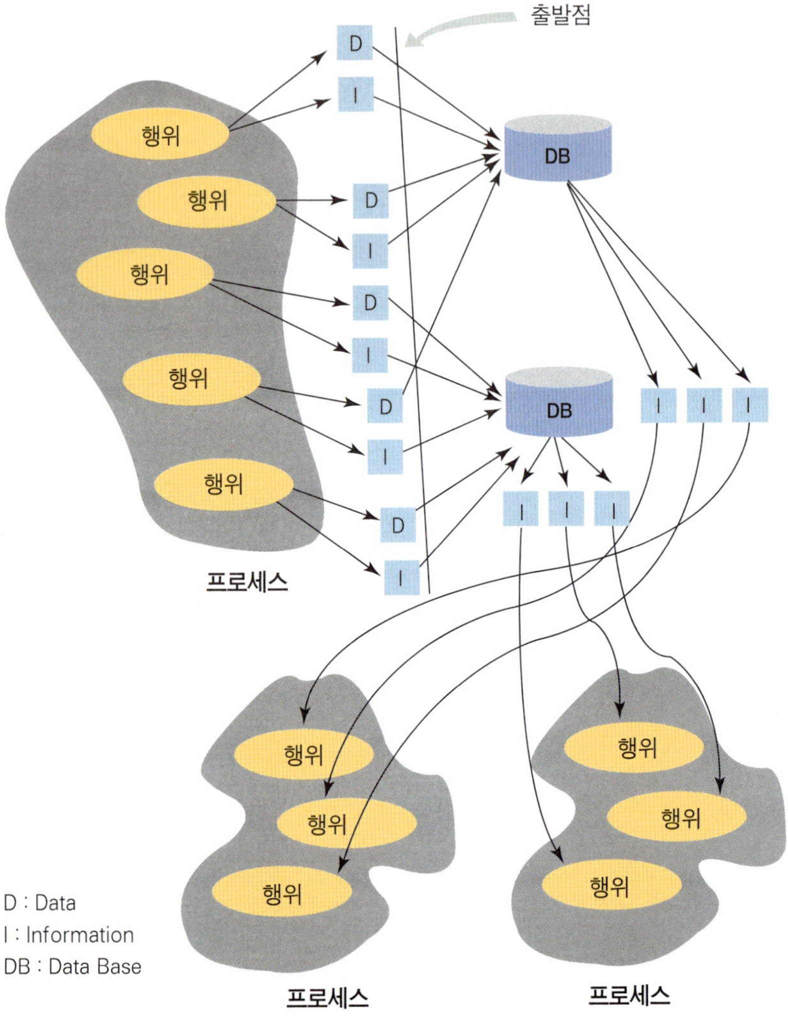
출발점
D
I
D
I
D
I
D
I
D
I
DB
DB
I
I
I
I
I
I
행위
행위
행위
행위
행위
프로세스
행위
행위
행위
행위
행위
행위
D : Data
I : Information
DB : Data Base
프로세스
프로세스

ERP 구조

법인 체질이 고비용 저효율을 유발하는 근원이 된다. 고비용 저효율은 법인의 병리현상으로서 법인의 체질병이다. 이 체질병은 외과 수술과 같은 현상 치유로는 고칠 수가 없으며 체질 개선으로만 치유가 가능하다.

전 세계적으로 현재 존재하고 있는 기업의 법인들은 대부분 20세기 산업화 사회에서 형성된 체질을 갖고 있다. 법인 영역의 환경이 지식기반 정보화 사회로 급변하면서 법인들이 이 변화의 물살을 탈 수 있는 체질로 개선되지 못함으로써 고비용 저효율이란 체질병을 앓게 된 것이다.

정보기술(IT : Information Technology)이 지식기반 정보화 사회의 인프라인 까닭에 너나 할 것 없이 IT 도입만이 기업이 살 길이라면서 ERP(Enterprise Resource Planning : 전사적 자원 관리)를 구축하였다. 그러나 전 세계적으로 기대했던 만큼 고비용 저효율 병을 치유해 내지는 못하였다. ERP를 시도했던 기업들 대부분이 실패하였다.

결국 ERP의 구축은 기업법인의 정보화의 일환이다. 정보화는 IT에서 출발한다. 법인 행위가 만들어 내는 데이터와 정보를 컴퓨터와 디지털 통신 기술로 처리하는 것이다. 법인 체질의 요소인 습성을 담고 있는 행위들은 그대로 놓아둔 채로 행위들이 일으키는 현상만을 다루는 일종의 외과 시술인 것이다. 법인의 체질병을 치유할 수 없는 이치가 여기에 있다.

전통적인 경영학에는 이를 해결할 수 있는 이론이 없다. 법인의학은 법인 체질을 진단하여 그 병리 현상을 치유함으로써 저비용 고효율의 체질로 법인을 바꾸어 놓는 사상, 이론 그리고 시술에 관한 학문이다. 그러므로 법인 체질 구조는 법인체 구조와 더불어 법인의학의 양대 연구 대상이 된다.

법인의 체질 구조

법인의학은 사상의학(四象醫學)이다. 법인마다 체질 구조를 달리하는데 그 유형의 상(象)으로는 진양(進陽), 보양(保陽), 진음(進陰), 보음(保陰) 등이 있다.

진양체질 : 이 체질의 법인은 창조와 변화를 유도하며, 도전성이 강하고 진취적인 성향을 갖고 있다. 그리고 예성이 강한 것이 특징이다. 두뇌자본이 리드하며 개방적이다. 품량, 품질, 품격으로 구분되는 브랜드에서 품격 브랜드를 지향하는 패턴을 갖고 있다. 창조 지식 경영으로 최고의 가치와 창조로 이익률을 생성할 수 있는 체질이다.

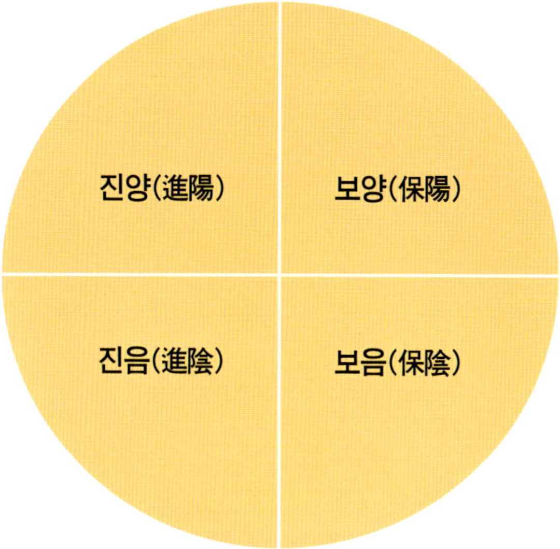

법인체질 사상(四象) 구조

보양체질 : 이 체질의 법인은 서비스력을 유도하며 변화를 능동적으로 따라가는 성향을 갖고 있다. 친화성이 강하며 개방적이다. 인적 자본이 리드하며 품질 브랜드를 지향하는 패턴을 갖고 있다. 서비스 경영으로 중간 수준의 부가가치와 이익률을 생성할 수 있는 체질이다.

진음체질 : 이 체질의 법인은 전문 제조 상품력을 유도하며 변화를 수동적으로 따라간다. 기술자본이 리드하며 품질 브랜드를 지향하는 패턴을 갖고 있으며 비개방적이며 수구편향성을 띠고

있다. 회의가 빈번히 열리며 경직된 보고체제를 이루고 있다. 코스트 경영으로 중간 이하의 부가가치와 이익률을 생성할 수 있는 체질이다.

보음체질 : 이 체질의 법인은 규모의 크기를 유도하며 변화를 거부하는 성향을 갖고 있다. 물질적 힘이 강하며 물재자본이 리드한다. 물량 브랜드를 지향하는 패턴을 갖고 있으며 수구보수로서 폐쇄적이다. 공급지향의 코스트 경영으로 최하의 부가가치와 이익률을 생성할 수 있는 체질이다.

진양체질의 키워드는 '크리에이션(creation)' 이며, 보음체질의 키워드는 '서비스(service)' 이다. 진음체질의 키워드는 '커뮤니케이션(communication)', 보음체질의 키워드는 '프로세스(process)' 이다.

법인 체질을 미분하면 업무영역별 체질, 프로세스별 체질, 법인 구성원별 작업 체질이 된다. 이 체질들을 알아내기 위해 정보벨트, 지식벨트 그리고 행위벨트의 미세 소자들의 파동을 분석해야 한다.

법인
의학 11

법인의 외모

인간의 겉모습이 머리, 어깨, 가슴, 배, 팔다리 등과 같은 생김새를 갖고 있듯이 법인도 겉모양의 구조가 있다.

법인은 고객을 태양으로 받들어 서비스로 진상해야 살아남을 수 있다. 지식 상품이든 물재 상품이든 고객에게 팔려면 서비스에 신경을 써야 한다.

지식기반 정보화 모델의 법인의 외형 구조는 서비스, 이벤트, 타스크, 프로젝트 유니트, 정보, 프로세스, 데이터기지, 지식기지, 경영전략, FE인원, BE인원, 조직 구조, 정보 시스템 구조들이 사이버 오피스 위에 있는 모습을 띠고 있다.

서비스는 지식, 제품, 노동, 통신 등과 같은 상품을 고객에 팔거나 살 때 그리고 상품을 팔고 난 후에 하는 모습이다.

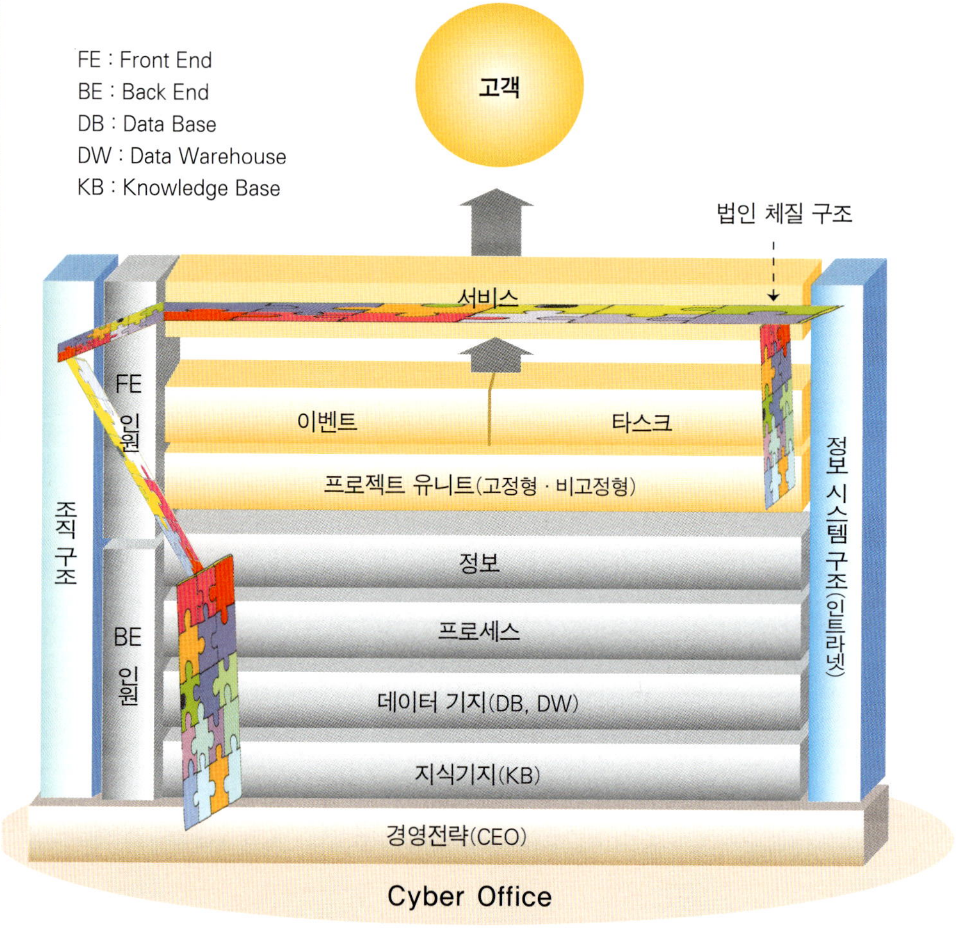

법인의 외모

이벤트는 일시적으로 만들어져 일회용으로 끝나는 상품의 모습이다.

타스크는 일정 기간에 걸쳐서 반복적으로 나타나는 상품의 모습이다.

프로젝트 유니트는 경영상의 관리단위로서 고정된 또는 고정되어 있지 않은 모습으로 나타난다.

정보는 서비스에서 프로젝트 유니트까지 활동에 소요되는 프레젠테이션, 상황 소식, 명령체계 등의 모습이다.

프로세스 : 업무를 처리하는 모습이다.

지식기지 : 정보를 활용하는 능력의 모습이다.

FE인원 : 일선 현장에서 활동하는 인원들의 모습이다.

BE인원 : 일선 현장에 있는 인원들을 지원하는 후선 인원들의 모습이다.

조직 구조 : 법인 구성원들을 효율적으로 활용하는 모습이다.

정보 시스템 구조 : 경영과 정보 시스템의 모습이다.

경영 전략 : 법인을 지휘하는 모습이다.

이 겉모습의 안쪽에 보이는 것이 체질 구조이다.

이 법인의 외모를 거울로 해서 특정회사를 비춰 보면 그 법인이 장애인가 아닌가 정도는 쉽게 식별할 수 있다.

법인
의학 12

법인의 활동구조

법인이 현역으로 사업현장에서 활동하기 위해서는 시스템이 구축되어 있어야 하는데 그 시스템의 모델은 시대적 여건에 따라 달라지게 된다. 즉 20세기 산업화 시대의 모델과 21세기 지식기반 정보화 시대의 모델은 구조적인 차이를 갖고 있다.

법인의 활동 구조는 법인 체질 구조, 업무 처리 구조, 조직 구조, 정보 시스템 구조 등 네 개의 서브 시스템(sub－system)으로 구성된다. 네 개의 서브 시스템들이 어떻게 구성되느냐에 따라 법인의 활동모델이 달라지게 된다. 체질 구조가 법인 활동의 성향을 좌우하고, 업무 처리 구조, 조직 구조, 정보 시스템 구조들이 체질 구조를 만들게 된다.

법인의 활동 성향에 따라 경영 패턴이 달라지는데 경영 패턴이

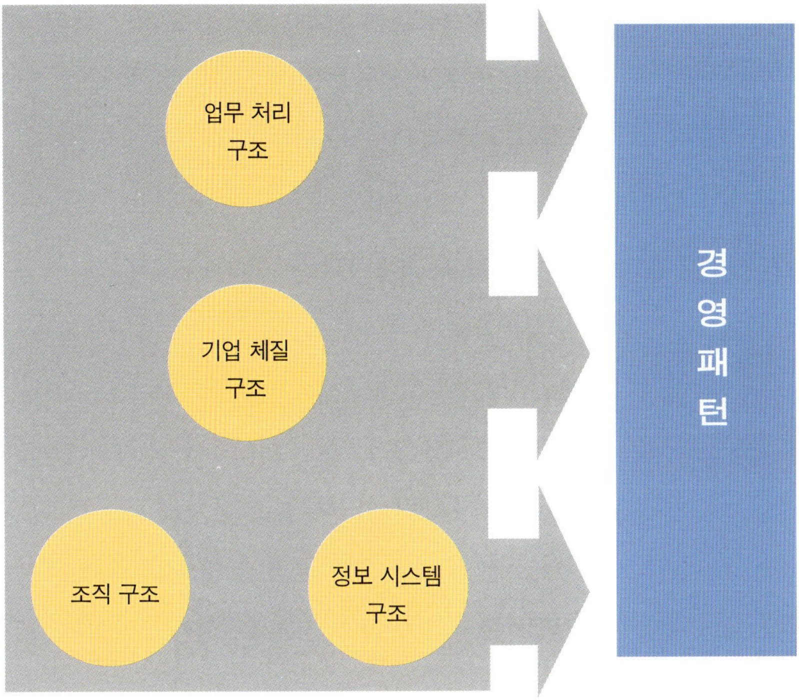

법인 활동 구조

법인의 습성인 것이다. 기계적으로 일사불란하게 움직이는 습성, 비용을 아끼고 절약하는 습성, 대량으로 만들어 내야만 하는 습성, 새롭고 돈만으로는 해낼 수 없는 것을 추구하는 습성, 원하는 시점에 반드시 해내는 습성, 기회를 잘 포착해 재빨리 선점하는 습성, 고객을 감동시키는 습성 등이 경영 패턴인 것이다.

법인이 시대의 흐름에 따라 변하는 천심(天心), 즉 고객의 마음을 읽고 처신하지 못하면 살아남을 수가 없다. 처세술이 경영 패턴, 즉 법인의 습성이다. 그러므로 경영 패턴은 산업화 시대에 적합한 것이었다 하더라도 지식기반 정보화 시대에는 적합할 수가 없는 것이다. 공급 부족 상태로, 만들기만 하면 팔리던 때가 산업화 시대이고, 공급 초과 상태로, 고객이 취향에 따라 상품을 선택하므로 만들어도 팔리지 않는 때가 지식기반 정보화 시대이다.

산업화 법인의 활동 구조

산업화 시대의 법인 활동 구조의 특징은 기본적으로 체질 구조, 업무 처리 구조, 조직 구조 그리고 정보 시스템 구조들이 하나이면서 하나가 안 되는, 시스템으로 연동되지 못하고 모두가 따로 움직이며 사람이 인위적으로 데이터를 조성하고 정보를 만들어 연결해야 한다. 보고하는 행위, 결정하는 행위, 지시하는 행위 등과 같은 법인 구성원들의 인위적 작용이 법인 활동의 엔진 역할을 한다.

이 엔진역을 하는 법인 구성원들이 관리자와 사무행정 요원들로서 화이트칼라 노동자인 것이다. 기계를 닦고 조이는 행위, 원부자재를 고르고 투입하는 행위, 물자를 운반하는 행위, 기계를

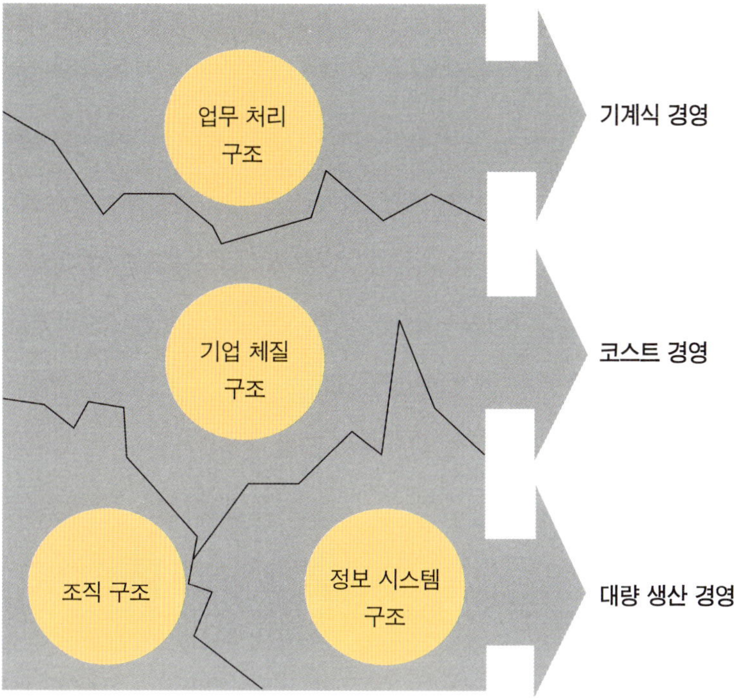

산업화 법인의 활동 구조

작동하는 행위, 제품을 포장하는 행위 등을 하는 법인 구성원들은 블루칼라 노동자로 분류되어 화이트칼라의 관리하에 있게 된다.

법인 활동 구조가 이렇게 될 수밖에 없는 것은 그 태생의 철학이 산업화 사회를 태동시킨 아담 스미스의 『국부론』 때문이다. 이 '국부론' 은 대량 생산을 가능케 하는 데서 발상된 이론으로서, 분업화를 통한 법인 구성원들의 전문성 향상이라는 구상을 실제화시킨다.

분업화를 통해 법인 구성원들에게 전문성을 향상시키는 습성을 강화시켜 주면 생산성이 높아진다. 이 이치를 구현하기 위해서는 그 수단으로 업무 처리 구조와 조직 구조가 분업화 이론에 부합되어야 하며, 이 업무 처리 구조와 조직 구조가 훼손되지 않고 보다 강화되는 수단으로 정보 시스템이 구축될 수밖에 없는 것이다. 이러한 일련의 수단과 방법들은 법인의 체질 구조를 형성하는 것으로 귀결된다.

산업화 법인의 체질 구조

같은 일을 반복함으로써 빨리 그리고 많이 만드는 버릇이 생긴다. 바로 만드는 습성이다. 이러한 습성을 갖고 있으려면 보음(保陰)체질이 되어야 한다.

이 산업화 법인의 체질 구조도는 한 제조기업의 실제 상황을 예로 든 것이다. 이 체질도가 보여 주는 반복적인 행위가 52.8%, 보고를 주고받으며 회의 등을 하는 행위가 44.5%로 법인 행위의 97.3%가 매일 같은 일에 매달리는 습성을 갖고 있다. 또한 새로운 것을 창조하며 변화에 대응하는 행위는 0.3%로 미미하며, 서비스 행위는 2.3%에 지나지 않음을 보여 주고 있다.

이러한 체질 구조를 갖고 있는 기업들은 만들기만 해도 팔리던

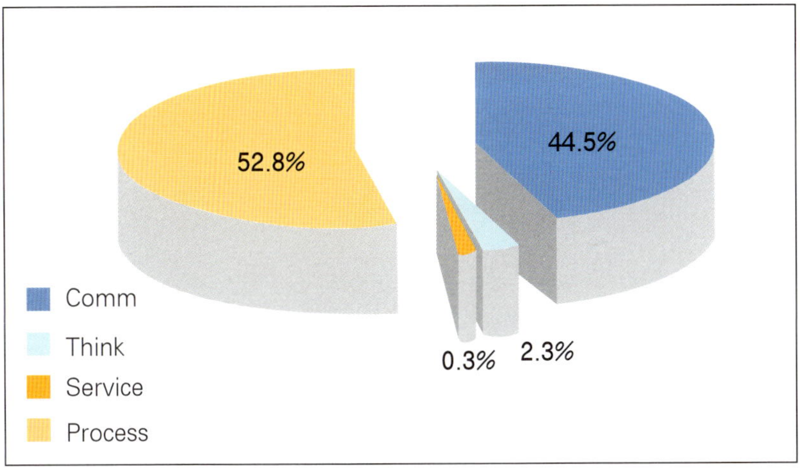

산업화 법인의 체질 구조

시대에 경쟁력이 강했던 역사를 갖고 있다. 그리고 이 법인은 지식기반 정보화 사회라는 변화의 폭풍을 이겨내지 못하고 부도를 맞고 죽음 직전에 이르러서야 법인 전문병원(기업병원)에 입원하게 된 것이다. 그때 법인 체질을 진단한 결과가 위의 체질도이다.

많이 만들려면 같은 행위를 되풀이해야 하므로 기계식 경영이 되어야 하고, 많은 이익을 내려면 원가를 절감해야 하므로 코스트 경영이 되어야 하고, 또한 많은 매출을 올리려면 대량 생산 경영이 되어야 한다.

그러므로 산업화 시대의 기업은 기계식 경영, 코스트 경영, 대량 생산 경영을 하게 된 것이다. 이러한 경영 패턴이 나오도록 법인의 체질이 형성되어야 하기 때문에 보음체질이 될 수밖에 없다.

산업화 법인의 업무 처리 구조

법인 행위의 습성이 보음체질로 되게끔 업무 처리 행위의 방법과 절차를 국부론에 입각해 규정하고 규제하는 것이 산업화형 업무 처리 구조이다.

산업화 법인의 업무 처리 구조를 간단한 예로 살펴보면, 제조판매업을 하는 기업의 경우에 업무를 처리하기 위해 먼저 이 업무를 수주, 발주, 제조, 재고, 유통, 회계 등으로 분리한다. 물론 이외에 분리되는 여러 가지들도 있지만 이 정도로 설명하기로 한다.

법인 구성원들마다 수주에서 회계 업무까지 맡아 하도록 하면 모든 구성원이 수주, 발주, 제조, 재고, 유통, 회계 등 여섯 개 분야의 지식과 업무 행위들을 알아야 하고 숙달되려면 오랜 시간이 걸리게 된다. 또한 법인 구성원마다 모두가 다른 형식과 기법을 쓰게 되어 각양각색의 결과가 나오게 된다. 이는 다양화, 비규격화, 비표준화로 대량 생산과 배치되는 구조이다.

따라서 법인 구성원별로 여섯 개 업무 중 하나만 전담해서 처리하는 행위를 반복하도록 하고, 행위를 규격화하여 표준화한다. 일원화, 규격화, 표준화로써 대량 생산을 가능케 하는 구조이다.

그러나 이 분업화 행위 구조만으로는 최종 목적인 '하나'의 것

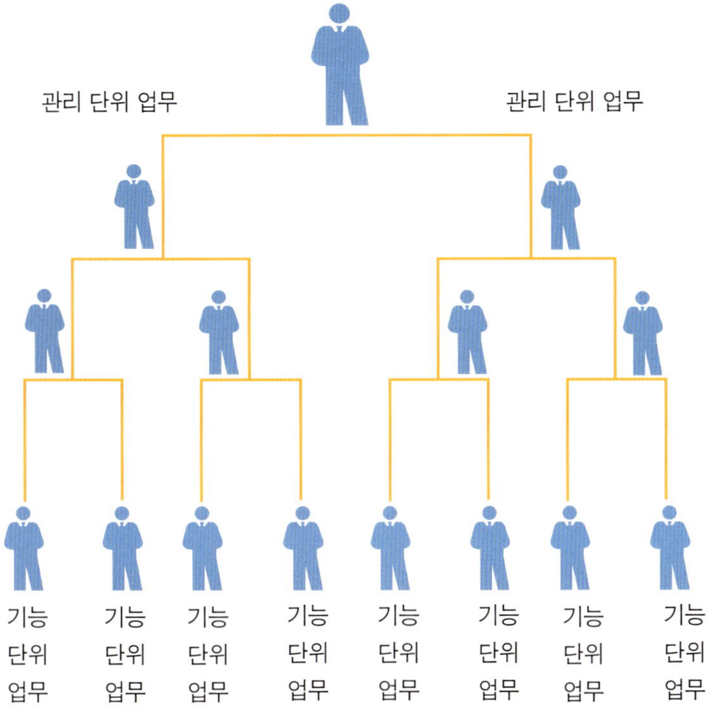

산업화 법인의 업무 처리 구조도

이 될 수가 없다. 수주에서 발주로, 발주에서 제조로, 제조에서 재고로, 재고에서 유통으로, 또 이 모든 것들이 회계로 연결되는 연계 행위 구조가 필요한데 이 연계 행위들은 또 다른 법인 구성원들이 하도록 하되 분야별로 전담해 전문화되게 한다. 그러므로 직접 업무를 수행하는 직접 행위 구조와 연계 업무를 수행하는 간접

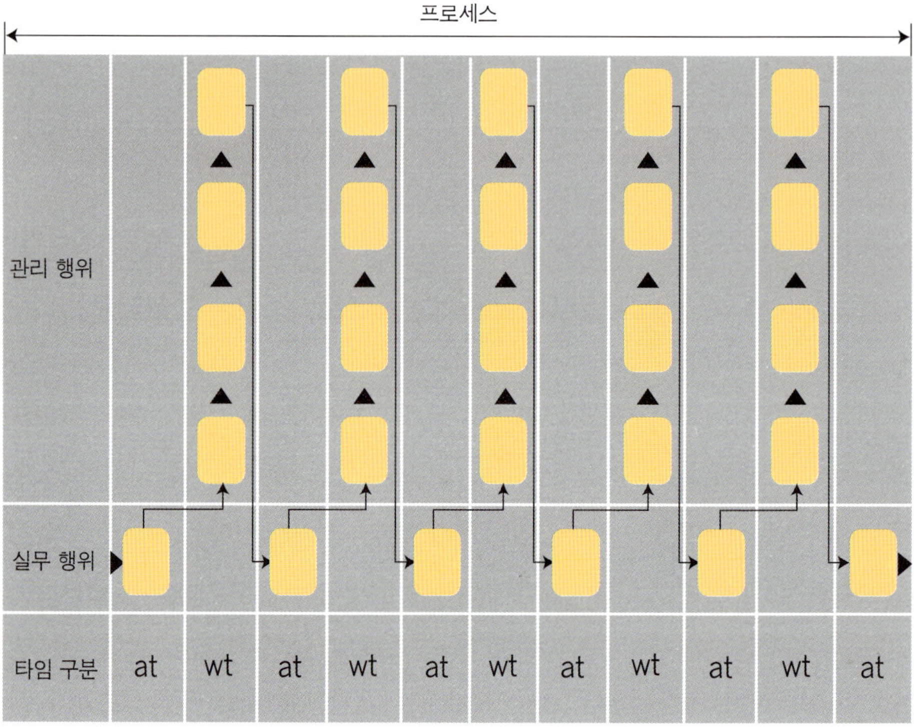

at : 작업 시간
wt : 대기 시간

산업화 업무 처리 구조의 시간 소비 구조

행위 구조가 산업화 법인의 업무 처리 구조로서 두 개의 축이 되는 것이다.

분업별로 업무량이 많으면 여러 사람을 배치해 같은 행위를 하도록 하며, 행위의 규격과 표준을 지키도록 관리 감독하는 관리 행위에 또 다른 법인 구성원을 배치한다. 이 관리 행위 구조가 직접 행위 구조와 간접 행위 구조 위에 있으면서 계층 구조를 형성하며 법인 구성원이 많을수록 관리 범위 한계 법칙에 따라 계층의 수는 많아진다.

이러한 업무 처리 구조에서 업무 행위들이 일어나고 상호 연계 작용을 하는 상태를 보면 거기에는 수많은 장벽과 고산준령을 넘어야만 되는 일들이 있음을 알 수 있다.

분업화된 한 업무영역에서 다른 영역으로 가려면 영역간의 이해상충이 일으키는 갈등의 장벽(department wall)을 넘어야 하고, 또한 이 장벽을 넘기 전에 자체 업무영역 내에서 관리 감독 행위들이 만들어 내는 의식 차이의 계층인 고산준령을 올라가 최종 허락을 받아야 한다.

업무량이 많을수록 업무는 더욱 세분화되어 복잡해지고 갈등의 장벽과 의식 차이의 계층들은 늘어나게 되어 있다. 이 장벽들을 넘나들고 의식계층의 고산준령을 오르내리며 분해된 업무들을 연결하는 데는 많은 시간을 소비해야만 한다.

분업화된 업무활동에서 생성되는 정보가 업무들을 서로 연결하는 매체(media)인데, 이 정보를 처리하는 시간과 업무 행위를 하고 있는 법인 구성원들에게 정보를 설명하고 이해시키는 데 많은 시간이 소비된다.

이와 같이 업무 행위에 드는 시간을 프로세스 타임(process time)이라고 하며, 프로세스는 한 업무가 시작되어 끝날 때까지를 의미한다. 한 프로세스를 한 번 수행하는 한 주기의 시간을 사이클 타임(cycle time)이라고 하며, 이 사이클 타임은 작업 시간(working time)과 대기 시간(waiting time)으로 분해된다. 작업 시간은 순수 작업 행위에 소요되는 시간을 말하며 대기 시간은 업무 처리를 할 때 작업 순서상 앞과 뒤의 업무 행위가 끝날 때까지 기다리는 시간을 의미한다.

프로세스 사이클 타임(process cycle time)의 시간 소비 구성 비율은 작업 시간이 10% 정도이고, 90%가 대기 시간으로 이루어진다. 즉, Cycle Time=Σ(at+wt)에서 at은 10% 정도이고, wt가 90% 정도가 된다.

산업화 업무 구조는 분업화와 전담제를 통해 업무 기능에 숙달케 하여 법인 구성원들을 숙련된 업무 기능인으로 만들어 대량 생산을 가능케 하는 속성을 지니고 있다. 또한 시간을 자원으로 간주하지 않아 '시간의 소비'라는 개념이 없다. 뿐만 아니라 인간을 업무와 조직의 부품으로 만들어 기계화를 지향한다. 이는 인간의 심성인 감동과 신바람, 그리고 창의성 등과는 상극되는 구조이다.

이와 같이 법인체를 무생물로 인식하는 사상은 법인이 보음체질화되는 것이다. 그러므로 산업화 법인은 기계식 경영, 코스트 경영 그리고 대량 생산 경영의 패턴을 갖게 될 수밖에 없다.

산업화 법인의 조직 구조

법인의 업무 처리 구조를 실체화시켜 업무 처리 구조대로 법인이 활동하도록 하는 수단이 법인 조직 구조이다. 조직 구조를 법이나 규정으로 만들어 강제화함으로써 법인 구성원들의 행위를 통제하는 것이다.

산업화 법인의 조직 구조는 산업화 업무 처리 구조를 실체화하는 제도적 수단이므로 계층적 업무 처리 구조대로 업무 기능별로 분업화된 상태를 반영해 말단의 업무 기능 단위를 조직의 기초 단위로 한다. 이 기초 조직 단위간을 연결하여 상위에 2선 조직 단위를 만들고, 또 이 상위 조직 단위들을 연결하여 3선 조직 단위를 만드는 식으로 조직 구조를 형성한다.

이 조직 구조가 기능하도록 조직 단위별로 수장을 두고 수장으로 하여금 소속된 기능 안에 들어 있는 법인 구성원들을 장악토록 한다. 그리고 그 수단으로 구성원들의 신분에 막강한 영향력을 행사할 수 있는 권력을 수장이 갖도록 하고 있다.

이 조직 구조에서 특유의 조직문화가 생겨난다. 업무산(業務山)의 한 계곡 속에 들어앉아 있는 수장이 저편에서 일어나고 있는 사안을 모르거나 못 본 체하면서, 자신이 들어 있는 우물 안 계곡

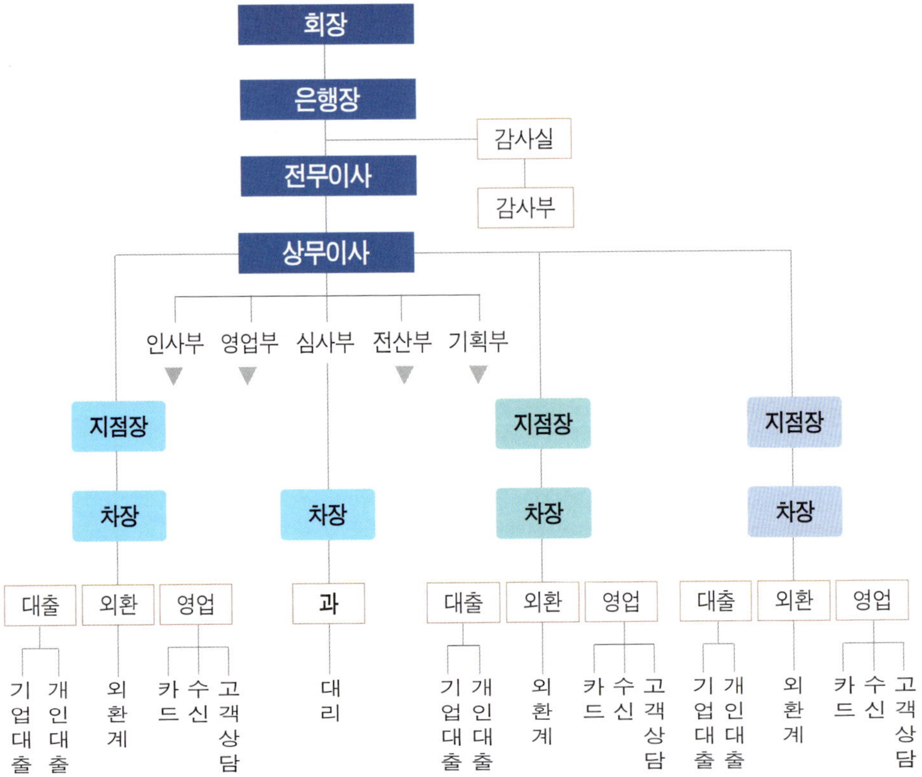

산업화 법인의 조직 구조도

의 시각 범위에서만 활동하면서 자신의 임무보다는 권력에 치우치는 균형 잃은 처신을 하는 사태가 자주 발생한다. 조직 규모가 크고 보음체질이 짙은 법인일수록 이러한 사태가 발생하기 쉽다.

이 조직문화 환경은 법인체의 신경 계통인 정보계에 동맥경화 증상이 일어나게 한다. 또한 조직 단위의 수장에 의해 정보가 훼손되는 경우도 많이 일어난다. 업무 행위의 발자취인 데이터가 가공되어 정보가 되기 때문에 발생 초기의 정보는 원래 정확한 것이다. 그러나 이것이 구성원, 특히 업무 기능 영역 단위의 수장이 자신에게 불리하게 작용될 수 있는 정보는 가공 과정에서 조작하거나, 흐름을 막거나 흐름의 속도를 조절하기 때문에 정보계가 제 기능을 제대로 할 수 없게 되는 경화 증상이 생기는 것이다.

IT가 다만 계산, 집계, 통계 처리 등의 자료 처리와 인쇄 수단으로 이용될 뿐이다. 컴퓨터에 의해 자동으로 생성되는 정보라도 모두 종이에 프린트해 사인이나 도장을 찍는 결제 방법을 버리지 않고 있다. 전자문서를 작성해 결제를 할 수 있는 IT 도구를 사용하는 경우에는 자료를 작성하는 실무자가 사전에 수장들의 의중을 파악해 그에 맞도록 자료 내용을 작성한다. 그러므로 전자문서가 작성되는 순간 동시에 모든 결제권자들이 보고 결제함으로써 대기 시간을 절약할 수 있음에도 불구하고 수작업으로 할 때와 비교해 대기 시간이 크게 달라지지 않고 있다.

한국에 있는 한 중견 제조기업에서 일어난 일이다. 실무자가 1999년 4월 10일에 기안한 문서가 동년 11월 11일에 최고경영자에 의해 결제된 사실이 있었다. 최고경영자가 이 기간 동안 해외에 출장을 가는 등 자리를 비운 사실도 없었다. 이 안건이 결재가

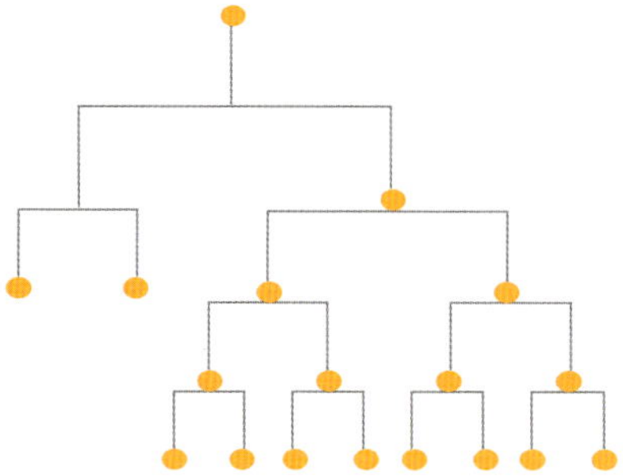

산업화 조직 구조의 특성

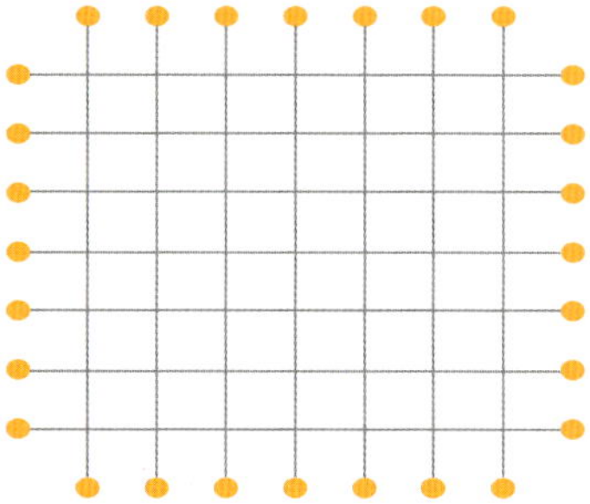

IP 구조의 속성

난 시점에서는 그 사안은 이미 실효성을 잃은 상태였다. IT가 돼지 목에 진주 목걸이가 된 격이라고나 하겠다.

산업화 조직 구조와 문화환경에서 IT가 비용과 노력의 투입에 걸맞는 효과를 내지 못하고 있는 것은 산업화 모델의 구조적인 문제 때문이지 IT 기술 자체 때문이 아니다. 즉 IT 구조는 수평적 네트워크 구조로 다수 대 다수의 관계를 갖는 속성이 있고 산업화 조직 구조는 수직적 계층 구조로 단수 대 다수의 관계를 갖는 속성이 있다. 이 속성의 차이를 간과함으로써 IT가 애물단지로 둔갑하는 것이다.

산업화 법인 정보 시스템 구조

산업화 법인의 정보 시스템은 산업화 업무 처리 구조와 조직 구조를 있는 그대로의 틀에 IT를 접목시킨 것이다. IT 이용 기술의 5단계인 계산통계 처리 단계, 사무 처리 단계, 문구 단계, 공간 이용 단계, 사고영역 단계 중 최고의 이용 수준 단계인 사고영역의 이용을 제외한 4단계까지의 이용 구조이다.

또한 법인의 3계인 경락계로서의 경결계, 순환계로서의 물량계, 신경계로서의 정보계들 중에 정보계만을 다룰 수 있는 구조이다. 그리고 정보벨트, 지식벨트, 행위벨트 등의 세 벨트 중에서 정보벨트 안에만 존재하는 구조이다.

업무 처리 구조와 조직 구조에 따라 업무 처리 형태가 생성되며, 업무 처리 형태는 프로세스를 생성한다. 프로세스는 행위(activity)들로 구성된다.

데이터는 행위가 만들어 내는 발자국이다. 이 데이터들을 수집하여 분류, 나열, 집계, 계산, 기록, 전달이라는 가공 공정을 통해 정보를 만들어 낸다. 정보의 목적과 의미에 따라 데이터 흐름이 생성되는데 이 데이터 흐름의 구조를 도식화한 것이 DFD(Data Flow Datagram)이다.

이 DFD가 데이터의 가공 공정도로서 데이터 분류, 나열, 집계, 계산, 기록, 전달 등의 행위들을 컴퓨터와 디지털 통신 장치가 대신하도록 컴퓨터 언어로 만든 것이 프로그램이다.

이러한 정보 시스템을 제작하여 IT 장비에 담아 운전 상태로 구

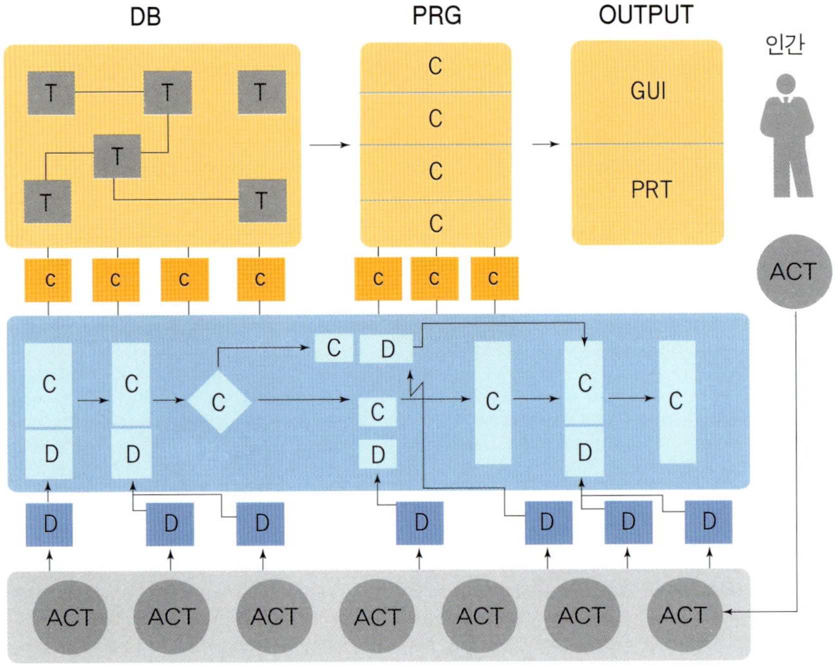

ACT : 행위
D : 데이터
DFD : 데이터 흐름도
DB : 데이터베이스
T : 데이터 테이블

PRG : 프로그램
C : 프로그램 구성단위
GUI : 사용자용 컴퓨터 화면
PRT : 보고서

산업화 법인정보 시스템 구조도

축한 후에 데이터를 입력시키면 정보가 출력되며 이러한 정보는 온라인으로 볼 수도 있고 종이에 인쇄하여 오프라인으로 볼 수도 있다.

정보 시스템이 출력해 낸 정보를 법인 구성원들이 보고 자신의 지식 수준과 시각으로 이해하고 판단하면서 업무 행위를 하는 것이다. 이러한 구조가 산업화 정보 시스템이다. 결국 이 구조의 핵심은 사람이 하던 데이터의 분류→나열→집계→계산→기록→전달이라는 정보 처리 공정을 기계로 자동 처리하는 것을 의미한다.

산업화 법인의 활동 모델

산업화 업무 처리 구조와 조직 구조가 만들어 낸 프로세스들을 기초로 하는 상황에서 IT의 기능과 성능이 제아무리 좋다 해도 산업화 구조를 벗어날 수는 없다. 더욱이 프로세스 구성의 미세 소자인 행위들 중에 70% 정도가 가치 없는 기생충으로 시간과 비용을 갉아먹으면서 쓰레기 데이터들을 만들어 내고 있다. 쓸모없는 정보를 생산하는 데 드는 비용과 시간도 문제지만 더 큰 문제는 쓰레기 정보들이 또 다른 기생충들의 행위를 양산하고 있다는 사실이다.

법인 활동 구조들이 이루고 있는 모든 프로세스들이 연계하여

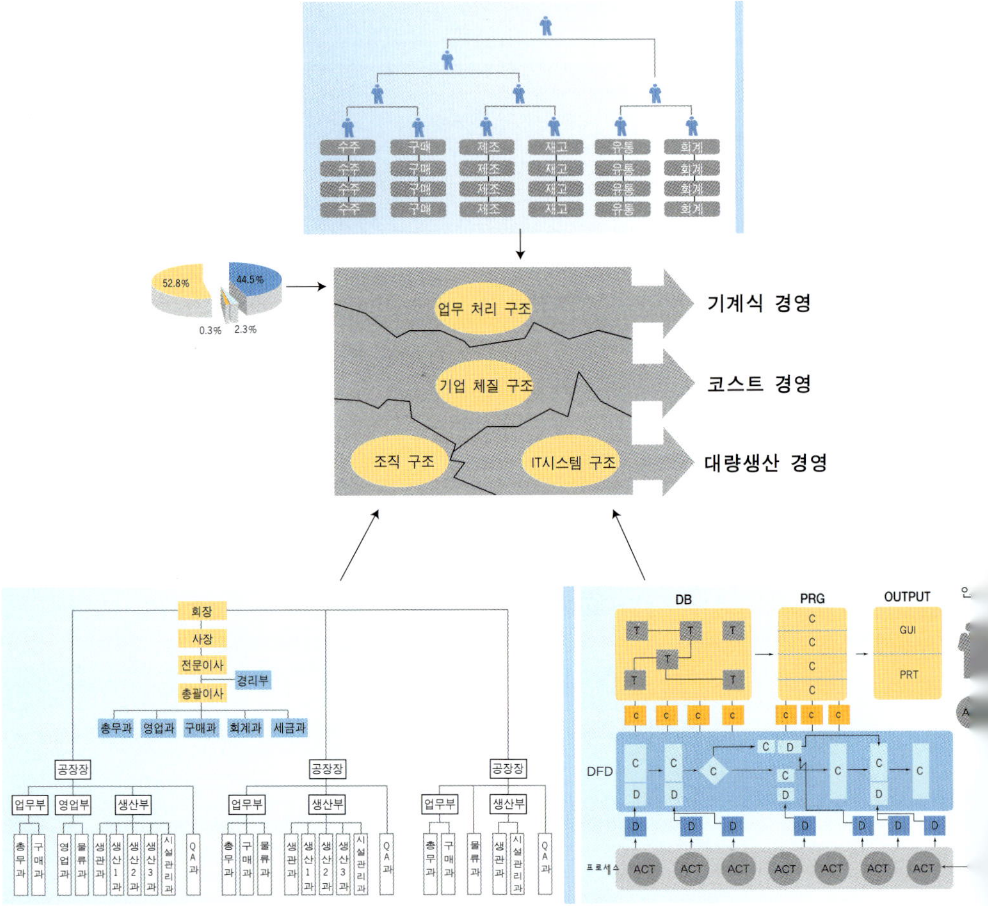
수주
구매
제조
재고
유통
회계
52.8%
44.5%
0.3%
2.3%
업무 처리 구조
기업 체질 구조
조직 구조
IT시스템 구조
기계식 경영
코스트 경영
대량생산 경영
회장
사장
전문이사
경리부
총괄이사
총무과
영업과
구매과
회계과
세금과
공장장
업무부
영업부
생산부
총무과
구매과
영업과
물류과
생관과
생산1과
생산2과
생산3과
시설관리과
QA과
DB
PRG
OUTPUT
GUI
PRT
DFD
프로세스
ACT

산업화 법인 활동모델

실시간 연동을 함으로써 하나가 아닌 것들이 하나가 되는 위력이 법인에서 나오는 것이다. 그런데 프로세스와 프로세스의 실시간 연동은 구조적으로 불가능하며 인위적으로 연결해야만 한다. 시간차와 정보의 시각차가 있기 때문이다. 모든 프로세스들이 실시간 연동이 되게 하려면 프로세스의 구성 소자인 행위들간의 연동을 이루어야 한다. 행위들간의 연동에는 인지 스키마(re－schema)가 들어가게 된다.

산업화 정보 시스템은 구조적으로 정보계만을 다룰 수밖에 없기 때문 토털 시스템으로서의 실시간 연동을 할 수 없게 되어 있다. 그러므로 기업의 경우 초고속 IT 인프라를 활용하면서도 2개월 전후의 늦은 경영 소식을 갖고 경영 관리를 할 수밖에 없다. 결국 산업화 정보 시스템은 산업화 법인 활동 구조의 습성인 경영 패턴을 바꿀 수 없다. 산업화 법인의 활동 구조를 종합하면 그림과 같은 모습이 된다.

지식기반 정보화 법인의 활동 구조

지식기반 정보화 시대의 법인 활동 구조의 특징은 체질 구조, 업무 처리 구조, 조직 구조, 그리고 정보 시스템 구조들이 하나가 아니면서 하나가 되는 실시간 연동으로서 법인의 활동력을 극대화시키는 이점을 갖고 있다.

산업화의 장점인 분업화와 전문화를 수용하면서 업무별 · 조직단위별 영역들간에 생기는 지식과 시각의 차이, 조직단위별 이해관계의 상충, 계층간 의식의 차이 등의 벽을 허물지 못하는 산업화의 구조적인 단점을 해소할 수 있는 구조이다.

따라서 21세기 지식기반 정보화 시대에서 생존할 수 있는 법인의 습성인 창조/지식 경영, 스피드/시간 경영, 서비스 경영을 실천할 수 있는 법인 활동 구조가 되는 것이다.

지식기반 정보화 사회는 산업화 사회와 전혀 다른 가치관이 요구되는 시대이다. 비즈니스계에서 예를 들어 보자. 소비자에게 있어 상품의 가치 기준은 산업화 시대의 품량과 품질이 아니라 품격이다. 즉 나만의 품위를 우선시하는 것이다. 그러므로 다품종, 다변량의 공급 시스템으로 대응할 수 있는 법인 활동 구조를 가져야 한다.

이제 기술, 생산시설, 인원, 원부자재, 유통 판매 조직 등을 모두 갖추고 있다 해서 돈을 많이 벌 수 있는 규모의 경쟁 시대가 아니다. 지식기반 정보화 시대에서는 'K-3W' 쾌속 경영이 돈을 벌 수 있다. 즉, 노하우(Know-how, K)를 갖고 어디에서(Where, W), 누가(Who, W) 할 수 있나를 알고 동원할 수 있는 지구촌 네트

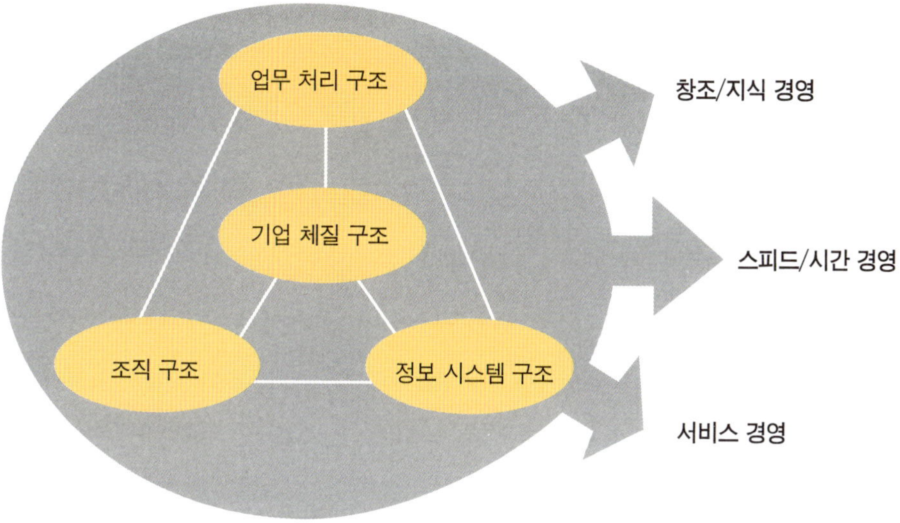

지식기반 정보화 경영 패턴

워크(World Wide-Network, W)로 경영을 하면 5명의 인원도 5천억 달러의 매출을 올릴 수 있다. 겉으로 보기에 인원과 조직 규모가 큰 회사라고 주식을 높이 평가하는 것은 어리석은 행위이다.

저소득 고객층을 위한 소품종 대량 생산에서도 K-3W 경영이 더 경쟁력이 있다. 예를 들면 일본에서 기술을 라이센스하여 미얀마에서 공장을 차리고 호주에서 원료를 구입해 제품을 생산한 다음 한국의 선박으로 러시아에 파는 식이다.

지식과 정보 그리고 네트워크가 기초 자본이 되는 것이다. 이것이 지식기반 정보화 법인의 개념이다.

그러므로 화이트칼라가 움직이는 산업화 법인과는 달리 지식기반 정보화 법인은 골드칼라가 움직인다. 즉 노하우와 전문적인 지식을 활용할 줄 아는 구성원이 리드하는 것이다.

지식기반 정보화 법인의 체질 구조

지식기반 정보화 법인은 항상 새롭게 다시 태어나는 습성인 진양체질 구조를 갖고 있다.

그림에서 보는 지식기반 정보화 법인의 체질 구조도는 앞 장에서 예를 든 제조기업의 체질이 수술된 후의 모습이다. 산업화 법인의 전형적인 체질 구조였던 보음체질이 기업병원에 입원(법인 전문의에게 리모델링을 의뢰)해 수술을 받은 후 진양체질로 바뀐 실제 상황이다.

미래를 창조하고 새로운 지식을 습득하는 행위의 습성이 74.3%이며, 고객을 얻는 서비스 활동을 하는 행위의 습성이 10.1%, 커뮤니케이션을 하는 행위의 습성이 7.1%이며, 만드는 행위의 습성이 8.5%로 체질 구조가 변한 것이다. 법인 구성원의 총행위시간 중 8.5%만으로 종래에 생산하던 제품량을 만들면서도 창조와 학습 그리고 서비스 행위에 우선하는 습성을 갖게 된 것이다.

법인 구성원들이 처음 구성원의 일원으로 들어올 당시 갖고 있던 지식과 사고방식은 법인 체질에 융화되어 법인의 습성대로 행위를 하게 된다. 따라서 3년 정도가 지나면 학교에서 배웠던 지식은 30년 전의 지식으로 낡아 버리고 마는 변화의 초고속 시대라 할 수 있다.

이 변화의 초고속을 따라잡으려면 하루 8시간의 근무시간 중에 만들고, 회의하고, 서비스하는 행위는 5시간 이하로 하고 나머지 3시간 이상은 학습하고 공부하는 행위를 해야 한다. 그래서 지식기반 정보화 사회라고 하는 것이다.

앞으로는 돈을 벌려면 먼저 사람을 벌어야 하는 '글로벌 휴먼

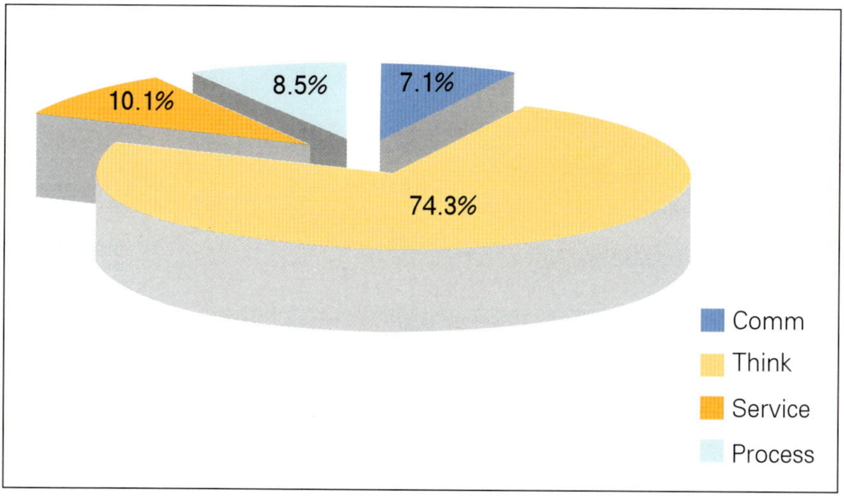

지식기반 정보화 법인의 체질 구조도

네트워크(global human network)' 를 구축해야만 한다. 사람을 버는 것이 비즈니스이다. 그 구체적인 방법은 품위와 신뢰로 서비스하는 것이다. 또한 지구촌 곳곳의 문화와 언어를 알아야 한다. 이것은 학습을 통해서만 극복할 수 있는 과제이다.

일하면서 배우고, 배우면서 일하는 육(育)과 행(行)의 조화가 이루어져야 한다. 이러한 행위들에서 발생하는 시간과 공간의 제약은 IT로 해결할 수가 있다. 이제 커뮤니케이션은 IT 기술로 인해 제한이 없어지고 무제한적으로 할 수 있을 정도가 되었다.

모두가 공유하는 시간과 공간에서 경쟁력을 갖는 길은 스피드 조절과 시간의 효율적인 활용 방법에 있다. 즉 스피드 있는 시간 경영을 해야 하는 것이다.

창조와 지식 경영으로 초고속의 변화를 따라잡고, 스피드 있는 시간 경영으로 누구에게나 평등하게 주어진 시공간에서 우위의 경쟁력을 확보하고, 서비스 경영으로 지구촌 휴먼네트워크를 구축해 사람을 벌 수가 있는 것이다.

법인의 활동이 이렇게 되려면 법인 체질 구조를 진양형으로 고쳐야 한다. 법인의 활동에서 코스트 경영은 산업화 시대나 지식정보화 시대나 다 같이 필요한 것이다. 다만 지식정보화 법인에서는 코스트 경영을 인공지식 시스템으로 자동화시킨 것이다.

진양체질은 체질 구조상에서는 크리에이션 속성의 비중이 제일 크고 그 다음으로 서비스 속성의 비중이 크다. 법인 활동의 체질을 진양이나 진음 구조로 만들려면 업무 처리 구조를 만드는 데 있어 국부론을 배제하여야만 한다.

지식기반 정보화 법인의 업무 처리 구조

지식기반 정보화 법인은 진양체질 구조이다. 이 체질 구조가 되려면 업무 처리 구조를 맥이트(McIT) 사상 이론에 입각한 매트릭스 네트워크(Matrix Network)로 만들어야 한다.

법인 구성원들의 다양한 개성을 살리면서도 법인의 목적과 목표를 핵으로 하여 하나로 역동하는 업무 처리 구조가 지식기반 정보화 모델이다.

업무 기능간 이해상충과 계층간 시각차의 마찰을 제거함으로써 소모성 타임 코스트를 최소화하고 기생충으로 존재하는 업무 행위들을 없앤다.

업무 처리 구조의 중심 라인에 지식기지를 두고 지식기지 외곽 라인에 업무 행위들이 있으면서 업무 행위들이 상관관계에 따라 파동을 일으키게 한다. 법인 구성원들이 이 업무 행위들 중에 필요한 것을 선택함으로써 업무가 처리되도록 한다.

평상시에 법인 구성원들은 새로운 지식을 지식기지에 저장하고 데이터베이스 안에 콘텐츠를 갱신하는 행위를 한다. 그러기 위해

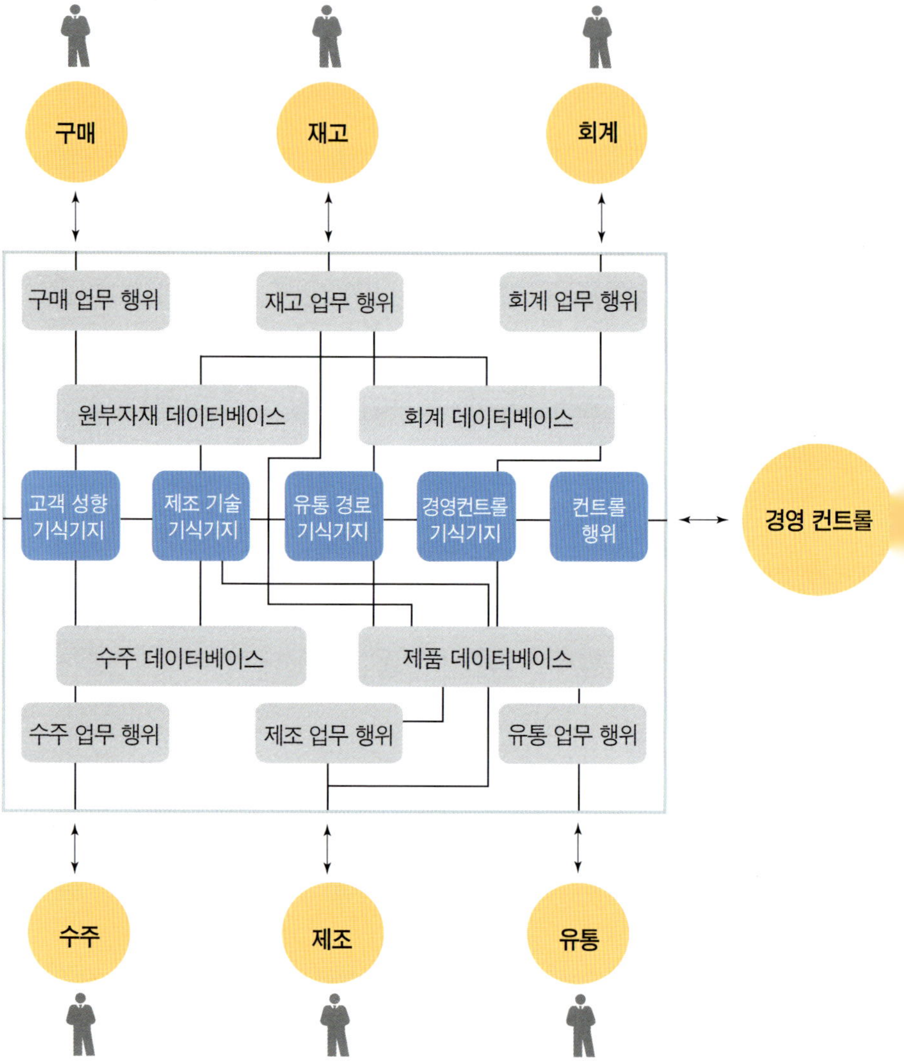

지식기반 정보화 법인의 업무 처리 구조도

새로운 지식을 습득하고 정보를 수집하며 변화를 창조하고 변화에 대응하는 활동을 한다. 그리고 고객에게 가까이 다가가서 현장 서비스를 한다.

이 맥이트 사상 이론에 따른 업무 처리 구조는 법인 구성원들이 업무 행위를 함에 있어서 업무 기능의 계곡에 파묻혀 다른 편 계곡 속에서 일어나는 사안을 이해하지 못해 일으키는 비가치적인 기생충 행위를 근원적으로 막으며, 계층간의 지식과 시각차가 만들어 내는 기생충 행위들도 일어날 수 없게 한다.

아담 스미스 사상과 이론에 따른 업무 처리 구조에서는 업무 행위를 통해 인지한 지식과 노하우가 법인 구성원 각자의 개인적인 것으로만 남게 되므로 법인의 역사와 경륜과는 관계없이 항상 법인체 두뇌에는 지식이 저장되지 않는다.

뿐만 아니라 법인 구성원의 일원으로 활동하면서 습득한 지식과 정보들이 실시간으로 법인 구성원들 모두에게 공유될 수 없다. 그리고 정보의 공유와 프라이버시 보호 간 이중 구조를 효과적으로 조정하기가 어렵다.

그러나 맥이트 사상 이론에 의한 업무 처리 구조에서는 지식과 노하우가 개인뿐 아니라 법인체 두뇌에 저장되며 한시적으로 존재하던 개인이 떠나더라도 지식과 노하우는 법인체 두뇌에 계속 축적되면서 보존된다. 그리하여 법인은 그 역사와 경륜에 비례해

지식과 노하우가 진화하며 늘어나게 된다. 그리고 법인 구성원 중 한 사람이 인지한 지식과 정보라도 실시간으로 법인 구성원 모두가 공유하게 된다. 그러면서도 공유와 프라이버시의 이중 구조를 효과적으로 조정한다.

지식기지는 지식 콘텐츠와 인지 스키마(Re-Schema)로 구성되는 인공지식 시스템을 의미한다. 이러한 지식기지가 법인체 두뇌 속에 존재하게 된다. 이의 실현은 IT가 아니라 KT(Knowledge Technology : 지식기술)로 되는 것이다.

업무 행위의 질적 변화

산업화 법인의 업무 처리 구조에서 업무 행위의 그룹별 비율을 보면 반복적인 업무 처리 행위가 가장 크고 그 다음으로 커뮤니케이션 행위이며 서비스 행위가 세 번째이고 구상 창조 행위가 가장 적은 비율로 삼각형 구조를 이루고 있다. 이 행위 그룹별 비율 구조가 지식기반 정보화 법인의 업무처리 구조에서는 역삼각형이 된다.

이 업무 처리 구조의 속성대로 체질 구조가 형성되는 것을 알 수 있다. 사상이 사람을 바꾸어 놓듯 법인도 바꾸어 놓는다. 국부론 사상을 맥이트 사상으로 바꿀 때 법인의 업무 처리 구조가 바뀌고 업무 처리 구조가 바뀌면 법인의 체질 구조가 바뀐다. 법인

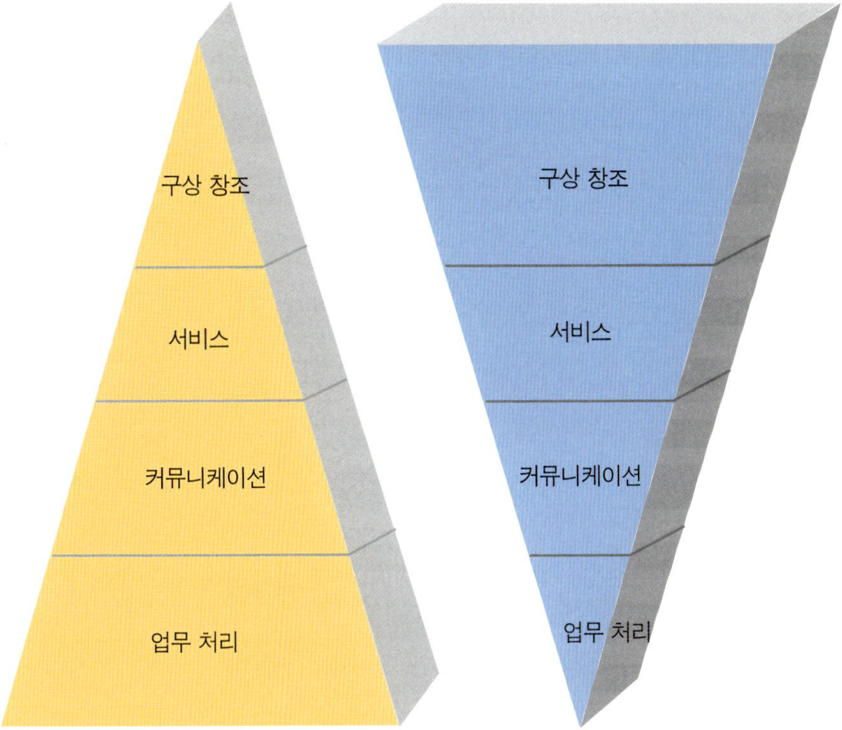

산업화형 업무 구조 모델 / 지식기반 정보화형 업무구조 모델

의 체질 구조가 바뀔 때 고비용 저효율의 법인 질환이 근본적으로 치유되는 것이다. 조직 구조와 IT가 외과용 도구와 약제라면 업무 처리 구조와 KT는 내과용 도구며 약제인 것이다.

산업화형 업무 처리 구조가 지식기반 정보화형 업무 처리 구조로 바뀐다고 법인 구성의 인원 수가 줄어드는 것은 아니다. 업무 행위의 질이 바뀔 뿐이다. 마치 부두에서 선박에 지게로 짐을 올리고 내리는 행위가 크레인과 컨테이너를 이용하는 행위로 바뀌었을 때 지게꾼을 크레인이나 컨테이너 기사로 바꾸는 변화가 일어나는 현상과 같다.

지식기반 정보화 법인의 조직 구조

지식기반 정보화 법인의 업무 처리 구조를 실제화시키기 위해 조직 구조를 지식기반 정보화형으로 구축한다. 즉 지식기반 정보화 업무 구조의 속성대로 업무 행위가 이루어지도록 조직을 만들어 법제화시키고 규정화하는 것이다.

비이클 드라이브 인(Vehicle Drive-In) 영화관, 즉 드라이브하다가 승용차에 앉은 채로 영화를 관람하는 영화관의 구조가 일반 영화관과 다르듯 IT 드라이브 인(IT Drive-In) 조직 구조, 즉 IT 시스템을 탄 채로 업무 행위를 하는 조직 구조는 산업화형 조직 구조와는 다르다.

지식기반 정보화 법인의 업무 처리 구조는 IT 시스템을 인프라로 하고 있다. 업무 기능 단위 부서와 관리계층 간에 사람과 사람을 거쳐 오프라인으로 지식과 정보를 매개하는 산업화형 업무 처리 구조는 상하의 계층적 조직 구조로 되었을 때 효율적이었다. 그러나 이는 지식기지/데이터베이스/행위 서버를 내용물로 담고

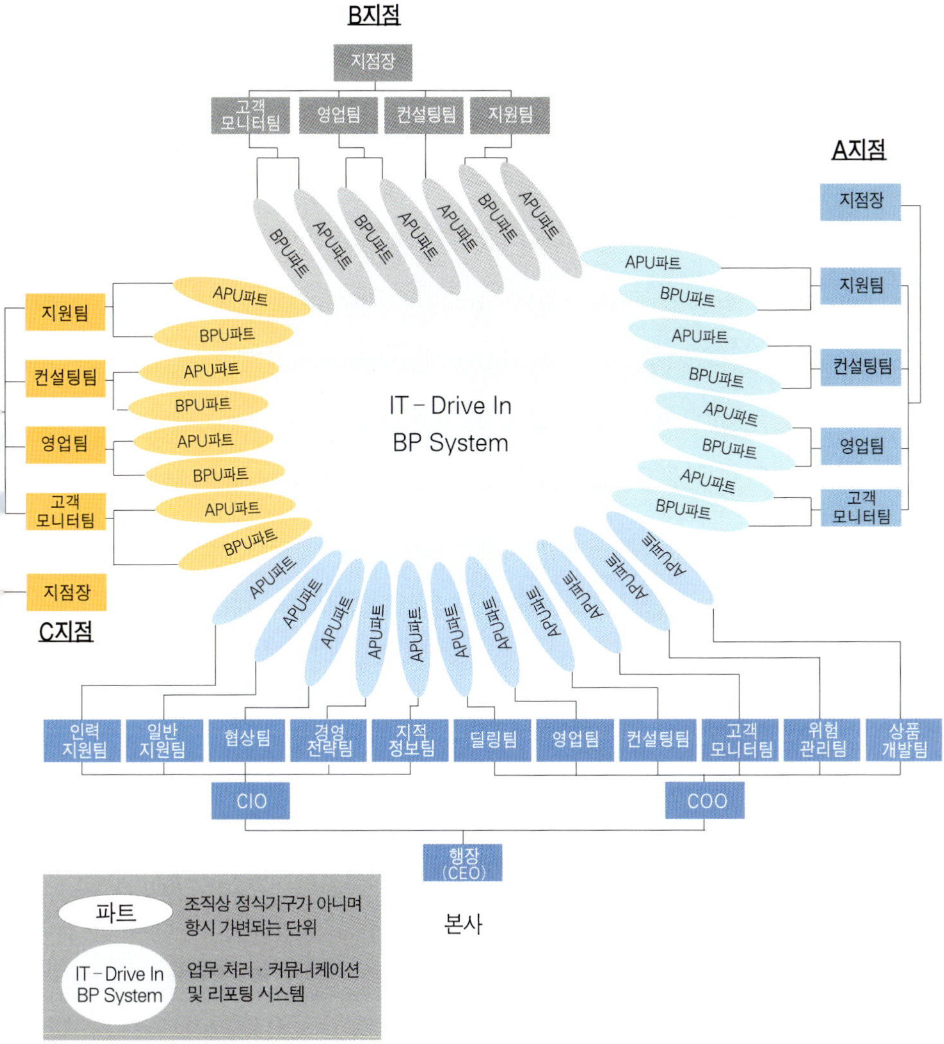

지식기반 정보화 법인의 조직 구조도

있는 IT 시스템을 통해 온라인으로 다수인 대 다수인 간에 지식과 정보를 실시간 매개하는 지식기반 정보화형 업무 처리 구조에는 맞지 않는다. 그것은 갓 쓰고 도포 자락 휘날리며 오토바이를 타는 것과 같다. 그러므로 지식기반 정보화 법인의 조직은 업무 처리 구조와 같은 속성을 갖도록 단단계(Flat)형 네트워크 구조로 형성되어야 한다.

산업화 시대에는 권력과 물질의 힘이 조직을 리드할 수 있었으므로 힘의 크기에 따라 계급을 부여하고 그것에 걸맞는 조직부서를 계층 구조로 만들었다. 그러나 지식기반 정보화 시대에는 지혜와 노하우, 지식의 힘이 조직을 리드한다. 그러므로 힘의 배분을 인위적으로 할 수는 없으며 법인 구성원 개인이 힘을 만들어 내기 때문에 시스템으로 조직을 컨트롤하게 되는 것이다.

그 시스템이 법인의 경락계인 경결계인 것이다. 이 경결계는 법인의 기(氣)를 살리고 공급하는 역할을 하며 법인이 가는 궤도상에서 중심을 잡게 한다.

조직 구조는 법인의 영(令)이 서도록 하는 장치이다. 리더십을 확보하려는 조치로서의 수단인 것이다.

지식기반 정보화 법인의 정보 시스템 구조

지식기반 정보화 법인의 업무 처리 구조와 조직 구조는 '피어

투 피어(Peer to Peer)'의 다수 대 다수 간 직거래 구조이다. 이는 수평적 네트워크 구조로서 속성이 IT 시스템과 같다. 그러므로 정보 시스템 구조를 피어 투 피어로 하고, IT 이용 수준의 단계를 최고 수준인 사고영역까지 끌어올린다.

업무 행위는 법인 구성원들의 업무 활동을 구성하고 있는 미세소자이다. 이 업무 행위들의 영역별 집합을 프로세스(Process)라고 한다. 업무 행위의 발자국이 데이터이므로 업무 행위가 많을수록 데이터도 비례해서 많이 생성된다. 또 데이터간의 상관관계가 많을수록 업무 행위도 많아진다. 데이터는 정보를 구성하는 원료이다. 그러므로 데이터가 많을수록 정보도 많아진다. 정보가 많을수록 업무 행위도 많아진다.

지식기반 정보 시스템 구조는 그 형성의 발상과 출발점이 산업화 정보 시스템 구조와는 다르다.

산업화 정보 시스템의 발상점은 기술이며 법인에 있어서 출발점은 프로세스이다. 그리고 정보화의 대상은 프로세스의 미세 소자인 업무 행위가 만들어 내는 데이터이다. 반면 지식기반 정보 시스템의 발상점은 인간이며 출발점은 업무 행위이다. 또한 정보화의 대상도 업무 행위이다.

산업화 법인 게놈 지도는 산업화 체질의 활동 구조가 형성해 낸 행위벨트, 지식벨트, 정보벨트의 미세소자들의 파동 상태 지도이

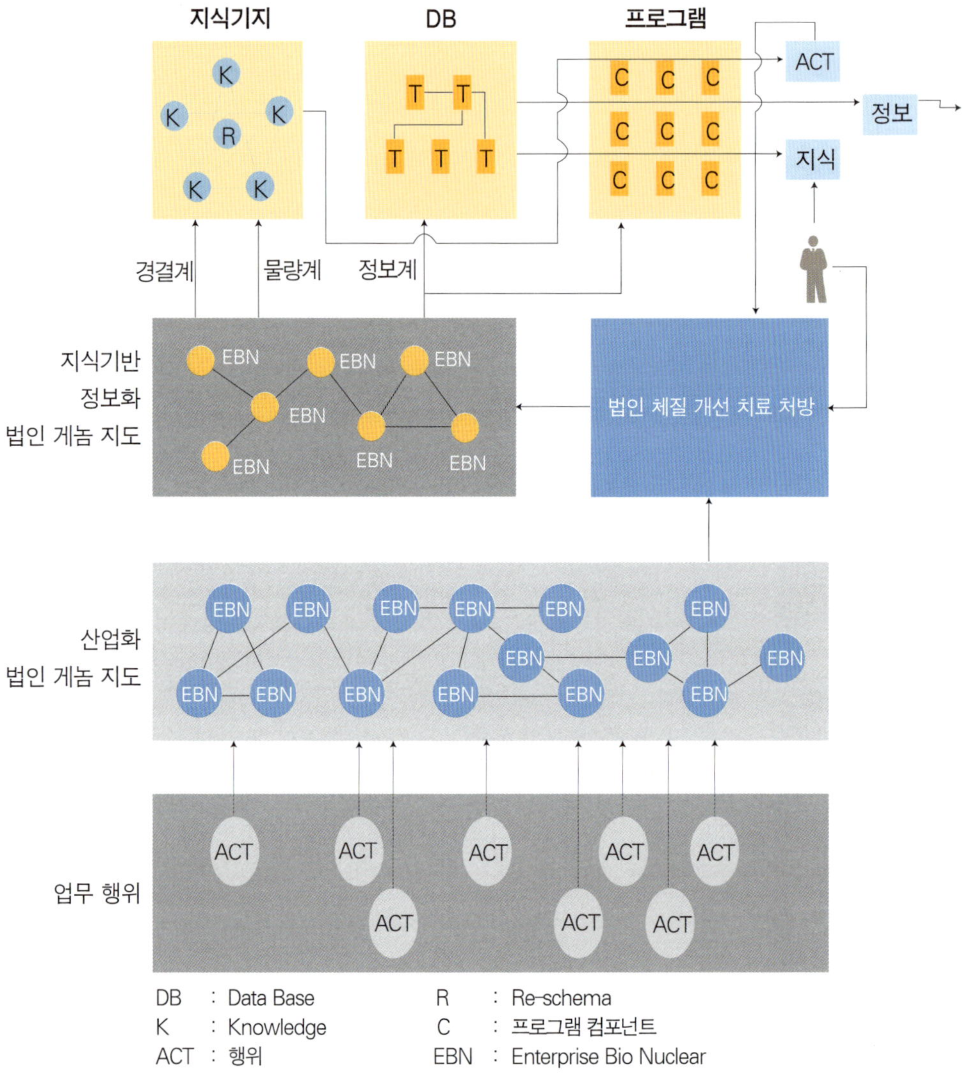

지식기반 정보화 정보 시스템 구조도

다. 이 게놈 지도를 통해 고비용 저효율의 발병 원인이 되는 기생충 행위 구조를 알 수 있다.

법인 체질 개선 치료 처방은 게놈 지도상에 나타난 기생충 행위들을 제거한 다음 체질 개선을 위한 새로운 행위들을 삽입한 상태이다.

지식기반 정보화 법인 게놈 지도는 법인 체질 개선 치료 처방 즉 지식기반 정보화 법인 모델의 게놈을 그린 것이다. 평균 70% 정도의 기생충 업무 행위들이 분리수거된 후의 법인 게놈 지도이다.

지식기지는 지식기반 정보화 법인 게놈 지도를 통해 추출된 지식 콘텐츠를 인지 스키마와 결합한 인공지식이다. 경결계와 물량계 시스템의 마스터 EBN(Enterprise Bio Nuclear)이기도 하다.

DB(Data Base)는 지식기반 정보화 법인 게놈 지도상에서 데이터와 그 상관 요소들을 추출하여 구성한 정보계 시스템의 마스터 데이터와 거래(Transaction) 데이터이다. 마스터 데이터는 거래 대상의 속성을 나타내며 거래 데이터는 비즈니스 거래와 업무 처리 상태를 나타낸다. 이들은 정보의 원료가 된다.

프로그램은 법인 구성원의 행위들을 컴퓨터가 수행할 수 있도록 하기 위해 컴퓨터 나라 말로 작성한 컴퓨터 언어 구조이다. 이 역시 지식기반 정보화 법인 게놈 지도에 따라 작성된다.

이 지식기반 정보 시스템에서 출력되는 것은 행위, 정보, 지식

등 3개 유형이다. 행위는 인공 지식의 지시에 따르는 자동화된 행위를 말하며 정보는 데이터를 가공하여 생성된 것으로써 사용자의 지식과 마음에 따라 달리 이용된다. 지식은 정보를 이용하는 방법과 행위 요령을 알려 준다.

리더십의 변화

리더십의 변천은 사회 가치관의 변화와 궤도를 같이한다. 사회적 가치관의 변혁이 초래되는 것을 사회혁명이라고 한다.

사회영역은 인간의 활동이 미치는 공간과 시간의 범위를 말하는 것이며, 이 영역은 물질과 정신 세계를 모두 포함한다.

지오 스페이스(Geo Space)는 토지 범위 안에서 영역 다툼을 하는 시대이다. 이 시대는 물리력을 비축하고 관리하는 수단을 통해 리더십을 발휘하는 패거리 사회이다. 즉 군벌, 군주족벌, 재벌, 정치족벌과 같은 패거리(벌)를 통해 리더십을 발휘하였으며 두목을 정점으로 한 계단식 조직을 만들고 계급제로 영(令)을 다스렸다. 한번 패거리가 형성되고 난 후에는 자신의 기득권을 지키기 위해 밖으로는 외부 세력이 진입하는 것을 막으려 하고, 내부로는 조직원들이 외부 정보를 접하는 것을 통제하고 두목이 정보를 독점하

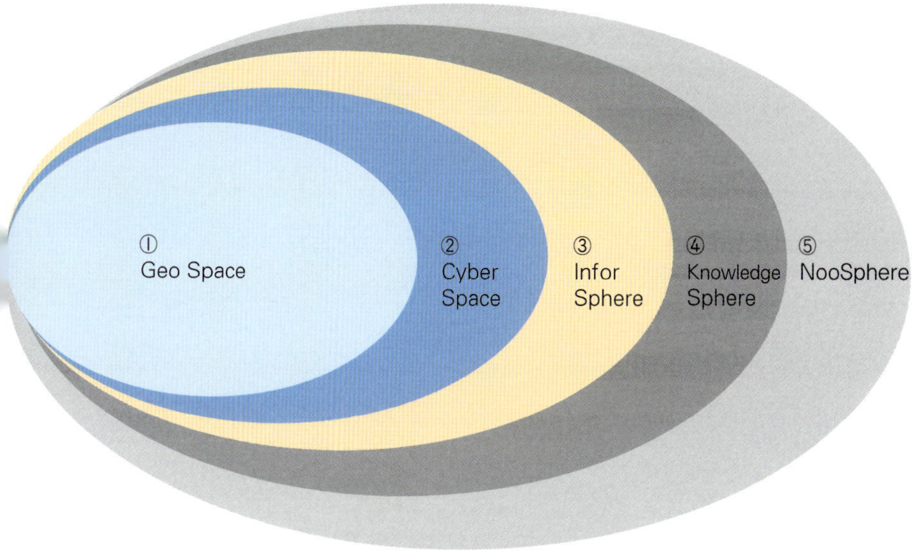

사회영역의 진화단계

는 시스템을 가지려 한다. 지오 스페이스 시대는 리더십이 물리력에서 나오는 계급 사회이다.

사이버 스페이스(Cyber Space)는 IT 네트워크 안에서 영역 다툼을 하는 시대이다. 이 시대는 수직적 계층 구조를 무너뜨린 네트워크 혁명기이다. 지오 스페이스 시대에 기득권 계급을 무력화시킨 네트진들이 마니아 그룹을 통해 민중의 힘을 만들고 비물질적인 사이버 파워가 리더십이 되는 시대를 열었다. 지오 스페이스에서 인포 스피어(Infor Sphere)로 넘어가는 혁명기이다. 패거리의 두목과 그 핵심 인력들이 정보력을 독점하던 체제를 무너뜨렸다. 그로 인해 지오 스페이스의 리더십이 힘을 잃으면서 사회적 혼란이 폭발하게 되었다.

무너진 힘의 향수에 매달리는 것보다 새로운 시대를 열 수 있는 미래 투시력이 힘이 되며 조직을 이끄는 리더십이 되기 시작했다.

인포 스피어는 정보 콘텐츠 안에서 영역 다툼을 하는 시대이다. IT 네트워크 인프라 위에서 정보 신선도를 가짐으로써 리더십을 발휘하게 된다. 필요로 하는 사람에게 필요한 내용이 필요로 하는 시점에 전달되는 정보 신선도로써 사람의 마음을 움직인다.

같은 정보매체의 역할을 하면서도 신문이 인터넷과 텔레비전 방송보다 사회에 영향력이 적은 것은 정보 신선도 때문이다. 정보력이 군사력, 재력, 권력보다 강한 것이 되었다.

날리지 스피어(Knowledge Sphere)는 지식의 범주 안에서 영역 다툼을 하는 시대이다. 아는 것, 즉 지식이 리더십을 발휘하게 된다. 정보는 가치를 발휘할 때 힘이 생기며, 정보의 가치는 이용하는 지식에 따라 달라진다. 인포 스피어는 정보의 바다이다. 이 바다에서 필요한 정보는 모두 얻을 수 있으나 어떤 정보를 어떻게 이용할 것인가를 알지 못하면 아무 소용이 없다.

예를 들어 한 제품의 재고량, 출고 예정량, 입고 예정량에 대한 정보가 나왔다 하더라도 제품 수요를 예측할 수 있는 지식이 없으면 얼마만큼의 제품을 생산 또는 구매할 것인가에 이 정보들을 쓸 수 없다. 이와 같이 정보는 지식에 의해 가치를 발휘한다. 정보의 바다에서 살면서 남보다 강한 리더십을 발휘하려면 지식을 축적해야 한다.

지식의 역량을 키우려면 인간 두뇌의 한계량과 한시성을 극복해야 하는데 그 길은 정보 콘텐츠가 아닌 지식 콘텐츠를 인지 스키마와 연계하여 인공지식을 만드는 데 있다. 인공지식은 지식기술(Knowledge Technology)로 되는 것이기 때문에 지식기술이 강할수록 더 강한 리더십을 갖게 되는 것이다.

누구나 다 같이 사는 정보의 바다 사회에서 보다 많은 정보로써 보다 강한 가치를 만들어 내는 경쟁환경에서는 인간의 개인 두뇌에만 의존해서는 안 된다. 왜냐하면 인간 두뇌의 한계와 시한성 그리고 지식을 공유하는 방법을 아주 원시적으로 할 수밖에 없기 때문이다. 따라서 '아는 것이 힘' 이라는 진리의 구현은 지식기술로써만 가능해진 것이다.

누 스피어(NooSphere)는 영력(靈力) 즉 마음의 힘이 모든 영역을 지배하는 시대이다. 군벌, 군주, 족벌, 재벌, 정치족벌들보다 강한 리더십을 내는 정보력이다. 그리고 정보력보다 강한 리더십을 내는 것이 지식력(아는 것)이며 지식력보다 강한 리더십을 내는 것이 심력(心力) 즉 영력(寧力)인 것이다. 옛날에 무소불위의 권력을 갖고 있던 황제도 천심(天心) 앞에서는 무기력했었다. 천심은 인심(人心)이다.

사람을 사는 것이 돈을 버는 길이라고 한 것도 사람의 마음을 사는 것이 곧 돈이 되는 힘이 되기 때문이다. 영(靈)의 세계를 리드할 수 있는 힘이 가장 강한 리더십이다. 현재 세계에서 가장 강한 군사력과 정보력을 갖고 있는 미국이 베트남 전쟁에서 패하고 이라크 전쟁에서 군사적으로는 승리했지만 아직까지 이라크인의 저항에 직면하고 있는 것 등은 심력(心力)이 부족하기 때문이라 할 수 있다. 이런 점에 착안하여 미국이 국방전략 연구소인 랜드 연구소를 통해 누 스피어를 연구하기 시작했다. 이는 군사력과 정보력만으로는 리더십을 갖는 데 한계가 있다는 것을 입증하는 것이라 하겠다.

지오 스페이스 시대에 리더십을 발휘할 수 있게 하던 계층적 계급 제도의 조직 구조가 인포 및 날리지 스피어 시대에도 계속 적합할 수는 없다.

지식기반 정보화 법인의 활동 모델

지식기반 정보 시스템은 법인의 활동 구조인 체질 구조, 업무

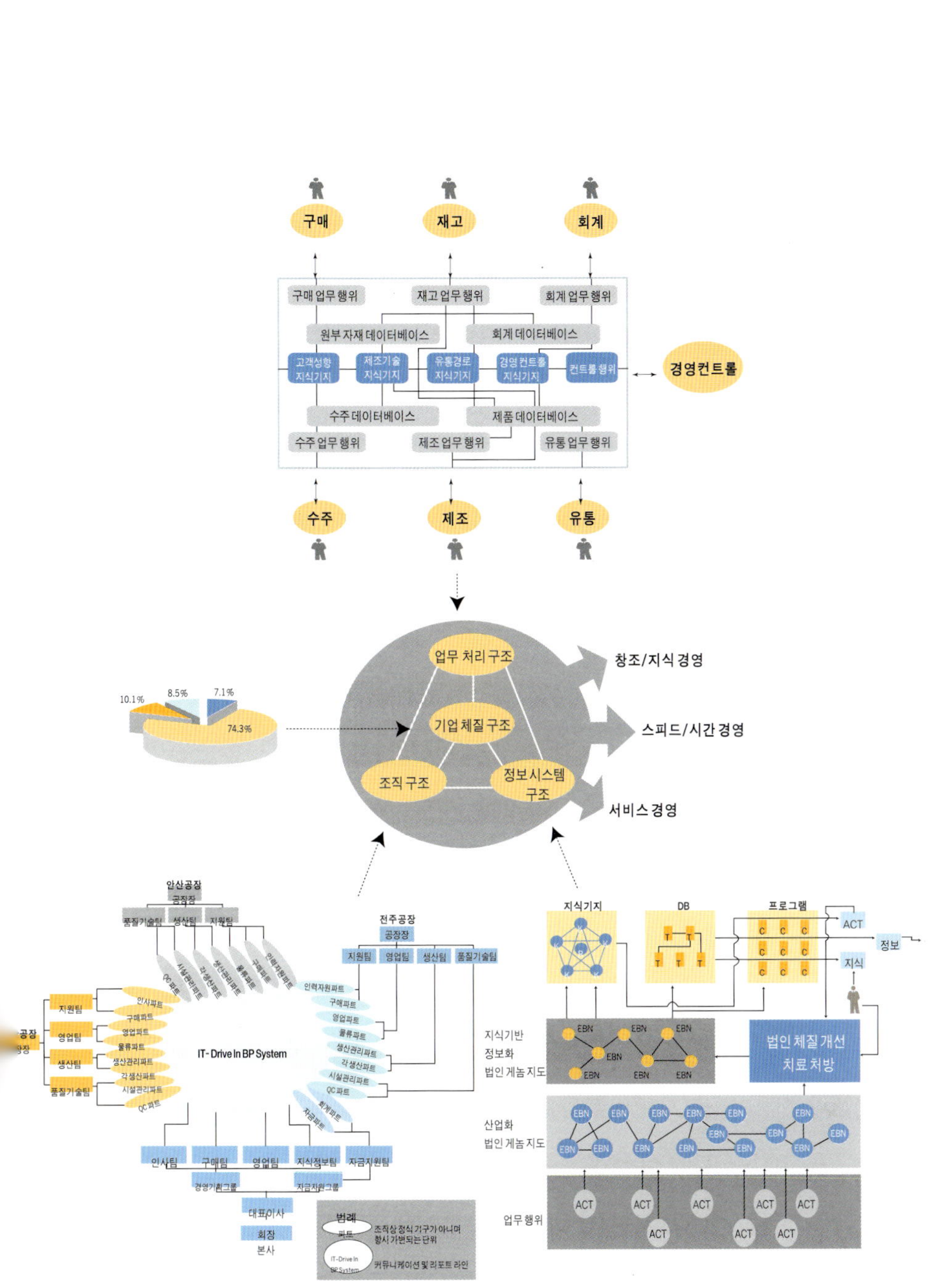

구매
재고
회계
구매 업무행위
재고 업무행위
회계 업무행위
원부 자재 데이터베이스
회계 데이터베이스
고객성향 지식기지
제조기술 지식기지
유통경로 지식기지
경영 컨트롤 지식기지
컨트롤행위
경영컨트롤
수주 데이터베이스
제품 데이터베이스
수주 업무행위
제조 업무행위
유통 업무행위
수주
제조
유통
업무 처리 구조
기업 체질 구조
조직 구조
정보시스템 구조
창조/지식 경영
스피드/시간 경영
서비스 경영
10.1%
8.5%
7.1%
74.3%
안산공장
전주공장
IT-Drive In BP System
인사팀
구매팀
영업팀
지식정보팀
자금지원팀
대표이사
회장
본사
범례
지식기지
DB
프로그램
ACT
정보
지식
지식기반 정보화 법인 게놈 지도
법인 체질 개선 치료처방
산업화 법인 게놈 지도
업무행위

처리 구조, 조직 구조들을 모두 하나이면서 하나가 아닌 것이 되도록 경결계, 정보계, 그리고 물량계를 다룬다. 기업인 경우에 대표적인 예로 실시간 경영 시스템(REMS : Real - time Management System)을 들 수 있다. '렘스'는 최고경영자가 법인 구성원들의 활동 사항과 기업의 경영 상태를 장소를 초월해 실시간으로 보면서 의사 결정을 하고 이 의사 결정을 즉시 실행 명령이나 지시로 전달하는 '사이버 CEO'의 역할을 한다. 따라서 정보 처리의 속성은 부수적인 것이 되며 인공지식 행위의 속성이 기본이 된다.

이 속성에 따라 법인의 경영 패턴이 창조/지식 경영, 스피드/시간 경영, 서비스 경영으로 형성되게 된다.

지식기반 정보화 법인의 활동 구조를 종합해 보면 앞 페이지에 나온 그림과 같다.

법인 의학 13

정보화 2대 기본 요건

정보화에는 크게 두 가지 기본 요건이 있다. 다른 요건들이 모두 완벽하게 충족되었다 하더라도 이 두 가지 기본 요건이 충족되지 않으면 기둥과 대들보 없는 한옥처럼 완벽한 정보화라고 할 수 없다.

정보화에도 양지와 음지가 있다. 양지는 정보의 공유이고 음지는 프라이버시의 노출이다. 이 음양의 충돌을 조화시킬 수 있어야 한다. 이것이 첫 번째 기본 요건이다.

정보화의 핵심 도구인 컴퓨터는 '1+1'은 '2'로만 답을 내는 정직한 로봇이다. 이는 역으로 '장미꽃은 악취를 내뿜는다'라고 거짓말을 하게 하면 그대로 따라한다는 것이다. 양지는 정확하게 할 수 있다는 것이고 음지는 완벽하게 거짓으로 꾸밀 수 있다는 것이다. 완전 범죄의 도구로도 사용할 수 있는 컴퓨터의 악용을 완벽하게 봉쇄해야 한다. 이것이 두 번째 기본 요건이다.

법인도 인간과 같이 프라이버시가 있다. 법인의 행위 중 노출되었을 때 경쟁자로부터 공격의 실마리가 될 수 있는 기밀 사항 등이 법인의 프라이버시다. 인간 생활에서 부부의 잠자리 모습은 부부만이 알고 있어야 하듯이 법인 활동에서도 인사권 같은 행위는 최고경영자와 관련자 등 소수만이 알고 있어야 한다.

법인과 법인 간의 경쟁에 있어서 최대의 적은 내부 간첩이다. 정보가 집중된 시스템에서 내부 인원이 정보를 조작하는 행위도 문제가 되지만 그것보다 더 큰 문제는 경쟁자의 첩자로서 적을 위해 필요한 정보를 송두리째 자취 없이 도둑질하는 행위이다.

뿐만 아니라 법인의 치명적 정보를 뽑아 이를 무기로 최고경영자와 거래를 하려는 자도 생겨날 수 있고, 평소 조직에 반감을 품고 있다가 복수하려는 마음으로 외부에 공개해 버리는 자도 생겨날 수 있다.

지구 자연계에 사는 동물 중 인간이 가장 발달된 두뇌를 갖고 있다. 이 때문에 인성은 서 있지 않은 채 두뇌에 꾀만 가득 찬 지식인이 있을 수 있는 것이다. 고속도로를 뚫어 놓으면 오토바이 폭주족이 날뛰고 고속 IT 인프라를 구축해 놓으면 지식 사기꾼들의 세상이 되는 수도 있는 것이다.

이 때문에 이러한 정보화의 두 가지 기본 요건이 충족되지 않았을 때는 IT 강국이 아니라 IT 망국이 될 수도 있다. 따라서 지식기반 정보화 구조에서는 정보화 2대 기본 요건을 충족시키는 시스템이 삽입되어 있다.

법인 의학 14

법인 활동 구조 비교

법인 활동 구조의 장을 통해 산업화 법인의 활동 구조와 지식기반 정보화 법인의 활동 구조를 설명하였다. 이제 두개의 활동 구조를 비교해 차이점을 찾아보기로 한다. 이는 법인의학부에서 이론으로 배운 것을 실제 상황에 적용하는 기술을 배우게 될 법인의술부로 가는 길목에서 법인체의 치료 목표와 방향을 이해하여 법인의술에 쉽게 입문할 수 있도록 하려는 의도이다.

산업화 법인의 경영 패턴은 기계식 경영, 코스트 경영, 대량 생산 경영이고, 지식기반 정보화 법인의 경영 패턴은 창조/지식 경영, 스피드/시간 경영, 서비스 경영이다. 이 경영 패턴의 차이는 체질 구조의 차이 때문에 나타난다. 체질 구조는 업무 처리 구조, 조직 구조, 정보 시스템 구조들의 자체 내부 구조와 이 세 구조 간

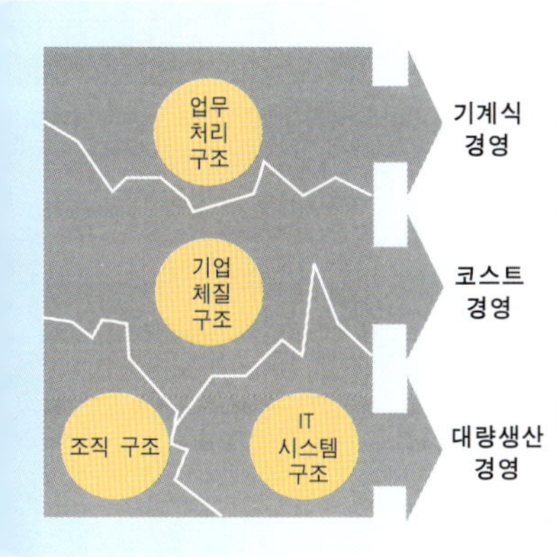

산업화 법인 경영 패턴

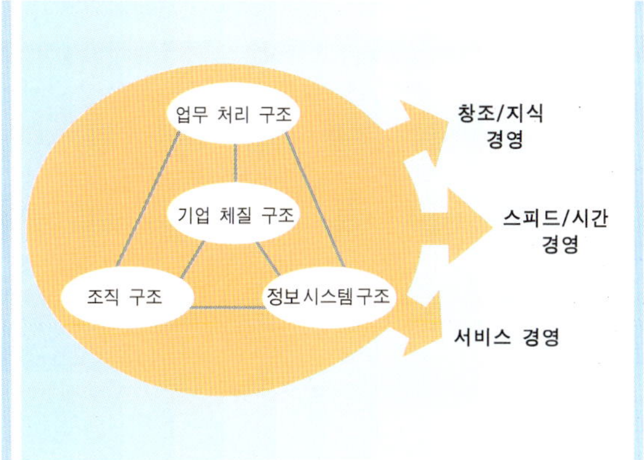

지식기반 정보화 법인 경영 패턴

의 연동관계와 법인 활동 구조의 미세 소자들의 파동 형태에 따라 달리 형성된다.

산업화 법인의 활동 구조상에서는 네 개 구조들이 각자의 상태로만 존재하고 있다. 지식기반 정보화 법인의 활동 구조상에서는 세 개 구조들이 하나이면서 하나가 아닌 상태로 존재하고 있다.

IT 시스템을 구축한다고 해서 경영 패턴이 달라지지는 않는다. 그러므로 IT 시스템을 설치해 놓고 지식기반 정보화를 했다고 하는 것은 난센스이다. 지식기반 정보화 법인의 활동이 형성하는 경영 패턴이 나올 때 지식기반 정보화가 이루어진 것이다.

따라서 법인 치료의 목표와 방향은 법인 체질 구조를 바꾸는 것이다. 체질 구조를 바꾸려면 업무 처리 구조를 바꿔야 한다. 업무 처리 구조를 바꾸려면 조직 구조를 바꿔야 하며 이 모두를 수용할 수 있도록 정보 시스템 구조를 바꿔야 한다.

'바꾼다'는 것은 IT와 같은 기술이 아니라 법인 구성원의 생각을 바꾸게 하는 사상과의 전쟁이다. 따라서 산업화 사회에서 고착화된 법인 구성원들의 시스템적 정신질환 증세를 치유하는 의술이 관건이다.

체질 구조 비교

산업화 법인의 체질 구조는 보음체질이며 지식기반 정보화 법인의 체질 구조는 진양체질이다.

법인의 활동 구조가 보음체질인 상태에서 최고경영자가 법인 구성원들에게 지식 경영 시대이니 공부를 하라, 정보화를 하라, IT 문맹자는 퇴출시킨다, 빨리빨리 해내라, 서비스를 강화하라는 등의 지시와 명령을 내리고 위협으로 배수진을 친다고 해서 경영 패턴이 달라지지는 않는다. 이는 고속도로는 동쪽으로 뚫어 놓고 운전 기사에게는 남쪽으로 빨리 달리라고 지시하는 것과 같다.

단기 순이익을 목표대로 달성하지 못하는 부서장을 문책하는 경영문화에서, 공부해서 새로운 것을 연구해 내라고 부서장을 닥

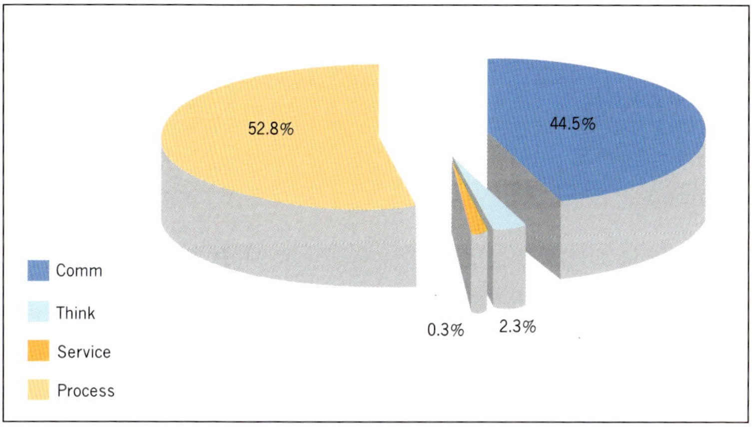

산업화 법인 체질 구조

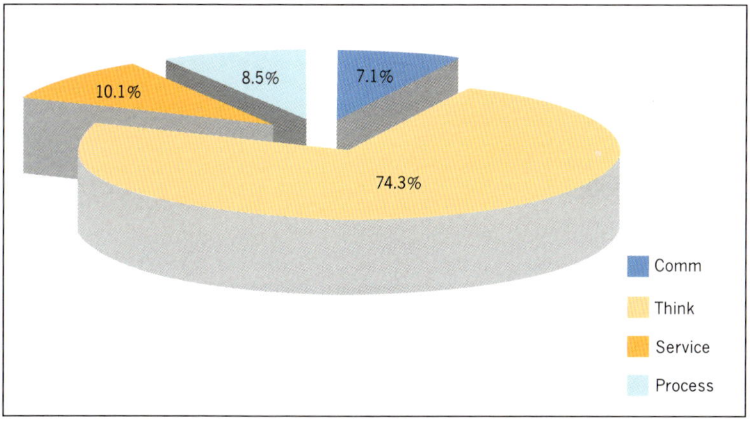

지식기반 정보화 법인 체질 구조

달한들 무슨 효과가 있겠는가. 보음체질을 진양체질로 바꿔야만 지식기반 정보화 법인이 되면서 고비용 저효율의 고질병도 치유 된다.

법인 체질 구조를 바꾸려면 무엇을 어떻게 해야 하는가? 많은 사람들이 체질 구조를 바꾸면 된다는 말은 자주 하면서도 이 질문에 대한 답을 하는 데는 머뭇거린다. 필요성은 인식하면서도 체질을 개선하는 의술을 모르기 때문이다.

법인 체질 구조의 치료는 업무 처리 구조의 치유를 통해 이루어진다. 업무 행위의 습성이 체질 구조를 형성하며 업무 행위의 습성은 업무 처리 구조에서 나오기 때문이다. 법인 체질 구조의 치료 목표와 방향은 진양체질이다.

업무 처리 구조 비교

산업화 법인은 기능별 전문화로 반복 작업 행위를 하게 함으로써 능률을 높인다는 이론을 실현하기 위해 법인 구성원을 업무의 부품으로 하는 업무 처리 구조를 가진다. 그 수단으로 업무 처리 구조를 수직계층으로 하여 업무 처리를 감독 관리한다. 실시간으로 하나가 될 수 없는 구조이며, 노무경영(勞務經營) 구조이다.

이와 같은 업무 처리 구조에서는 관리자인 화이트칼라에게 힘이 쏠린다. 또 이 구조에서는 힘에 아부하는 행위들이 발생하고 실제 상황보다 서류에 기록된 문구에 의지하게 되며 조직의 관료화를 유발시킨다. 실제 작업 시간보다 대기 시간이 아홉 배나 많이 발생하며 기생충 행위들이 70% 정도나 일어난다. 인터넷과 전자 결제 시스템을 활용하고 있어도 전년도 연말에 확정된 프로젝트가 하반기에 가서 시행되는 경우가 허다한 것도 업무 처리 구조가 일으키는 구조적인 문제 중 하나이다.

지식기반 정보화 법인의 업무 처리 구조는 영역별 전문화로 반복되는 작업 행위는 자동 처리되게 하고, 창조와 학습 그리고 서비스 활동을 강화시킨다는 이론을 실현시키기 위해 법인 구성원을 업무 부품으로부터 해방시켜 인격을 회복하도록 한다. 그 수단으로 업무 처리 구조를 다수 대 다수 네트워크로 수평화한다. 법인 구성원들이 각자의 개성을 갖고 개체로 일하면서도 실시간으로 법인 차원의 하나가 되는 구조이다.

이와 같은 업무 처리 구조는 창조를 생산해 내는 전문인인 골드칼라에게 힘이 쏠리게 하며 시간을 중요한 경영 자원으로 관리하게 한다. 서류보다 실제 상황에 근거하도록 하며, 조직의 관료화를 없애고 업무가 실시간으로 처리되게 하여 대기시간을 최소화시킨다. 또 기생충 행위들을 제거시켜 여기에서 창조된 시간을 창

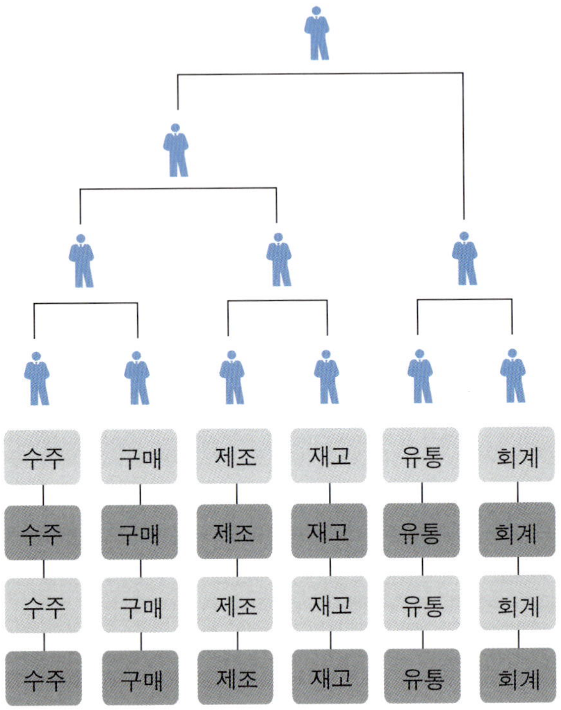

산업화 업무 처리 구조

조/지식 활동과 서비스 행위에 쓰도록 유도한다. 프로젝트가 결정되는 동시에 시행되며 그 결과 또한 실시간으로 피드백되어 평가되는 실시간 경영이 가능해진다.

이 지식기반 정보화 업무 처리 구조는 결국 업무 행위의 습성을 바꿔 놓는다. 따라서 법인 체질 구조도 바뀌게 되는 것이다.

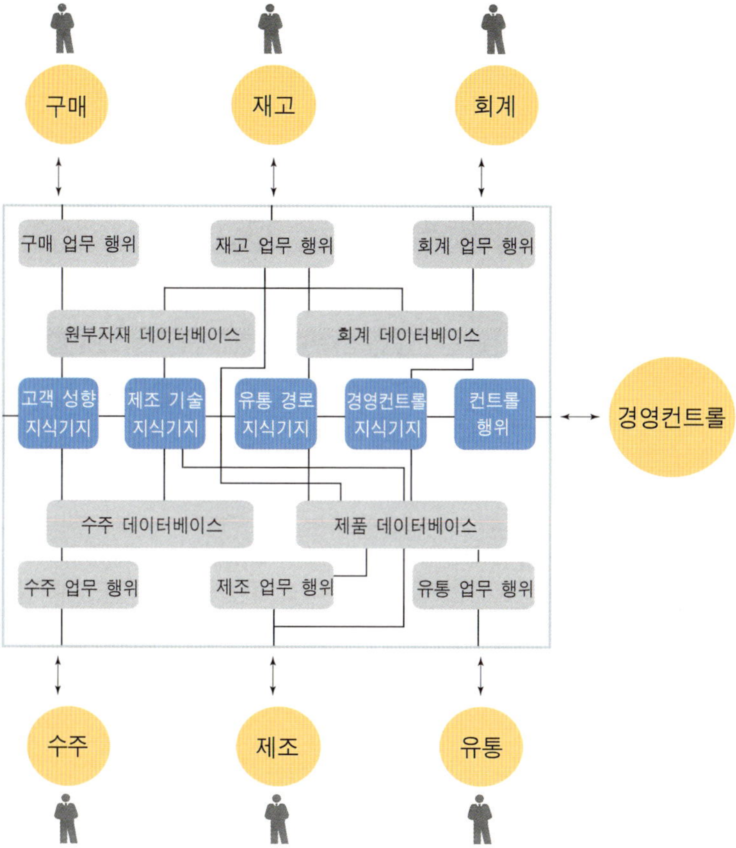

지식기반 정보화 업무 처리 구조

조직 구조 비교

산업화 조직 구조는 수직적 계층 구조이다. 업무를 기능별 단위로 분리한 후 전담 실무자를 배치하고, 이 기능별 업무를 연결 처

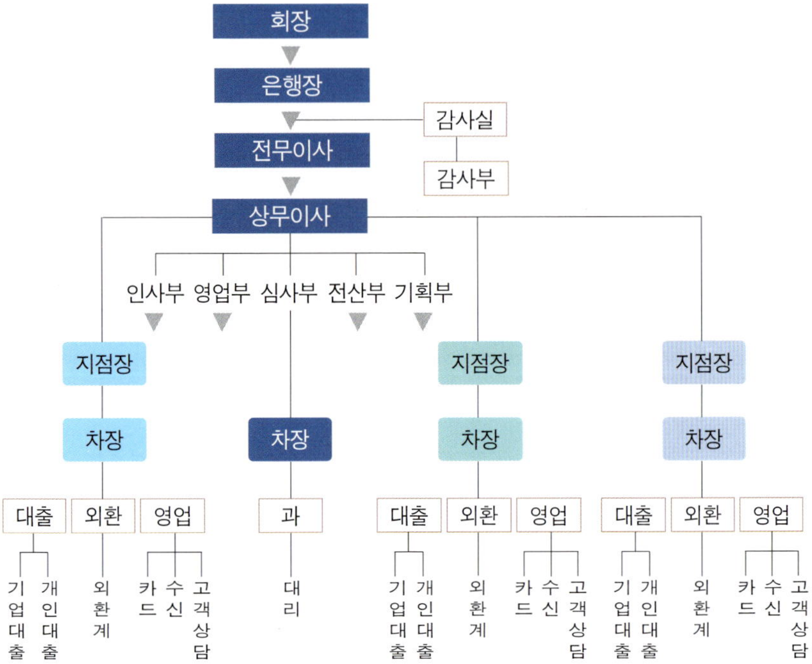

산업화 조직 구조

리하는 업무에 다른 전담자를 배치하고, 이 연결 처리 업무 결과를 연결하는 업무에 또 다른 전담자를 배치하는 식으로 조직 구조를 수직적으로 한다.

이 수직적 계층 구조는 계층 구조가 높아질수록 법인 구성원의

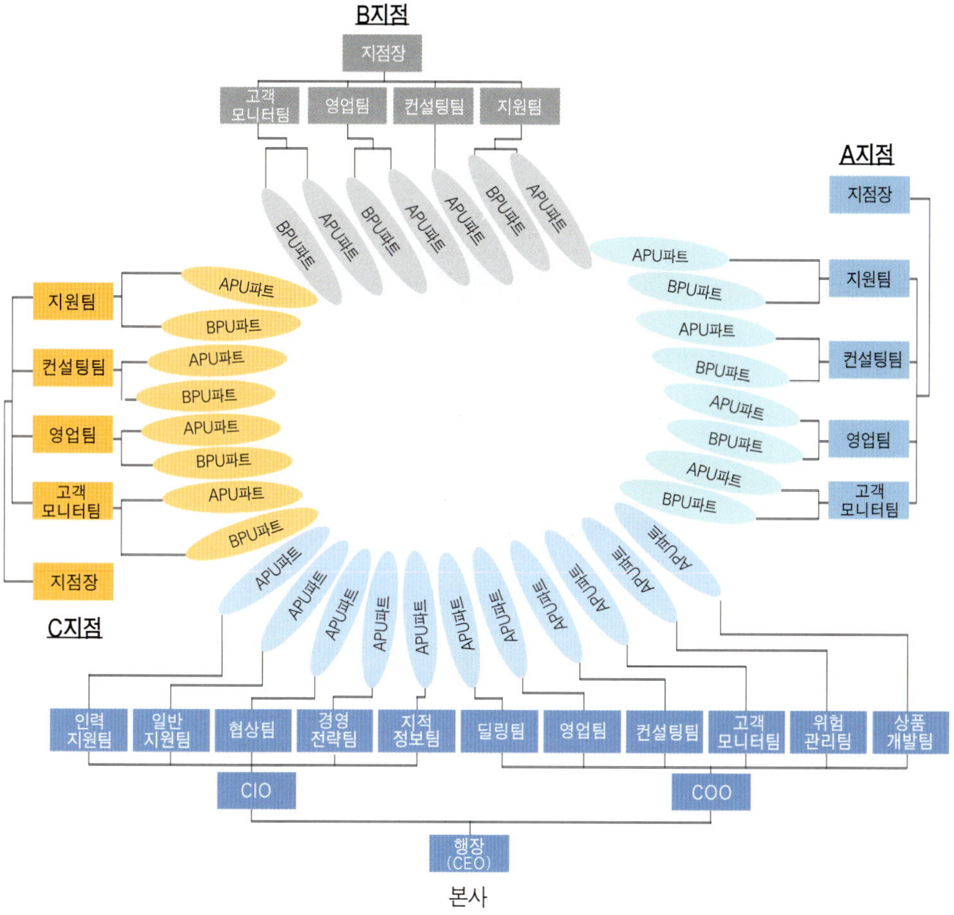

지식기반 정보화 조직 구조

권력이나 대우가 커지는 속성을 갖고 있다. 계층과 권력의 결합이 만드는 것이 지위이다. 그래서 높은 지위니 낮은 지위니 하는 것이다. 이 구조는 법인 구성원들이 지식과 능력, 업무 성과보다 높은 지위에 있는 사람에게 줄 대는 데 더 신경을 쓰고, 높은 지위에 있는 사람은 그 자리를 유지하기 위해 아래 지위에 자기 사람을 심는 데 더 열을 올리는 인맥, 학맥, 돈맥(돈줄)이 중시되는 모순을 갖고 있다. 그리하여 인재(人財)는 떠나가고 인재(人災)만 남게 되는 길로 가다가 인재(人災)지변을 맞아 망하게 되는 경우가 허다하다.

지식기반 정보화 조직 구조는 수평적 네트워크 구조이다. 법인 구성원 각자가 자신의 경험과 업무상 인지된 지식을 축적하면서 모두가 공유하는 지식기지를 중심으로 하고 일상적인 반복 업무 행위들은 자동 처리하는 업무 처리 구조의 특성을 살리고 있다.

'네트버(Netber : Network Member)'는 움직이는 조직 구조이기 때문에 무리를 형성하고 인맥, 학맥, 돈맥 등은 약화된다. 자질과 능력, 업무 성과만 있으면 그에 걸맞는 대우를 받고 권한을 행사할 수 있다. 심력에 의한 리더십이 이끄는 조직이며 실시간 경영을 뒷받침하는 조직 구조이다. 또한 법인을 관리하는 조직이 아니라 법인의 능력을 창조하는 조직이다.

이 조직 구조는 법인의 두뇌 한계가 구성원의 재임기 안에 있었던 산업화 조직 구조와는 달리 법인의 역사가 길어지면서 쌓이는 경험에 비례해서 한계 없이 발전되는 속성을 갖고 있다. 고참 사원의 노하우가 신입 사원에 의해 계승, 발전하는 것이다.

정보 시스템 구조 비교

산업화 정보 시스템 구조는 법인 3계 중 정보계만을 다루며 산업화 업무 처리 구조와 조직 구조를 그대로 수용하는 구조이다. 출발선상이 프로세스로서 프로세스의 미세 소자인 업무 행위들이 내뿜는 데이터들을 원료로 하여 정보를 가공 처리하는 구조이다.

데이터의 흐름 구조도(DFD : Data Flow Diagram)를 그려 낸 후에 이것으로부터 데이터베이스를 만들어 내고 데이터 흐름의 논리와 계산수치 등을 찾아 프로그램을 작성한다. 종이, 펜, 주판(계산기) 등으로 전표를 작성하고 보고서를 만들고 장부를 만들던 것을 컴퓨터를 도구로 하여 만들어 내며 전화, 텔렉스, 팩스 등을 통해 전달하던 문서를 인터넷으로 보내는 틀을 기본으로 한다.

법인의 활동환경은 항상 변하고 있다. 예로 들면 변화하는 사업 여건에 맞추어 경영 전략이 변하고 전략이 변함에 따라 이에 수반되는 업무 처리 구조가 바뀌고 조직이 변한다. 업무 처리 구조가 바뀌면 프로세스가 바뀌게 되는 것이다. 프로세스가 바뀌면 그 미세 소자인 업무 행위들이 달라진다. 업무 행위들이 뿜어 내던 데이터들의 구조가 변경될 수밖에 없다. 이것이 법인의 자연 법칙이다.

산업화 정보 시스템 구조는 법인의 자연 법칙에 맞지 않는다. 순천(順天)하는 것이 아니고 역천(逆天)하는 것이다. 프로세스를 구성

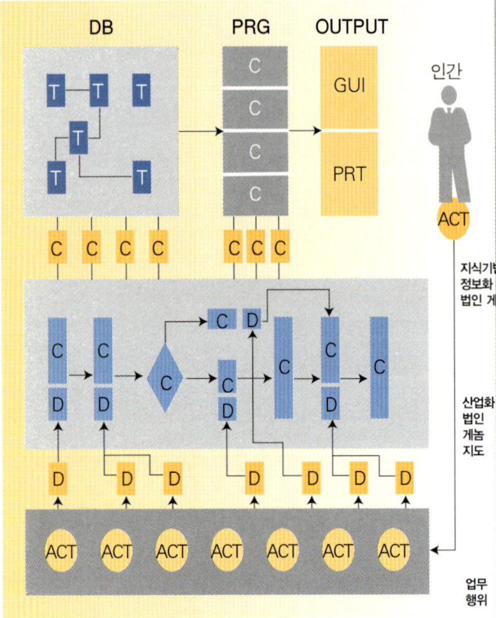

산업화 정보 시스템 구조

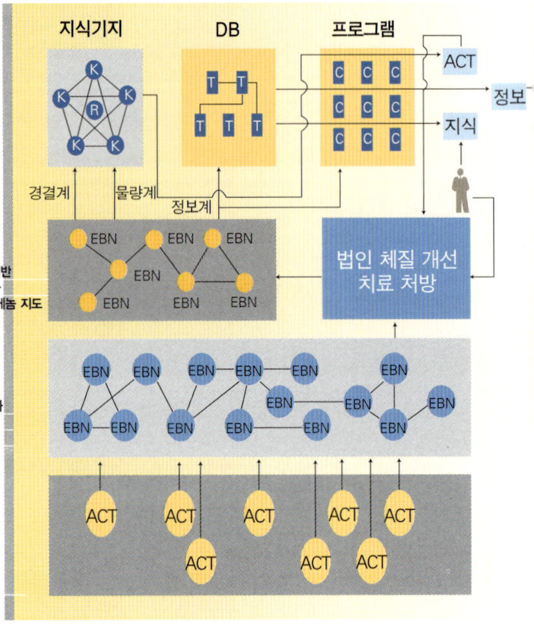

지식기반 정보 시스템 구조

하고 있는 업무 행위 중 70% 정도가 기생충들이다. 이들이 내뿜는 데이터들을 컴퓨터 시스템으로 가공하여 정보를 만들어 낸다.

이는 쓸모없는 행위들을 계속하도록 고착화시키는 것이며 쓸모없는 데이터들을 원료로 한 정보 역시 쓸모없는 것으로 처리비용만 축내고 있는 것이다. 배추를 세탁기로 세탁한다고 옷이 세탁되어 나오지 않듯 컴퓨터에다 쓸모없는 데이터를 넣는데 쓸모 있는 정보로 가공되어 나오지 않는다.

업무 행위 하나만 바뀌어도 프로세스의 내용이 바뀌게 되므로 프로세스를 출발선상으로 해 작성된 데이터베이스 구조와 프로그램이 쓸모없어진다. 데이터베이스 구조와 프로그램을 수리해야 하고 때로는 폐기처분하고 다시 제작해야 할 때도 있다.

이와 같은 작업은 정보 시스템이 스스로 하는 것이 아니라 고임금을 받는 IT 엔지니어들이 하는 것이다. 정보 시스템이 제때 수리되지 않아 업무 처리가 지연되면 기업은 고객의 불만을 사고 이용 기회를 놓치게 된다. IT의 기능과 성능, 가격은 매 18개월마다 절반씩 하락하고 있는데도 IT 이용 비용은 매출 규모나 업무 증가와는 관계없이 계속 증가하고 있다.

오죽하면 정보 시스템은 구축하자마자 비용을 갉아먹는 하마라고까지 하는 최고경영자가 있겠는가. 이는 모두 산업화 정보 시스템 구조가 법인의 법칙에 어긋나기 때문이다. 역천자(逆天者)는 망하는 법이다. 뿐만 아니라 정보의 공유와 프라이버시 보호의 이중성을 해소하기가 어렵다.

지식기반 정보 시스템 구조는 법인 3계인 경결계, 정보계, 물량계들을 모두 다루며 지식기반 정보화 업무 처리 구조를 수용한다. 출발점은 데이터를 만들어 내는 원인인 업무 행위에서 시작된다. 법인의 지식벨트, 행위벨트, 정보벨트들의 미세 소자들과 그들의 관계 파동인 EBN게놈 즉 법인 게놈 지도를 작성하여 법인의 생로병사 요인을 밝혀 낸 다음, 병을 유발하는 미세 소자들을 제거하고 체질 개선을 위한 새로운 소자들을 삽입하여 지식기반 정보화 법인의 체질 구조를 설계한다. 이 과정을 통해 지식기반 정보화 법인의 업무 처리 구조가 생성 · 설계된다.

이 업무 처리 구조는 개별적인 특성을 달리하면서도 하나로 조립될 수 있고 다시 분해되어 또 다른 하나로 조립되는 업무 구성 단위들의 미적분이 유연한 '레고형'이다. 따라서 정보 시스템의 구조가 실시간 변화의 비즈니스 컴포넌트 베이스(RTC BCB : Real-time Changing Business Component Base)로 되게 한다.

경결계가 있으므로 법인의 기(氣)가 막히는 증상이 방지되고 물량계가 있으므로 법인의 영양소가 균형 있게 배분되고 이들과 연동되는 정보계는 법인의 실시간 경영이 가능하도록 한다.

기생충 행위들을 근원적으로 제거함으로써 쓸모없는 데이터의 분출을 차단할 수 있다. 이로 인해 정보의 신선도와 가치가 높아지고 IT 시스템의 허비 요소가 없어진다. 항상 변화하고 있는 경영환경에 적응해야만 하는 법인의 속성에 맞는 정보 시스템 구조로 바뀜으로써 변화의 뒷다리를 잡는 구조적 모순을 없앤다.

기하학적으로 진화되고 있는 IT의 이점을 최대한 이용하면서도 이용 비용의 증가폭을 크게 줄인다. 또 정보의 공유와 프라이버시 보호의 이중성을 해소해 준다. 법인의 법칙에 순응하는 것이 지식기반 정보 시스템 구조이다. 순천자(順天者)는 살아남는다.

03

법인의술

법인 의술 1

법인의술의 정의

법인의술(法人醫術)은 법인의학 이론에 따라 법인의 체질병을 치료하는 기술이다. 이 의술을 시행하는 전문가를 법인전문의(法人專門醫)라고 한다.

경영 또는 경영혁신 전문가는 법인의 경영 상황 자료를 수집 분석한 후 컨설팅을 하는 데 비해, 법인전문의는 법인체의 게놈 지도를 작성해 기생충 행위 등과 같이 법인의 체질을 악화시키고 있는 미세 소자와 그 파동을 찾아내 제거한 후에 가치가 있는 소자들을 만들어 삽입함으로써 법인 체질을 치료한다. 이때 법인체를 치료하는 약제의 일부로써 IT를 활용한다.

따라서 법인전문의는 IT의 속성을 알고 있어야 하지만 그렇다고 IT 엔지니어의 역량이 주된 것은 아니다. 법인전문의의 핵심

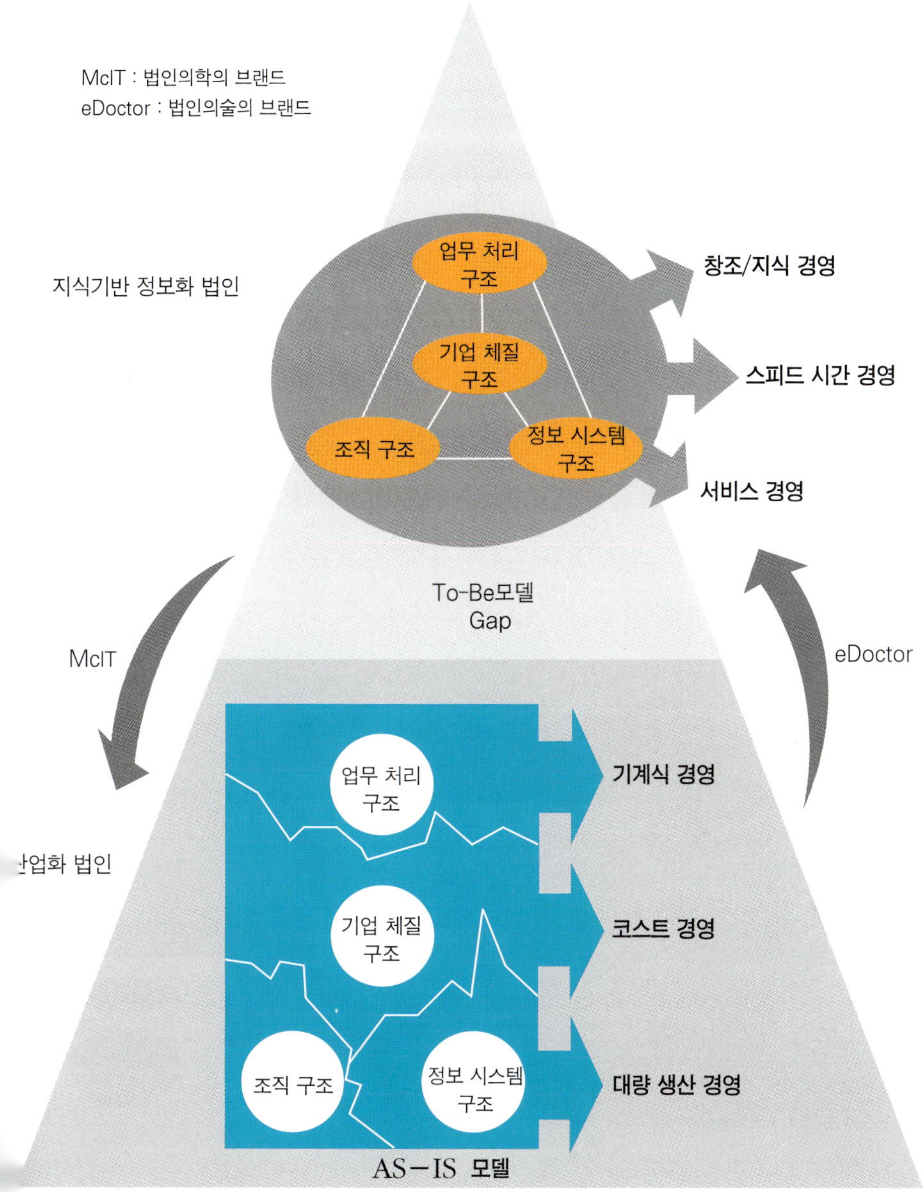
McIT : 법인의학의 브랜드
eDoctor : 법인의술의 브랜드
지식기반 정보화 법인
업무 처리 구조
기업 체질 구조
조직 구조
정보 시스템 구조
창조/지식 경영
스피드 시간 경영
서비스 경영
To-Be모델
Gap
McIT
eDoctor
기계식 경영
코스트 경영
대량 생산 경영
AS-IS 모델

법인의술의 영역

역량은 법인 구성원의 시스템적 정신질환을 치유하는 능력이다.

현재의 법인(AS-IS 모델)을 미래형 법인(To-Be 모델)으로 리모델링하는 범주가 법인의술의 영역이다. 법인의 리모델링 범주 안에는 체질 구조 리모델링, 업무 처리 구조 리모델링, 조직 구조 리모델링 그리고 이들의 인프라인 정보 시스템 구조의 리모델링이 있다. 예를 들면 산업화 법인 모델을 지식기반 정보화 법인 모델로 리모델링하는 것을 들 수가 있다.

지식기반 정보화 사회의 초기에는 대부분의 법인들이 산업화 모델이며 정보화된 법인들도 산업화 모델을 그대로 둔 상태이기 때문에 법인전문의의 역할과 수요가 매우 크다.

법인
의술 2

법인의술의기본

법인 체질을 치유하는 목적은 법인 구성원들의 행동, 관행, 의식 구조의 개혁을 통해 법인이 급변하는 시대 물결에 휘말려 좌초되지 않고, 지향하는 목표대로 가면서 발전하도록 하는 데 있다.

법인 구성의 행위는 하기에 따라 법인체의 영양세포가 되기도 하고 암세포가 되기도 한다. 그리고 시대의 변천에 따라 이로운 행위였던 것이 해로운 행위가 되기도 한다. 이들 행위들은 법인 구성원인 인간에서 나오는 것이다.

법인에게 이롭지 못한 행위를 제거하는 방법 중에는 그 행위를 유발하는 사람을 법인에서 분리하여 내보내는 방법이 있다. 구조조정이 그 예이다. 법인을 살리기 위해 구성원 하나쯤은 없애도 좋다는 착상이다. 법인의 경영주 입장에서는 자신이 살기 위해 다른 사람은 죽어야 한다는 윈-다이(Win-Die)전법이다. 사람의 병을 고치는 경우와 비교하면 사람을 살리기 위해 신체의 일부를 제거하는 것과 같은 것이다.

그런데 사람의 신체 중의 일부는 제거해도 그것은 고깃덩이일 뿐이지 생명체는 아니다. 그러나 법인체 중의 일부인 구성원을 제거하면 제거한 후에도 그것은 생명체로 남는다. 법인체로부터 제거되는 구성원은 인생에서 생명을 유지하는 길이 끊기게 될 수도 있다.

법인의술의 기본은 행위를 고치는 것이지 행위를 유발하는 사람을 제거하지 않는다는 데 있다. 외과 수술기법이 아니라 내과 수술기법이다. 법인의 체질병을 치료하는 '의술(醫術)' 인 것이다.

그렇지만 사람의 행위를 고치는 일이 그리 쉬운 일은 아니다. 행위를 고치려면 마음을 고쳐야 하는데 마음을 고치는 일은 왼손잡이를 오른손잡이로 고치는 일만큼이나 어려운 일일 것이다. 그러나 법인의술로는 가능한 일이다. 법인도 살리고 구성원도 사는 윈-윈(Win-Win)전법의 개혁이 법인의술의 기본 철학이다. 감원 없는 구조조정이다.

법인 의술 3

감원 없는 구조조정

사람들은 법인이 그 구성원의 일원으로 직원을 선발하는 것을 인간의 능력을 사는 것이므로 '사람을 산다' 라고 생각한다.

'사람을 산다' 라는 사고의 발상을 바꿔 보자. '행위의 시간을 산다' 는 발상에서 사고를 하면 감원 없는 구조조정의 길이 보일 것이다.

법인 구성원에게 업무 행위의 대가로 지불되는 것이 임금이다. 그런데 이 업무 행위들 중에서 많은 부분이 쓸모없는 것들이다. 이 쓸모없는 행위는 기생충처럼 쓸모 있는 행위에 방해가 되기 때문에 안 하는 것만 못하다. 쓸모없는 행위를 안 하는 대가로 임금이 지불되는 것만으로도 법인에게는 이익이 된다. 쓸모없는 업무 행위를 하지 않음으로써 창조된 시간을 쓸모 있는 업무 행위에 쓰

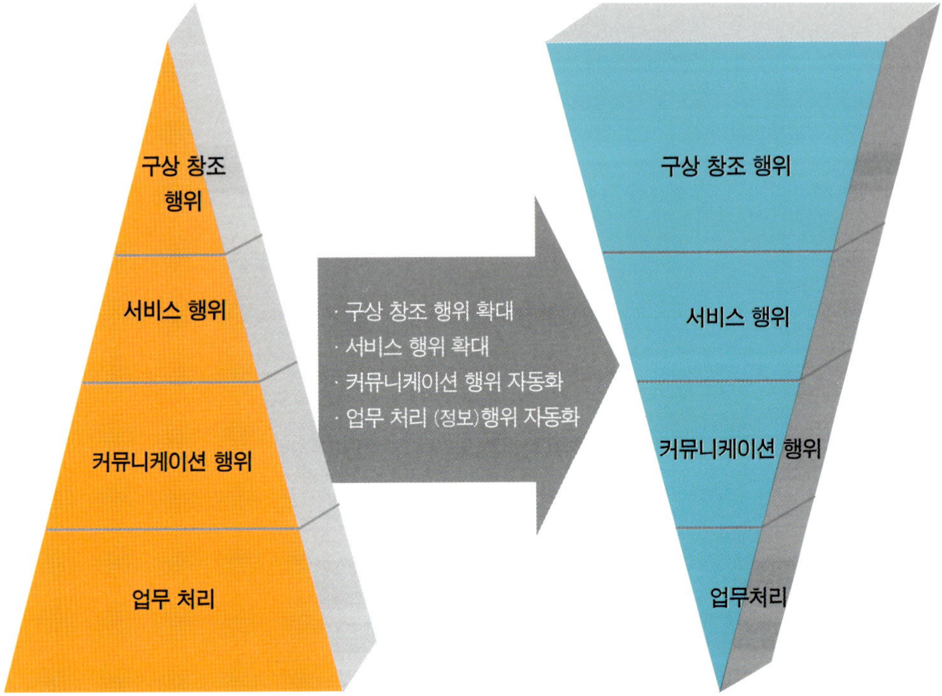

산업화형 업무행위 시간소비 구조   지식기반 정보화형 업무행위 시간소비구조

도록 하면 더욱 이익이 될 것이다. 창조된 이 시간을 쓸모 있게 활용하는 것이다. 시간을 경영하는 것인데 이는 업무 행위를 가치 있게 하는 일이다. 가치 있는 업무 행위를 하는 시간을 사는 것이다. 도덕성에서 명분이 있으면서 고객이 만족할 수 있는 결과를 만들어 내는 업무 행위에 사용되는 시간이 가치가 있는 것이다. 그래서 시간의 가치는 고객이 평가하는 것이다.

한 가지 예를 들어 보자. 연초에 수해복구를 위한 예산이 확정되었다. 그런데 이 예산을 집행하는 절차를 밟는 행위에 소요된 시간이 6개월 이상 걸려 수해복구 작업을 하는 도중에 태풍이 오는 계절이 돌아와 또다시 수해를 입는 현실을 우리는 보고 있다. 이 6개월의 시간은 엄청난 피해를 가져오게 한 극악한 살인 파괴 요인인데 관리의 대상조차 되고 있지 않다. 집행절차를 수행하는 행위가 적법한 것이 되도록 하는 데 초점을 맞춘 관리 행정 행위를 하고 있는 것이다. 관리 행정 행위는 집행절차 준수 행위를 만들어 내고 집행절차 준수 행위는 인명과 자산을 파괴시켜 버리는 것이다. 차라리 이 비가치적인 기생충 행위를 하는 관련자들을 가만히 있게 하고 임금을 지불한다면 우리가 입은 손실에 버금가는 막대한 인적 · 물적 자산을 벌게 될 것이다.

업무 행위 시간의 구조를 바꾸는 것이 감원 없는 구조조정 방법이다. 주어진 시간의 총량은 같다. 그러나 이 시간량의 소비 구성비는 다르게 할 수 있다. 시간량은 업무 행위가 소비하고 있는 것이다. 업무 행위의 구조를 바꿈으로써 시간량의 소비 형태를 다르게 하는 것인데 산업화형 업무 행위 시간 소비 구조를 지식기반 정보화 업무 행위 시간 소비 구조로 바꾸는 것이다. 그 구체적인 방법은 업무 처리 영역의 행위들과 커뮤니케이션 영역의 행위들은 자동화하고, 서비스 영역의 행위들과 구상 창조 영역의 행위들은 확대하는 것이다.

업무 행위 시간의 구조 개혁

업무 행위 시간 소비 구조를 산업화형에서 지식기반 정보화형으로 바꾸는 방법은 근로시간 구조를 개혁하는 것이다. '4321제 시간' 근로 시스템과 '2332제 시간' 교육 시스템을 도입하여 근로시간 구조를 개혁하는 것이다.

주당 30시간 근로와 10시간 교육 훈련 시스템으로 시간 경영을 한다. 4321제 시간이란 주당 30의 근로시간량을 구상 창조 영역 행위의 시간 40%, 서비스 영역 행위의 시간 30%, 커뮤니케이션 영역 행위의 시간 20%, 업무 처리 영역의 시간 10% 비율로 구성하는 것을 의미한다. 이러한 기준에서 근로를 하여도 노동생산성은 주당 40시간 근로제에 비해 낮아지지 않게 한다.

2332제 시간이란 주당 10시간의 교육 훈련 시간량을 뇌심혁명(腦心革命) 영역 교육 훈련 20%, 시스템 영역 교육 훈련 30%, IT 활용 영역 교육 훈련 30%, 품격 서비스 영역 교육 훈련 20%의 비율이 되도록 구성하는 제도이다. 이러한 기준에서 교육 훈련을 실시하면 노동생산성이 올라갈 뿐 아니라 노동의 품격과 질, 그리고 강

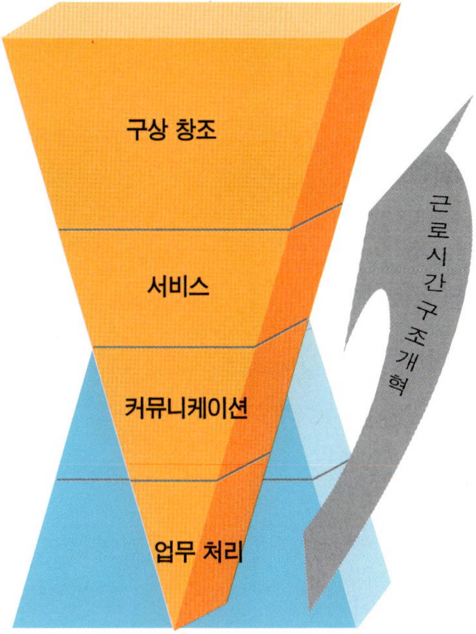

근로시스템	교육시스템
· 주당 30시간 작업	· 주당 10시간 교육훈련
· 4321제 시간	· 2332제 시간

· 4321제 시간
- 10% 업무 처리 영역
- 20% 커뮤니케이션 영역
- 30% 서비스 영역
- 40% 구상 창조 영역

· 2332제 시간
- 20% 품격서비스영역 교육훈련
- 30% IT활용영역 교육훈련
- 30% 시스템영역 교육훈련
- 20% 뇌심 혁명영역 교육훈련

근로 시스템 개혁

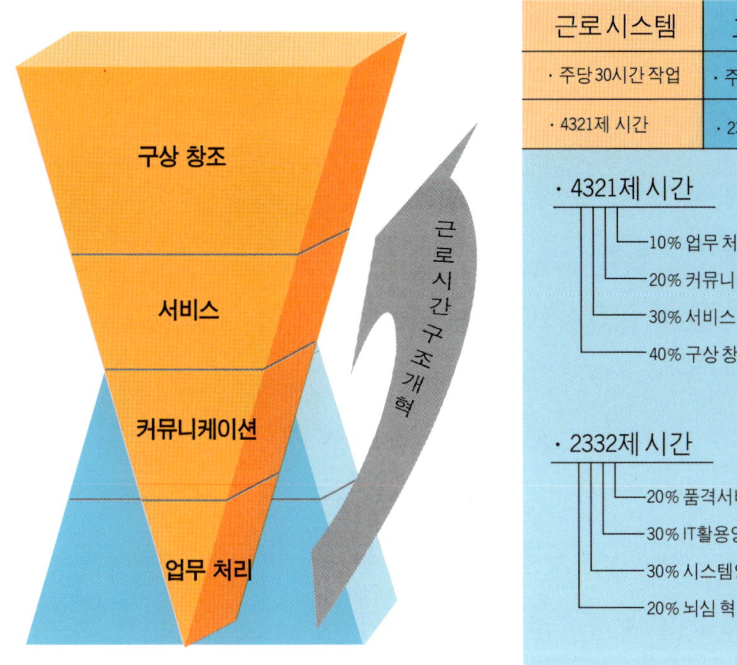

도가 높아지면서 동시에 고객을 리드하는 업무 행위가 생성된다.

만일 주당 30시간의 근로만으로도 40시간 근로제와 같은 노동생산성을 올릴 수 있다고 해서 법인 구성원을 감원한다면 일시적인 효과는 나타날 수 있어도 지식기반 정보화 체질의 법인이 되지 못해 결국 회사는 죽게 된다. 그럼에도 최고경영자 중에는 이 원리를 무시하는 사람이 나타날 수도 있다. 이러한 경우에는 최고경영자가 시스템적 정신질환에 깊이 걸려 있는 것이므로 최고경영자의 시스템적 정신질환을 치유해야 한다.

뿐만 아니라 법인 구성원들 중에는 감원을 당할 수 있다는 것을 우려해서 근로 시스템 개혁에 방해 작용을 하는 경우도 발생할 수 있다. 이 또한 시스템적 정신질환자들이 일으키는 것이므로 이 시스템적 정신질환을 치료해야 한다.

업무 행위 치료

근로시간 구조를 고치려면 법인 구성원의 업무 행위를 고쳐야 하는데 그 절차와 방법은 말이나 보고서 등이 아니라 과학적인 치료 요법을 통한 것이다.

법인체(法人體)를 구성하고 있는 소자들을 탑다운(Top-down)으로 분해해 보면 인원→벨트→미세 소자가 된다. 인원은 법인체에 속해서 활동하고 있는 사람들이다. 벨트는 정보, 지식, 행위 등의 세 그룹으로 다시 분해되고 각 그룹들은 수많은 미세 소자로 분해되어 한 행위를 만들어 낸다. 행위를 만들고 있는 미세 소자들은 행위자의 심리(마음), 행위 방법(지식), 행위의 작동(정보) 등의 속성으로 분리된다.

법인체를 진단하는 데 있어서 중요한 것은 법인체 활동 구조의 행위를 찾아내서 분해하는 일과 행위의 미세 소자들과 파동점(EBN)을 분석하여 병의 원인균이 되고 있는 미세 소자들을 가려내는 일이다. 병에 감염된 미세 소자를 갖고 있는 것이 기생충으로 활동하고 있는 행위이다.

기생충 행위들을 제거하고 나머지 행위들에 미래형 행위들을 삽입한 다음 자동화 영역의 행위들을 정보 시스템 구조의 소자로 한다. 자동화 영역 밖의 행위들은 사람이 하도록 한다. 그리고 법인 구성원의 시스템적 정신질환 증세를 치료한다.

법인
의술
4

시스템적 정신질환의 발병 원인

산은 산이요 회사는 회사이다. 산은 하나의 모습을 갖고 있는데 보는 위치에 따라 다르게 보인다. 계곡 속에 들어가 보면 산은 계곡으로 보이고 남쪽에서 보면 남쪽의 모습이 산이요 북쪽에서 보면 북쪽의 모습이 산이다. 헬리콥터를 타고 하늘에서 내려다보는 산의 모습 또한 다르다. 아마도 하늘에서 내려다보는 모습이 산의 참모습일 것이다. 그래도 산은 실체이기 때문에 하늘에 오르면 겉모습이라도 한눈에 볼 수 있으나 회사는 실체도 아니다.

회사는 보는 사람의 시각에 따라 달리 보일 뿐 전체를 한눈으로 볼 수 있는 길은 없다. 기획 담당자, 마케팅 담당자, 영업 사원, 생산 담당자, 구매 담당자, 연구개발 담당자, 자재 담당자, 재고 담당자, 품질 담당자, 유통 담당자, 원가 담당자, 자금 담당자, 회계

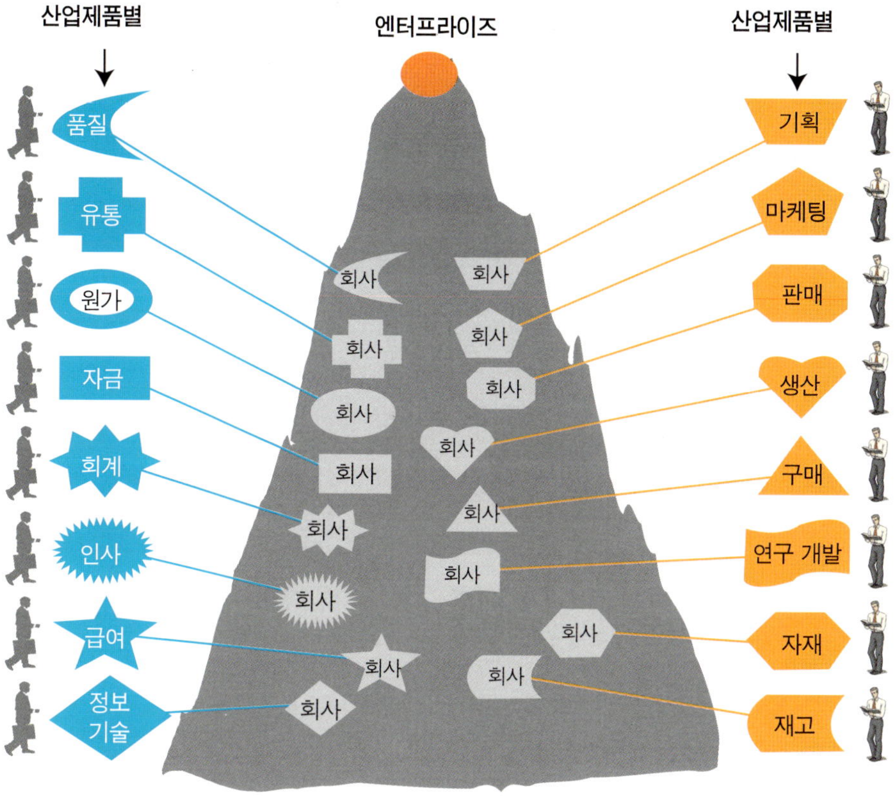

산은 산이요 회사는 회사이다

담당자, 인사 담당자, 급여 담당자, 정보기술 담당자 등이 각자 맡은 분야에서 습성화된 시각으로 보는 모습이 회사일 것이다.

그러나 회사는 이들 모든 시각들이 하나로 합친 모습이다. 이 하나의 모습을 보지 못해 법인 구성원들은 각자 자신의 시각이 회사의 모습이라고 생각한다. 때문에 회사는 하나의 조직으로서 실시간 연동을 제대로 하지 못하는 것이다. 이러한 상황에 있는 법인 구성원들은 인간으로서의 '나'와 관련되어 있는 '남'을 보지 못한다. 따라서 '나'만을 위한 것이 나에게 득이 되는 것으로 생각하는 시스템적 정신질환이 생겨나는 것이다.

법인 의술 5

시스템적 정신질환의 치료법

인간은 사안(事案)이나 사물(事物)을 보는 관점을 갖고 있는데 이 관점은 각자가 활동하고 있는 영역 세계가 만들어 준다. 이 관점을 통해 들어온 정보를 심안(心眼)으로 보게 되는데 이때 시각(視覺)이 형성된다. 시각을 통해 전달된 정보를 뇌에 축적된 지식으로 가공하여 나오게 된 결과가 마음의 심판을 받아 의지(意志)로 결정되면서 행위의 속성이 생성된다. 그리고 이 행위의 속성이 행동으로 나타나는 것이다.

법인을 하나의 모습으로 볼 수 있는 정관(精觀)의 경지에 이르게 하려면 관점이 공(空)이 되어야 하고, 심안에 낀 먼지를 깨끗이 닦아 내야 한다. 그러려면 깨달음을 얻어야 하고 깨달음을 얻으려면 기술의 경지를 지난 다음에 예술의 경지에 이르고, 예술의 경

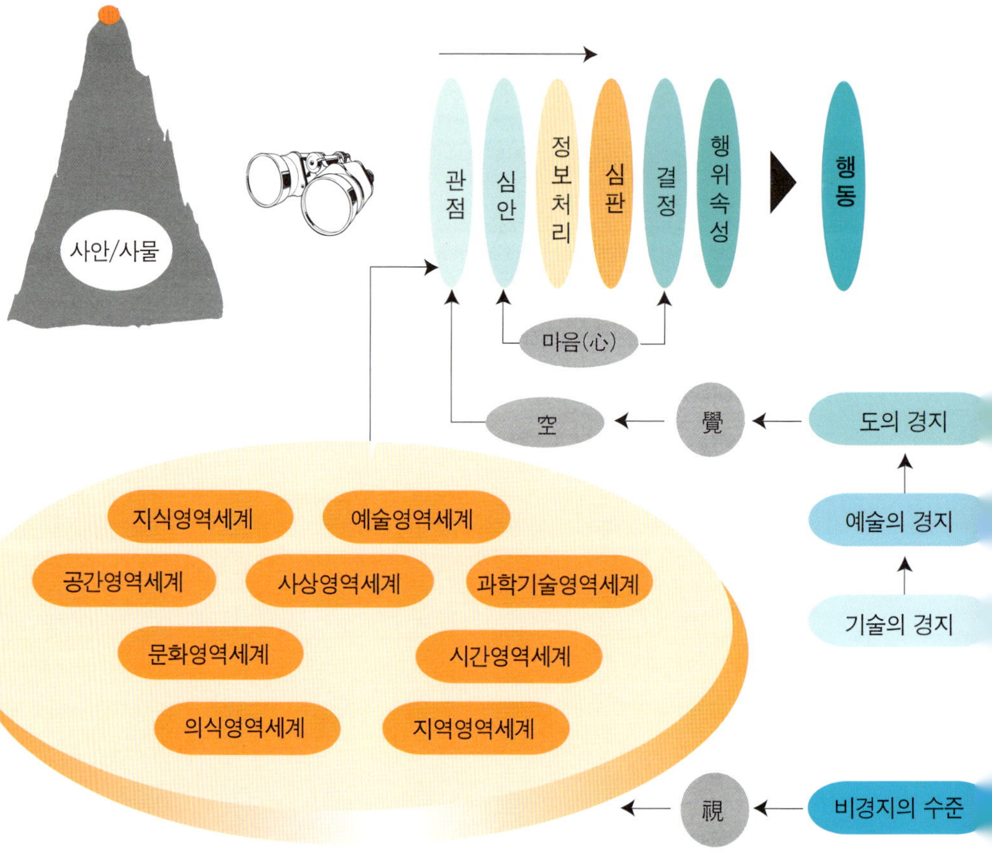

관점의 형성과 행위 속성의 생성도

지에 이른 후에는 도의 경지에 이르러야 하는 것이다.

그러나 법인 구성원 모두를 정관의 경지에 이르게 하는 방법은 현실적으로 없다. 따라서 법인의 활동 구조를 하나이면서 하나가 아닌 상태로 공전과 자전을 하고 있는 모습을 그려 내서 법인 구성원들로 하여금 자신들의 행위가 어떠한 작용을 하고 있는가를 보게 하는 차선의 방법을 택할 수밖에 없다. 이는 법인의 게놈 지도를 작성하는 방법이다. 법인 게놈 지도를 작성할 수 있는 인공 지식 법인의사인 'eDoctor'를 활용하면 된다.

법인 게놈 지도를 보면 나의 행위가 남을 죽게 하고 남의 죽임이 나를 죽게 하여 결국에는 법인이 멸망하게 된다는 것을 알 수 있다. 시스템적 정신질환자들에게 법인 게놈 지도를 설명해 주고 이해시키면 그들의 질환은 대부분 치료된다.

법인
의술
6

법인의술 활동의 전제

법인 구성원의 기생충 행위는 법인 체질 구조로 인해 생기는 것이다. 때문에 기생충 행위를 없애려면 법인체의 활동 구조를 전반적으로 분석하는 종합 진단을 해야 한다. 종합 진단을 통해 법인 구성원의 모든 업무 행위들과 행위의 속성을 형성하고 있는 미세 소자 그리고 EBN을 밝혀 내는 것이다.

진찰의 대상은 리더에서부터 실무자까지이다. 리더의 경영 철학과 전략, 업무 기능별 담당 책임자들의 사고와 지식, 실무자들의 사고와 지식 및 직무 내역을 세밀하게 파악하여 분석한 후에 분해를 하게 되면 모든 업무 행위들과 행위의 속성을 형성하고 있는 미세 소자들이 밝혀질 뿐 아니라 법인 활동 구조의 관계 파동점들인 EBN을 알아 낼 수 있는 토대가 마련된다.

인공지식 법인의사인 eDoctor는

· 토털 시스템 전문가
· 기업 체질 진단 전문가
· 이노베이션 컨설턴트
· 시스템 분석가
· 직무 분석가
· IT 컨설턴트
· 업무별 전문가 및 현장 실행자
· 소프트웨어 엔지니어
· 컴퓨터 프로그래머
· 조직 심리학자
· 수학자
· 프로젝트 매니저
· 문서작업화 스페셜리스트

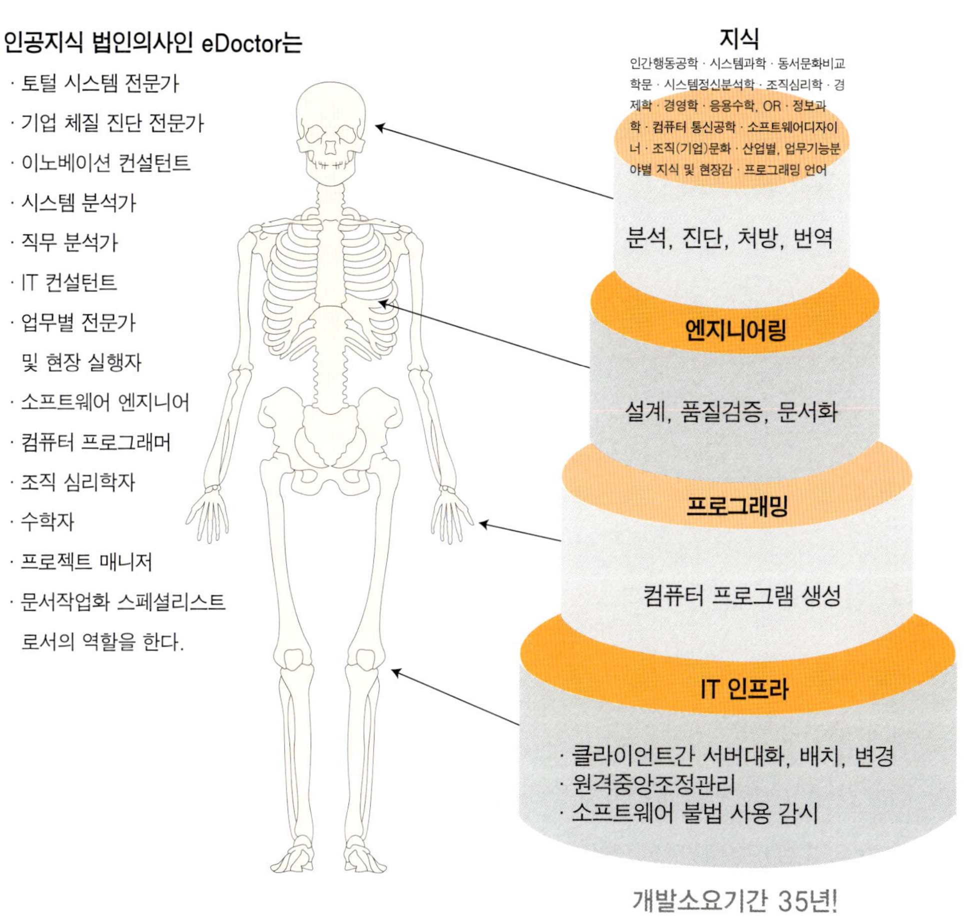

로서의 역할을 한다.

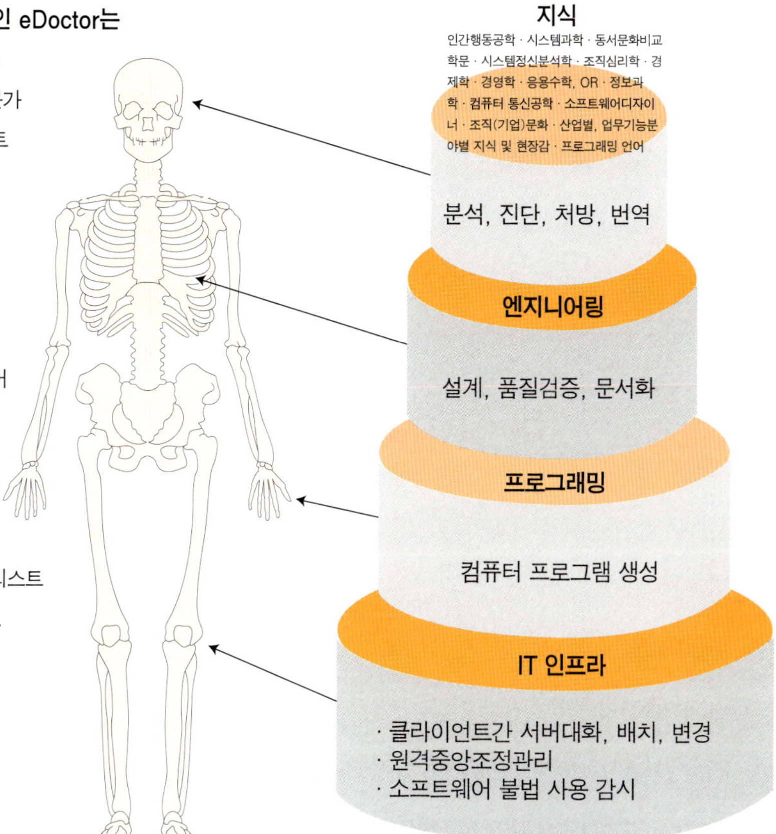

개발소요기간 35년!

eDoctor

때문에 법인체의 활동 구조를 진찰하는 데 필요한 지식과 기술로써 주역, 시스템과학, 인지과학, 지식기술, 인간행동공학, 조직심리학, 정보과학, 경제학, 논리학, 응용수학, 경영학, 소프트웨어 디자인, 조직(기업)문화, 컴퓨터 통신공학(IT), 컴퓨터 프로그래밍 언어 등이 필요하다. 또 업무 관련 지식으로서 기획, 예산, 마케팅 및 홍보, 판매, 생산(제조), 로지스틱스(logistics) 구매, 자재, 재고, 품질, 유통, 원가, 자금, 회계, 인사에 관한 것들이 필요하다.

이와 같은 지식들을 갖고 있는 사람이 법인체의 활동 구조를 진찰할 수 있다. 그 지식 전문가들로서 토털 시스템 전문가, 기업 체질 진단 전문가, 이노베이션 컨설턴트, 비즈니스 컨설턴트, 시스템 분석가, 직무 분석가, IT 컨설턴트, 업무 분야별 전문가, 소프트웨어 디자이너, 컴퓨터 프로그래머, 조직심리학자, 논리학자, 수학자 등이 동원되어야 가능한 것이다.

이러한 전문가들을 일시에 동원한다는 것도 어렵지만 각 분야 전문가들간의 시각차를 조정하는 것도 난제일 것이다. 뿐만 아니라 엄청난 인건비 등을 감당하는 것도 문제이다. 때문에 실현이 불가능한 이론으로 끝날 수 있다.

그러나 모두가 불가능하다고 생각했던 것이 실현되는 일 또한 많다. 불과 50여 년 전만 해도 사람이 달에 갔다 온다는 일은 불가능하다고 생각했었다. 근육 활동에 있어서 백 명의 장사들이 모여야만 들 수 있었던 쇳덩이도 한 사람이 들게 되지 않았는가. 근육 기술의 발명으로 가능해진 것이다. 이와 같이 수많은 분야의 지식 전문가들이 모여서나 할 수 있는 것도 지식 기술의 발명으로 가능해질 수 있는 것이다. 근육 노동을 지원하는 것이 '크레인' 이라면 지식 노동을 지원하는 것은 'eDoctor' 라 하겠다.

법인의학의 이론이 기업과 같은 법인체에 적용되어 현실화될 수 있는 것도 eDoctor의 발명으로 가능해진 것이다. 사람을 다루는 의사들이 단층촬영기를 쓰면서 의술을 펴듯이 법인전문의는 eDoctor를 쓰면서 법인의술을 편다.

법인 의술 7

법인 입원 수속 절차

기업, 정부 기관, 사회 조직과 같은 법인의 책임자가 신뢰할 수 있는 법인전문의가 있는 기업 병원에 가서 초진에 관련된 질의응답을 한 후 결심이 서면 법인을 입원시키는 절차를 밟는다. 개중에는 법인의 리모델링에 관련된 과제를 용역 업무로 잘못 인식하고, 공개입찰 형식을 거쳐 수행 기관을 선정하는 것으로 알고 있는데, 이는 자신이나 가족을 입원시키는 데 공개입찰을 통해 병원을 선정하려는 것과 같은 행동이다.

믿음이 가는 법인전문의에게 의뢰하여 법인전문의가 소속된 기업 병원과 입원 계약을 체결하는 절차를 밟으면 된다. 법인 리모델링 계약이 체결되면 다음과 같은 과정을 거친다.

(1) 기업병원 지정 계약

신뢰할 수 있는 법인전문의가 속해 있는 기업병원

(2) 법인 리모델링 추진팀 구성

최고경영자, 임원, 보직사원, 기타 법무 능력 있는 자

(3) 마인드 형성

지식기반 정보화 시대의 물결 중심

(4) AS-IS 프로세스 모델 작성

AS-IS 프로세스 구조 자료를 eDoctor에 입력

(5) AS-IS 프로세스 구조 도출

eDoctor에 의해 제작

(6) 업무 행위 입력교육

업무실무자들에게 그들이 하는 업무 행위를 eDoctor에 입력하는 요령 교육

(7) 업무 행위 입력

업무실무자들이 그들이 하는 업무 행위를 eDoctor에 입력

(8) 법인 구성원들의 명단과 임금내역 입력

본부에서 eDoctor에 조직원 명단과 급여 내용 입력

〔1〕법인전문의의 지침대로 법인 구성원들 중에서 최고경영자, 임원, 보직을 갖고 있는 인원들과 이들이 추천하는 요원들로 리모델링 추진팀을 구성한다.

〔2〕이 팀을 약 1박 2일 코스로 하는 '마인드 형성' 교육 과정에 참여시킨다.

〔3〕첫날은 지식기반 정보화 법인의 개념을 중심으로 한 사상과 이론 교육을 실시한다.

〔4〕둘째 날은 기업 병원 측에서 초진을 통해 미리 마련한 입원 법인의 AS-IS 프로세스 구조 모델을 중심으로 법인의 프로세스 구조를 토의하게 한다. 토의 과정이 끝나면 AS-IS 프로세스를 정리하여 eDoctor에 입력시킨다.

〔5〕eDoctor가 생성해 낸 AS-IS 프로세스 구조도를 다시 토의에 회부시켜 조정 수정된 내용을 eDoctor에 입력시키면 eDoctor가 확정된 AS-IS 프로세스 구조도를 출력한다.

〔6〕이 프로세스 구조도를 해당 책임자에게 배포한다.

〔7〕책임자로 하여금 업무에 복귀해서 프로세스 구조에서 최하위층에 있는 프로세스 영역을 담당 실무자에게 주고 업무 행위를 작성케 하는 요령을 학습시키게 한다.

〔8〕책임자들은 실무자들이 업무 행위를 작성해 인터넷 또는 팩스로 기업 병원에 회신토록 한다.

실무자들이 업무 행위를 작성하는 요령은 'What, How, Do'로 간단하다. 무엇을 어떠한 방법(이용 도구 등)으로 한다는 것만 기록해 eDoctor에 입력하면 된다. eDoctor의 입력 창구에 있는 'What | How | Do'란에 입력하면 된다.

〔9〕 법인 본부에서 법인 구성의 명단과 임금 내역을 eDoctor에 입력시킨다.

이것으로 법인의 입원 절차와 진단 수속은 모두 끝난 것이다. 나머지는 진단 과정 중에 법인의사들이 해당되는 사람에게 문의해 처리한다.

법인
의술 8

법인의술 체계

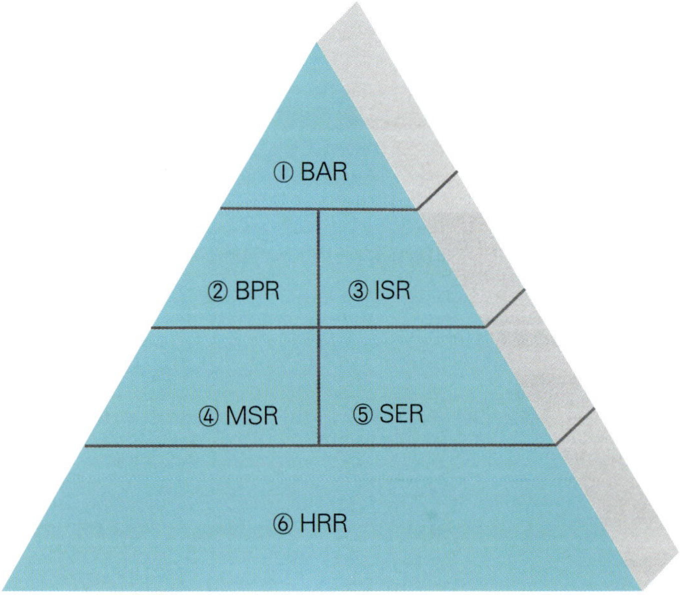

법인 진료 과목 체계

법인의술 체계는 비즈니스 아키텍처과(BAR), 업무 처리 구조과(BPR), 정보 시스템 구조과(ISR), 조직 구조과(MSR), 공간 환경 구조과(SER), 인재(人財) 재창조과(HRR) 등의 6개 진료 과목으로 구성되어 있다.

법인의술 9

비즈니스 아키텍처 과목

법인의 건강 상태는 항상 상대적이다. 건강한 법인 체질로서 절대적으로는 변한 것이 없는데도 악화되었다고 말하는 것은 법인이 처한 경영 환경이 변하여 기존의 체질로는 적응하기 어렵게 되어 나빠진 것을 의미한다.

현재의 법인 모델을 'AS-IS모델'이라고 하고 변화된 새로운 시대에 적응할 수 있는 법인 모델을 'To-Be모델'이라고 한다. 따라서 법인을 치료하려면 건강의 기준이 되는 To-Be모델이 있어야 한다. 그러므로 법인의술 활동에서 제일 먼저 하는 진료 과목이 비즈니스 아키텍처의 구상 설계이다.

비즈니스 아키텍처를 구상 설계하는 데 있어 지켜야 할 원칙은 '제로 베이스(Zero Base)'에서 시작해야 한다는 점이다. 기존의 현실에서 발상해서는 법인 체질병을 근본적으로 치유할 수 없다. 그것은 순간적인 것으로 통증 부위에 약을 바른 것에 지나지 않는다. 예를 들어 컴퓨터 용지를 생산 판매하는 회사의 To-Be 모델이 종이를 없애는 비즈니스라고 해 보자. 즉 플라스틱 비닐 몇 쪽의 백색 면들을 철하여 종이 책 형태로 만들고 동전만한 코인 컴퓨터(Coins Computer) 시스템을 장착하면 비닐 백색 면에 종이에 인쇄된 것처럼 글이 비치는 'CC 책(Coin Computer Book)' 제작 도구를 제조 판매하는 운영 모델이다.

기존의 종이 생산 회사를 그대로 둔 채 새로운 CC 책 생산 회사를 설립하여 운영하다가 때가 되면 기존 종이 생산 회사를 없애버리는 방식은 '나는 살고 너는 죽어라' 는 구조조정이 되므로 기업 리모델링이 아니라 폐업과 창업에 불과하다.

To-Be 비즈니스 아키텍처의 발상 구상법

이는 To-Be모델의 발상과 구상을 하는 방법으로서 법인 리모델링의 성공 여부를 가르는 갈림길이다. 모든 일은 발상에서 성공과 실패의 싹이 트는 것이다.

먼저 법인의 흥망성쇠가 어디에 달려 있는가를 생각해 보라. 법인의 흥망성쇠는 법인의학의 장에서 설명했듯이 법인이 크고 작은 데 있는 것이 아니다. 변화를 받아들이는 법인의 변화 수용 속

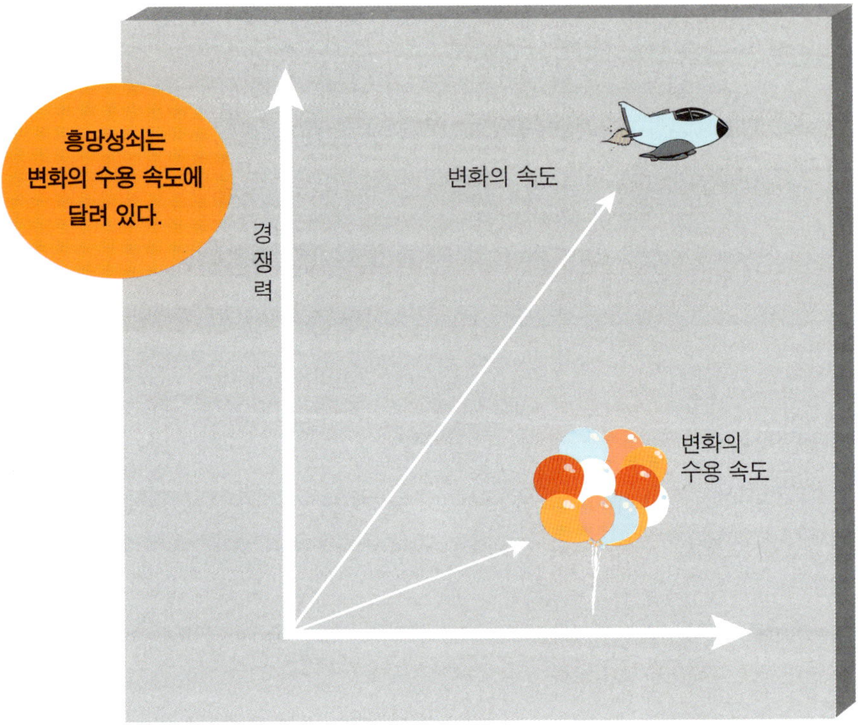

도에 달려 있는 것이다.

외부환경의 변화 속도는 초음속 비행 속도인데 법인이 변화를 받아들이는 속도는 풍선 비행 속도라면 경쟁에서 절대 승리할 수 없다.

첫 번째로 변화의 속도를 측정하려면 미래의 변화된 사회상을 정관(精觀)하라. 그러려면 왕따를 당하더라도 엉뚱한 생각을 하고 미래학을 연구하는 일을 게을리해서는 안 된다.

두 번째로 경쟁력의 3대 요소를 생각해 보라. 법인이 변화를 받아들이는 스피드를 확보하는 길은 미래 투시력, 정보력, 그리고 순발력을 갖추는 것이다. 이를 경쟁력의 3대 요소라고 한다.

세 번째로 법인의 생존 요건을 생각해 본다. 이는 아이디어, 스피드 그리고 서비스이다. 시대의 변화를 받아들이고 변화를 리드하는 법인이 되려면 아이디어가 샘솟아야 한다. 아이디어가 샘솟

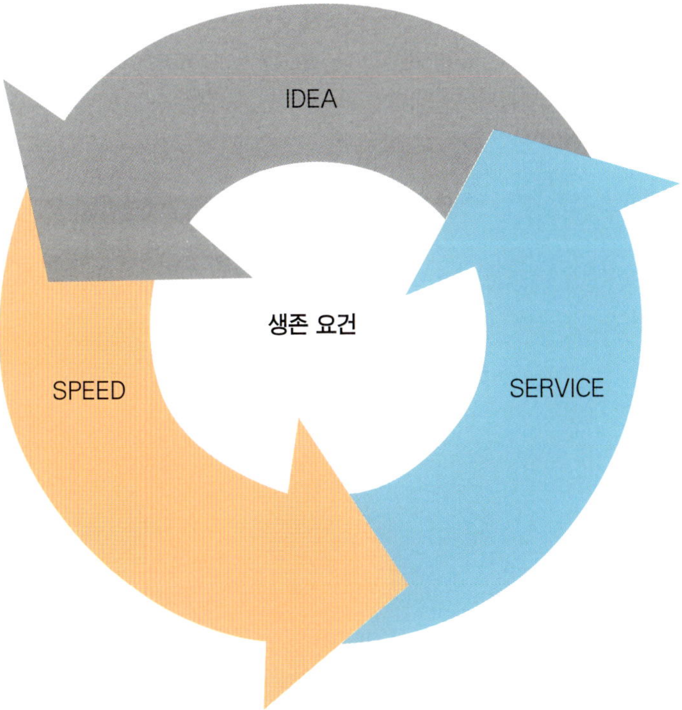

법인의 생존 요건

지 않으면 생존할 수가 없다.

아이디어가 샘솟는다고 해도 이를 시대 변화 속도에 맞는 상품으로 출시하지 못하면 아무 소용이 없다. 스피드를 경영해야 신상품을 적시에 출시하여 기업이 생존할 수 있다. 그러나 상품력을 갖추지 못하면 이것이 모두 쓸모가 없다. 상품을 서비스로 포장해야 상품력이 생기기 때문이다. 상품력을 갖고 있는 법인만이 생존할 수 있다. 이 3대 생존 요건을 담은 법인이 To-Be모델이다.

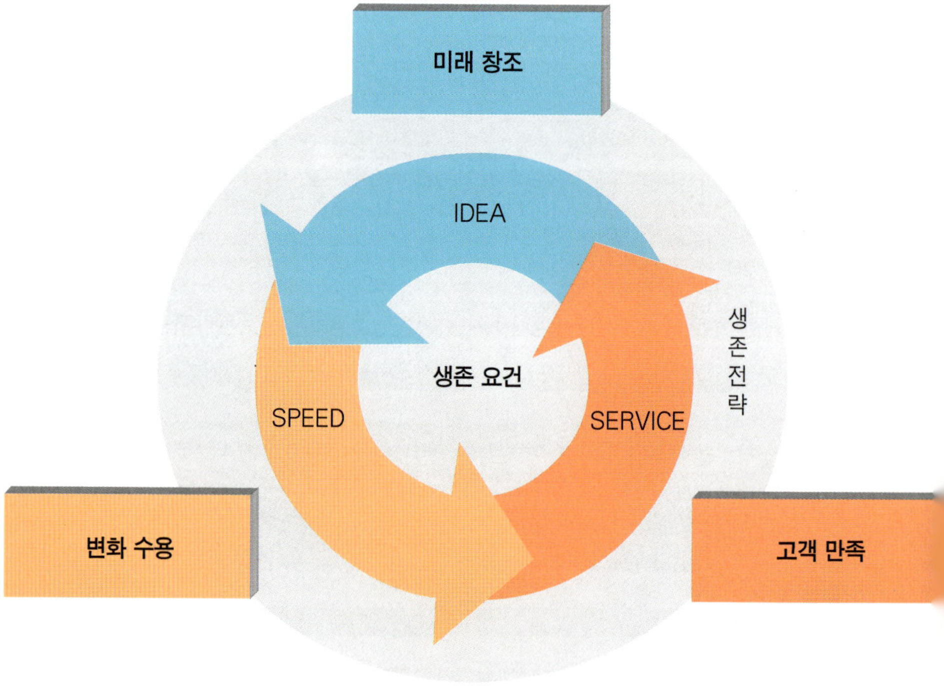

법인의 생존 전략

네 번째로 생존 요건을 확보하는 생존 전략을 구상하라. 아이디어는 미래 창조의 전략으로 스피드는 변화 수용의 전략으로, 서비스는 고객 만족의 전략으로 하는 것이 생존 전략이다.

아이디어를 경영해야 미래 창조가 되고 스피드를 경영해야 변화 수용이 되고 그리고 서비스를 경영해야 고객 만족을 이끌어 낼 수 있다.

다섯 번째로 법인의 생존 전략과 경쟁력의 3요소를 결합하는 구상을 하라. 그러면 To-Be모델의 법인이 구상되는 것이다.

고객의 심리가 어떻게 변하고 있으며 어떻게 변할 것이라고 꿰뚫어 볼 수 있는 혜안이 미래 투시력이다. 앞을 내다보는 혜안이 있어 경쟁자보다 먼저 고객이 원하는 상품(제품, 서비스, 지식)을 준비하는 것이다. 이것이 미래 창조이다. 골인 지점에 먼저 도착하는 것만을 규칙으로 할 때 덩치가 왜소하고 주행 속도가 빠르지 못한 사람이라도 골인 지점을 미리 알 수 있다면 먼저 골인 지점에 가서 대기하고 있다가 경쟁자가 들어오는 것을 보면서 필요한 시점에 골인하면 되는 것과 같은 전술인 것이다. 법인 사회에서 경쟁을 하는 데 있어서의 규칙은 도덕성과 정당성뿐이다.

미래 창조가 있으므로 순발력이 생기며, 순발력이 있어야 변화를 수용할 수 있다. 또 변화의 수용은 정보력을 강화시키며, 정보력이 있어야 고객에 대한 서비스를 강화할 수 있다.

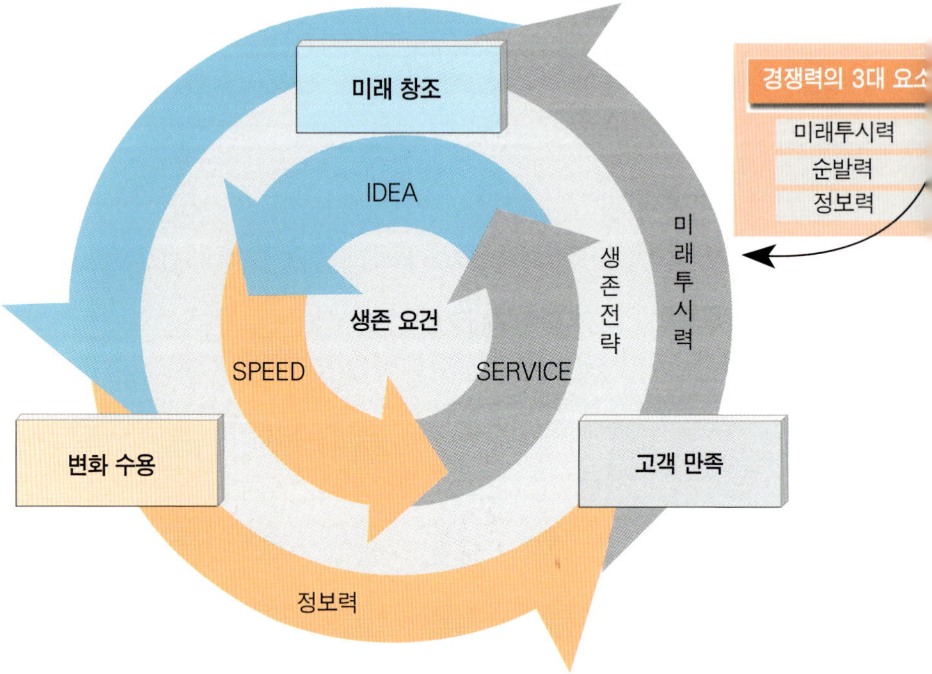

To-Be 모델의 구상

법인 활동 구조의 To-Be모델은 AS-IS모델이 지향하는 목표의 구상 설계이다. 따라서 To-Be모델을 법인의 최고경영자를 비롯한 주요 구성원들에게 설명을 하고 동의를 받아 내는 작업을 해야 한다.

법인 구성원들이 구체적인 비전을 공유함으로써 리모델링 작업 과정에서 나타날 수 있는 갈등과 어려움 등을 극복하고 개혁에 신바람을 일으키게 될 것이다.

To－Be 비즈니스 아키텍처의 구상 설계법

발상이 있음으로써 구상이 되고 구상이 있음으로써 구상 설계가 된다. 이 구상 설계를 통해 엔지니어링에 사상과 뜻이 심어지며 엔지니어링에 따라 실체가 태어난다.

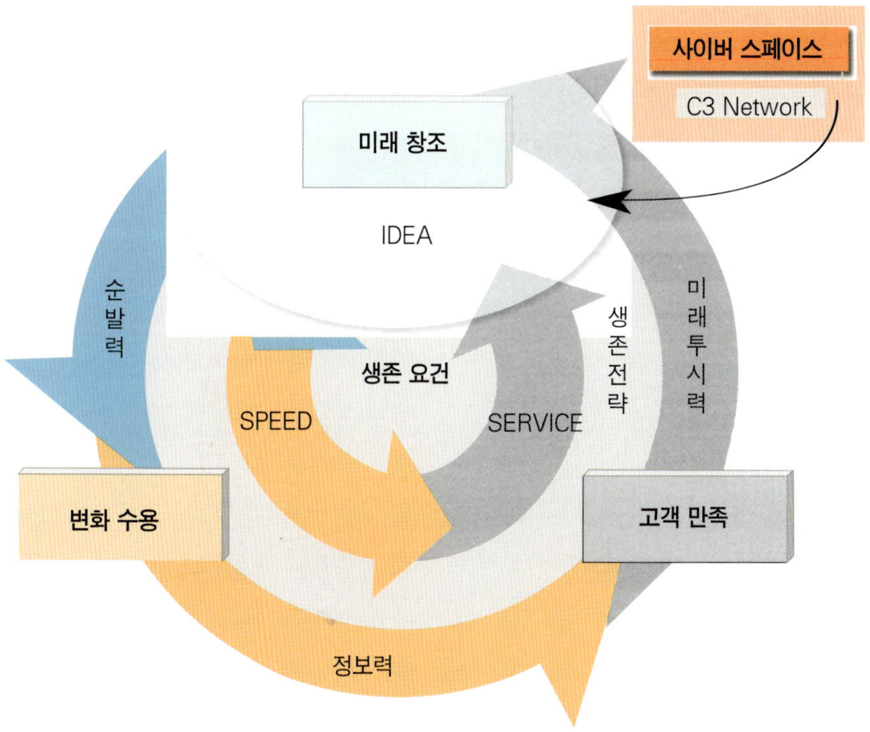

미래 창조 영역

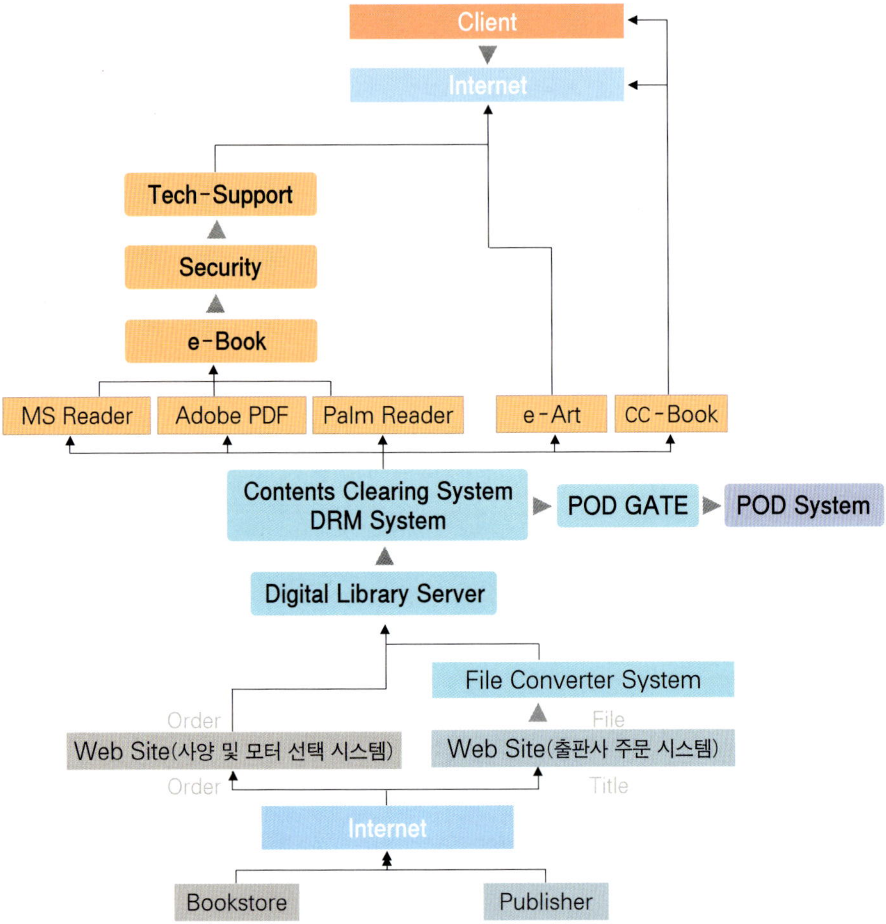

미래창조 영역의 구상설계

이 법칙에 따라 'To-Be 비즈니스 모델'을 구상 설계하는 것이다. 이 구상 설계는 미래 창조 영역, 변화 수용 영역, 고객 만족 영역의 3디멘션(Dimension)으로 이루어져 있다.

미래 창조 영역의 구상 설계

지식기반 정보화 시대에는 법인체가 사이버 공간(Cyber Space)에서 활동한다. 따라서 C3 네트워크(Computer, Communication, Consumer-electronic network)의 응용을 생각하면서 구상 설계를 해야 한다.

사회 네트워크, 비즈니스 네트워크, 홈 네트워크 등이 연계되면서 사람들의 생활 방식, 교육, 문화, 경제, 산업, 정치 등 모든 부문에서 지각변동이 일어나 고객들의 가치관과 욕구가 변하게 된다. 변화의 원인을 제공한 C3 네트워크를 인프라로 한 비즈니스 모델 즉 상품 영역, 업무 처리 구조, 조직 구조, 정보 시스템 구조를 진양체질 구조가 형성되는 것을 목표점으로 구상을 설계한다.

한 출판 도매유통 회사의 To-Be모델은 C3 네트워크가 인프라가 된 구상 설계이다. 1950년 후반 설립된 기존의 산업화 모델을 2003년 후반에 리모델링하기 위해 구상 설계된 To-Be모델인 것이다.

전통적인 종이 책의 도서를 유통 판매하는 AS-IS 비즈니스 모델로는 지식기반 정보화 시대에서 살아남을 수 없기 때문에 e-Book, e-Art(사이버 선생), 코인 컴퓨터책(CC-Book), 주문 인쇄책(POD) 등과 같은 새로운 개념의 상품형 모델로 리모델링하려는 것이다.

To-Be 비즈니스 모델에서는 상품과 활동 구조 모두에 디지털 문명이 스며들고 있다.

변화 수용 영역의 구상 설계

시대가 흐를수록 변화의 파도는 더욱 높고 빨라진다. 법인이 변화의 파도를 잘 타려면 순발력이 뛰어나야 한다. 즉 변화를 수용하는 환경 적응 능력으로서의 업무 처리 구조가 유연해야 한다.

업무 처리 구조가 IT 시스템으로 자동화되면 업무 처리가 빨라진다고 착각하는 사람이 많다. 업무 처리는 두 가지 속성을 지니고 있는데 정보 처리 속도와 유연성이 그것이다. 업무 처리 구조가 IT 시스템화되면 업무 처리 속성 중에서 정보 처리 속도는 빨라지나 유연성은 오히려 약화된다.

예를 들면 경영 환경이 바뀌면 경영전략이 수정될 수밖에 없다. 이 경영전략을 수행하는 업무 처리 구조가 바뀌지 않으면 경영전략 수정은 한낱 메아리가 되고 만다. 업무 처리 구조가 IT 시스템화되어 있지 않을 때는 업무 처리 담당자들이 처리 구조를 바로

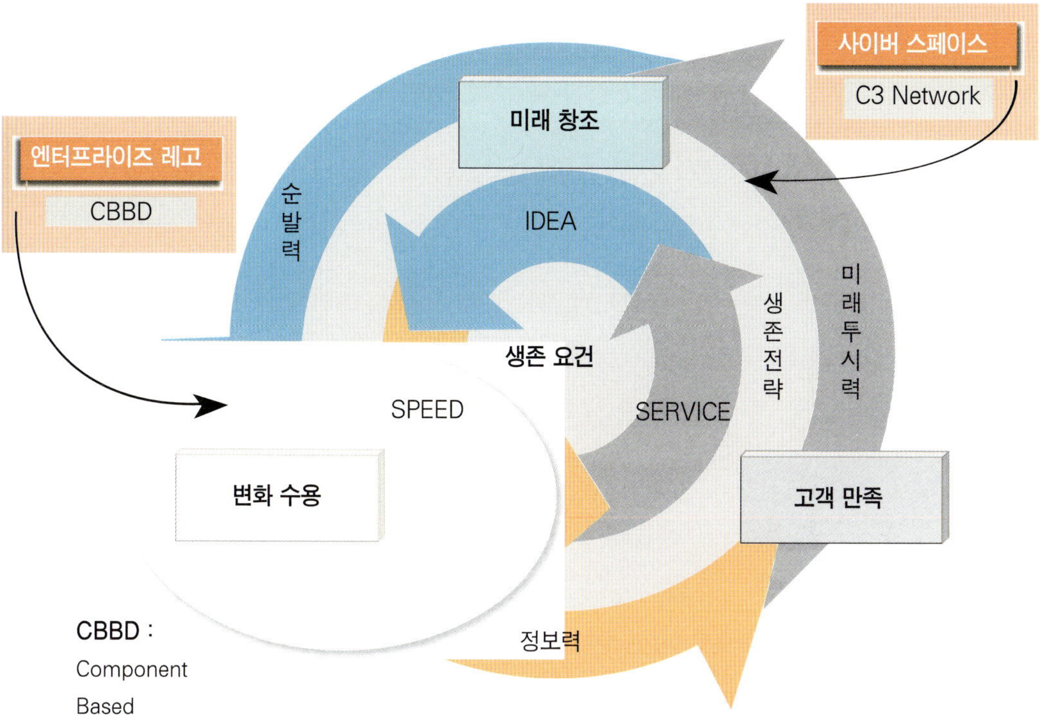

CBBD :
Component
Based
Business
Design

미래 창조 영역

바꿔 가면서 바뀐 전략을 수행하면 된다. 그러나 IT 시스템하에서는 IT 엔지니어만이 업무 구조를 바꿀 수 있다. IT 엔지니어가 현업 실무자로부터 업무의 변화 부분을 파악해 분석한 다음 데이터베이스 구조와 프로그램을 수정하고 데이터 변환 작업을 하고 변경된 IT 시스템의 작동 방법을 현업 실무자들에게 습득시켜야 한다. 이 기간은 보통 수주에서 수개월에 이른다. 스피드와 시간 경영은 불가능해지고 원님 지나간 다음에 나팔 부는 경우가 되고 만다.

이 유연성의 문제를 해결하겠다는 구상으로 표준화를 생각해 냈고, 이 생각에 따라 전사적 자원 프로그램(ERP)을 IT 엔지니어들이 만들어 냈다. 그러나 그 결과 유연성은 더욱 나빠졌다. 왜냐하면 발상에서부터 오류가 발생했기 때문이다. '표준화'는 기술 개발에 적합한 발상이다. 그러나 경영은 문화이다. 문화와 표준화

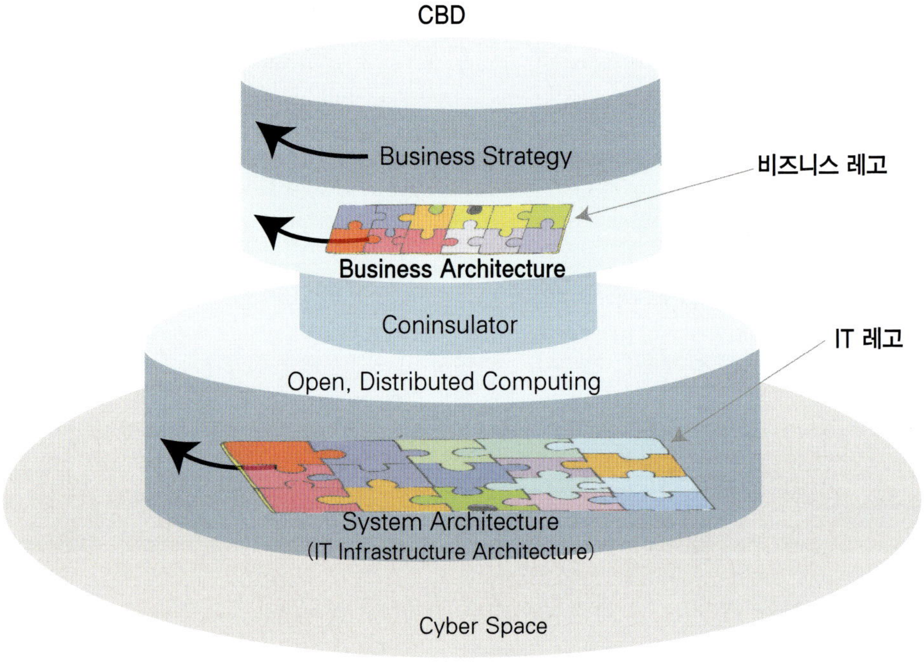

레고형 업무 처리 구조

는 상극이다. 문화는 다양화와 상생관계를 이루는 것이다.

다양화와 스피드가 결합되면 유연성이 높아진다. 발상에서 구상된 것을 설계하면 '레고형(Lego Type)' 업무 처리 구조가 된다. 쉽고 빠르게 다양한 구조로 바꿀 수 있는 레고형 업무 처리 구조로 설계한 다음 IT 시스템을 적용하면 IT 시스템화의 치명적인 결점을 보완하여 유연성을 확보하게 된다.

정보 처리 속도와 유연성을 모두 갖는 업무 처리 구조의 IT 시스템화를 실현시키기 위해 ERP를 대체시킨 시스템이 '실시간 경영 시스템(REMS)' 이다. REMS는 법인 3계를 모두 수용하고 있으며 경영자의 사고 영역에까지 IT가 이용되는 특징을 지니고 있다. 그리고 업무 구조가 레고형으로 되어 있으며 거짓말 탐지가 가능하여 정보를 공유하면서도 프라이버시가 보호되는 시스템이다.

고객 만족 영역의 구상

고객 만족의 키워드는 '고객의 감동을 얻는다' 이다. 따라서 서비스 경영의 목표는 '고객 감동' 이다. 이 목표를 실현하기 위한 서비스 경영의 시스템으로 실시간 원-스톱 서비스(Real-Time One-Stop Service)와 텔레파시 커뮤니케이션을 구상 설계한다.

법인 편의주의 업무 처리는 고객에게 불편을 주기 쉽고, 고객 편의주의 업무 처리는 법인에게 불편을 준다. 예를 들어 정부와

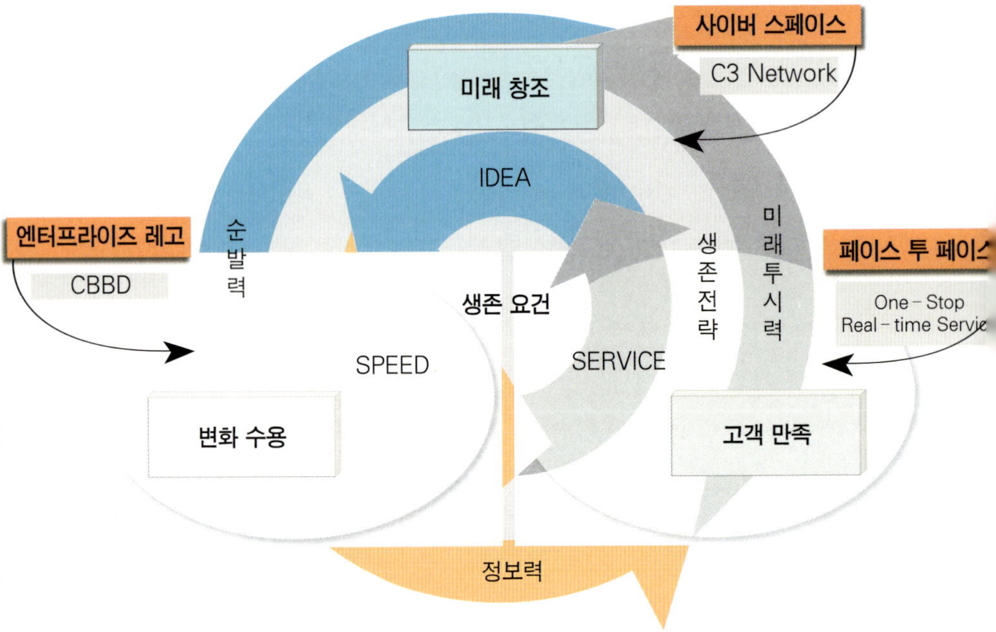

고객 만족 영역

공공기관에서 행정 편의주의로 민생 관련 업무를 수행하면 국민의 마음이 떠나고 국민 편의주의로 업무를 수행하면 민심이 돌아온다.

IT 시스템을 인프라로 하는 법인의 활동 구조를 구상 설계할 때 시간 소비절약과 업무 행위의 간편성은 실시간 원-스톱 서비스 시스템으로 구현시키고, 고객의 마음을 사는 것은 텔레파시 커뮤니케이션으로 구현하도록 해야 한다.

텔레파시 커뮤니케이션은 사람과 사람 간에 얼굴을 맞대고 언행을 교환하는 방법으로 상호간의 마음을 교환하는 것이다. 진솔한 말과 품격 있는 행동으로 고객을 대하는 행위가 고객 만족을 실현시킬 수 있다.

그러므로 일상적인 업무 처리 행위가 자동화되었다고 해서 해당 업무에 종사하던 인원을 감축하는 것이 아니라 서비스 교육 훈련을 통해 업그레이드시켜 고객이 있는 현장에 가서 일을 하도록 한다.

자동응답 시스템(ARS)이나 인터넷 등으로 커뮤니케이션 행위를 자동화시킨 후 인력을 감축시키기만 하는 것은 서비스 경영을 포기하는 일이라 하겠다.

실시간 원-스톱 서비스의 엔지니어링 설계는 업무 처리 구조를 설계할 때 업무 행위들의 실시간 연동 구조(AIA : Activity Integration Architecture)가 되도록 하는데, 이때 반영한다.

법인 의술 10

법인 활동 구조 진료 과목

법인 진료 과목 중에 업무 처리 구조과(BPR), 정보 시스템 구조과(ISR) 및 조직 구조과(MSR)의 의료 행위는 동시에 진행된다. 또한 이 의료 행위의 진행은 진단, 처방, 수술 설계, 수술 시행 순으로 이뤄진다.

진료 행위 그룹들은 각각 작은 영역으로 세분되는데 이 영역별로 의료 기술을 설명하기로 한다. 이 법인체 활동 구조의 세 부위

법인 활동 구조 관련 의료 행위 순

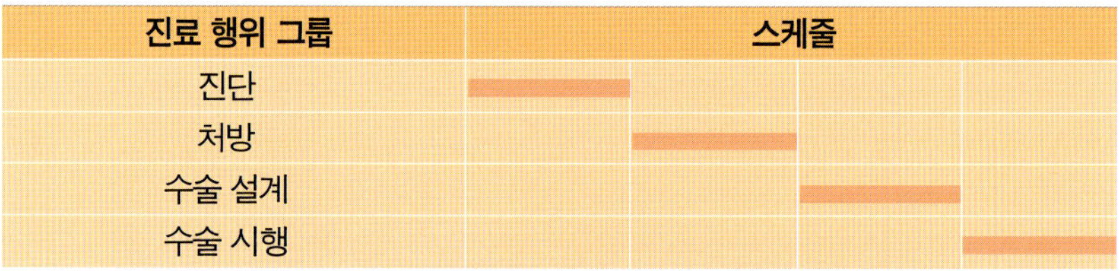

는 상호 연계 · 연동되는 속성을 갖고 있기 때문에 종합 진료가 불가피하다.

진단

먼저 진단 과정에서부터 종합적으로 이루어지는데 그 과정에는 법인 체질 구조 진단, 업무 처리 구조 진단, 조직 구조 진단, 정보

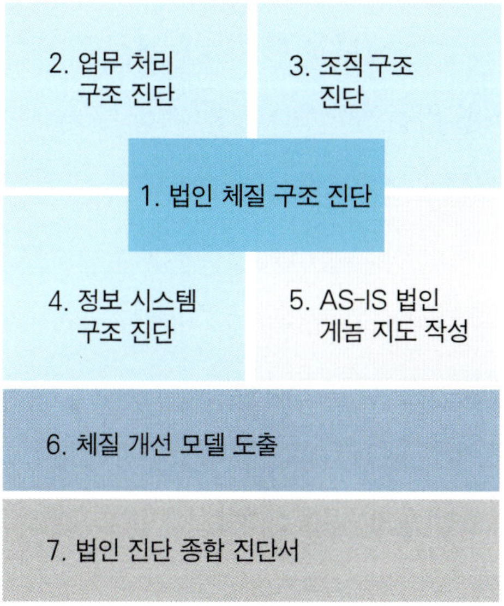

종합 진단의 구성

시스템 구조 진단, AS-IS 법인 게놈 지도 작성, 체질 개선 모델 도출, 종합 진단서 작성 등이 있다.

법인 체질 구조 진단

법인 체질, 업무 분야별 체질, 개인별 업무 체질 등이 법인 게놈의 형성에서 도출되는데 eDoctor에 의해 자동으로 수행된다. 진양(進陽), 보양(保陽), 진음(進陰), 보음(保陰) 등 사상 법인의학 기준으로 법인 체질 구조가 진단되어 나온다.

이 진단은 법인의 비즈니스 종류와 시대적 환경하에서 기존의 체질 구조가 적합한가를 판정하고 이에 대한 처방의 방향을 결정하는 단초이다. 이 과정에서 법인의사가 별도로 하는 작업은 없으며 eDoctor가 자동으로 해낸다. 업무 처리 구조, 조직 구조, 정보 시스템 구조를 진단한 후 체질 구조를 진단한다는 점에 유의해야 한다.

업무 처리 구조 진단

업무 처리 구조 진단은 직무 분석, 프로세스 분석, 업무 행위 진단, 비즈니스 룰 분석으로 세분화된다.

직무 분석 : 이 과정에서는 법인 구성원 개인별 직무, 업무 단위별

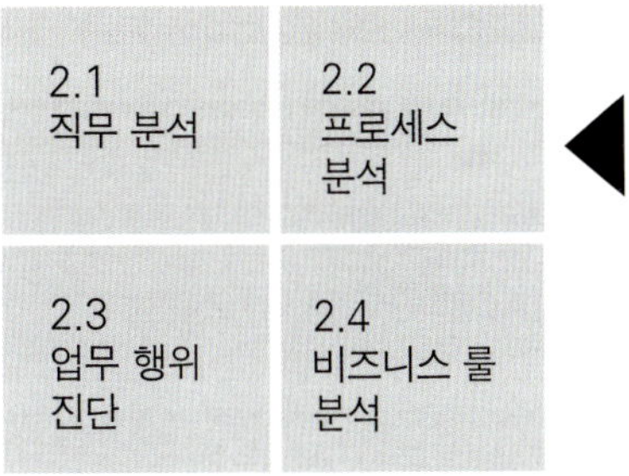

업무 처리 구조 진단

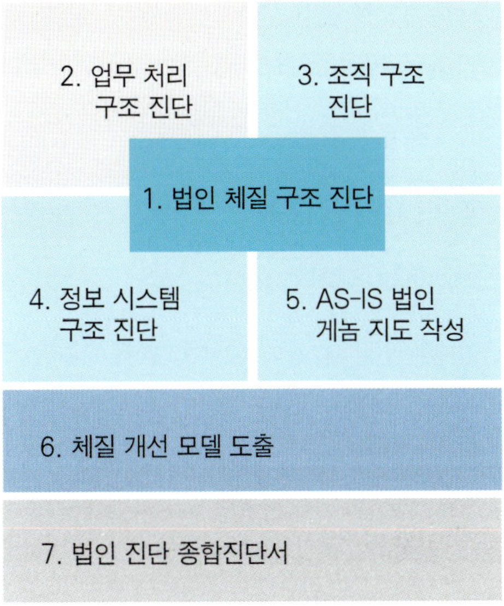

종합 진단의 구성

직무 구성, 프로세스별 직무 구성들을 조사 분석한다.

프로세스 분석 : 산업화 업무 처리 구조하에서는 기능별로 업무를 수행하기 때문에 프로세스 구조를 관리하지 않는 것이 일반화되어 있다. 프로세스의 개념조차 제대로 인식되어 있지 않으며 업무 기능을 프로세스로 인식하는 경우도 있다. 프로세스 계층 구조도를 도출하고 작업 시간과 대기 시간을 분석해 낸다.

업무 행위 진단 : 법인 구성원들의 업무 행위를 도출하여 분해한다. 행위 기준 원가와 행위 기준 시간 소모를 분석하고 노동 강도를 진단한다.

비즈니스 룰 분석 : 업무 수행의 절차와 방법을 규정하고 있는 내규 시행 법령, 원리, 관행 등과 같은 업무 지식을 분석한다.

업무 처리 구조를 진단하는 일은 업무 규정과 같은 자료를 대상으로 하는 것이 아니다. 법인 구성원들의 업무 지식과 행위가 진단의 대상이다. 즉 구성원들의 사고방식과 습성이 내재된 업무 행위들과 그들의 두뇌 속에 있는 업무 지식들을 알아내야 하는 것이다. 그러므로 법인의사는 법인 구성원들의 다양한 지식 및 시각과 프로토콜을 맞추면서 커뮤니케이션해야 한다. 그러면서 이들의 업무 지식과 행위를 빠짐없이 이해하고 거짓과 진실을 가늠할 수 있어야 한다.

한편 법인 구성원은 각자가 '업무산(業務山)'의 계곡에 있기 때문에 업무산을 보지 못한다. 그러므로 법인의사는 이 산을 보면서 법인 구성원들을 목진(目診), 청진(聽診), 영진(靈診)해야 한다.

자료나 실제상황을 보고 법인 구성원의 지식과 행위에 대해 진단하는 것을 목진이라 하고 설명을 듣고 진단을 내리는 것을 청진이라 하며 법인 구성원의 표정과 주위 분위기로 진단을 내리는 것을 영진이라고 한다. 영진은 감으로 진단하는 것을 의미하지 않는다. 영진은 깨달음의 경지에서 정관(精觀)을 통해 정확히 있는 그대로를 알아내는 것이다.

조직 구조 진단

조직 구조 진단은 업무 분장 분석, 의사 결정 패턴 진단, 기능/부서간의 장벽 진단으로 세분된다.

업무 분장 분석 : 이 과정에서는 조직 단위들이 관장하고 있는 업무 내용을 분석하며 조직 단위별로 구성원들의 인적 사항과 그들에게 할당된 업무를 분석한다.

의사 결정 패턴 진단 : 이 과정에서는 업무 수행 중 의사 결정과 통과 절차를 밟아야 하는 단계와 경로, 이 단계와 경로를 통과하

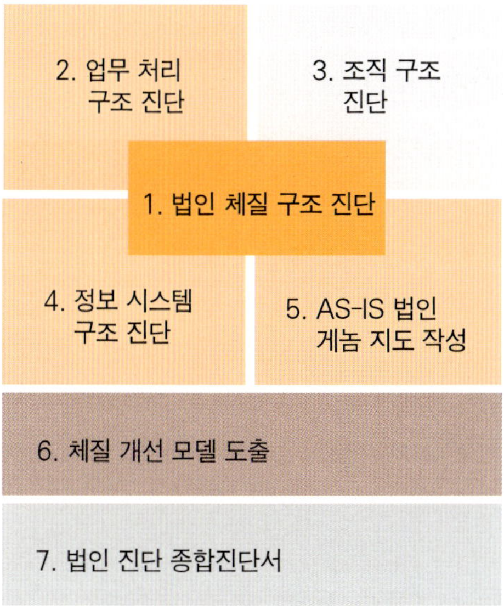

종합 진단의 구성

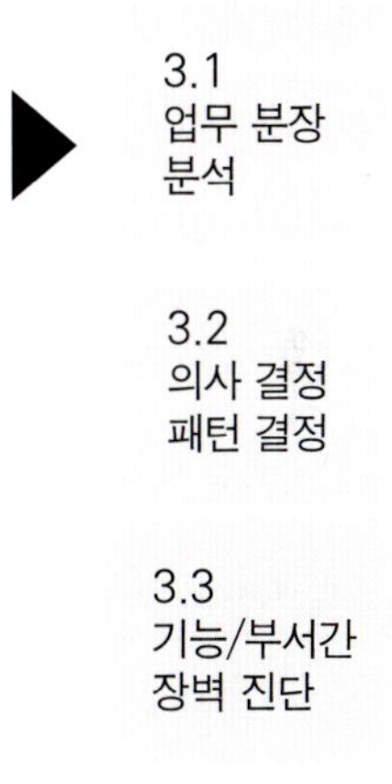

조직 구조 진단

는 데 소비되는 시간, 그리고 의사 결정 행위의 속성과 코스트 등을 진단한다.

기능/부서간 장벽 진단 : 이 과정에서는 업무 기능의 계곡 사이에 놓인 장벽들로 인해 조성되는 업무 행위, 부서와 부서의 장벽으로 인해 발생되는 업무 행위, 그리고 이 업무 행위들이 축내고 있는 시간과 경비 등을 진단한다.

조직 구조를 진단하는 과정에서 법인의사는 법인이 갖고 있는 문화의 특성을 이해하여야 하고, 조직심리학적으로 형성되고 있는 기류를 파악해야 한다. 사람이 수술 후에 건강을 되살릴 수 있다는 확신이 서 있지 않으면 수술을 받으려 하지 않듯 법인 리모델링에서도 같은 경우가 발생한다.

법인의 리모델링은 이노베이션을 수반하기 때문에 리모델링의 처방전을 시술로 옮기는 과정, 즉 리모델링을 실시하는 과정에서 법인 구성원 중에는 자신이나 부서의 기득권을 우선하여 보호하려고 저항하기도 한다. 따라서 법인의 문화적 특성과 조직심리의 기류를 파악하는 것이 중요하다.

정보시스템 구조진단

정보 시스템 구조 진단(이미 IT 시스템을 구축한 경우는 IT 시스템 구조도 포함된다)은 정보/데이터 구조 분석, 데이터 흐름도(DFD) 작성으로 세분된다.

정보/데이터 구조 분석 : 이 과정에서는 법인 활동 중에 발생하고 있는 전표나 문서, 장부 등의 서식과 그 구성 요소들을 모두 조사해 분석하는데, 여기에는 법인이 규정상으로 공식 인정하고 있는 서류 이외에 법인 구성원들이 비공식적으로 사용하고 있는 노트나 메모 등도 해당된다. 또한 문서 관리 규정도 조사 · 분석한다.

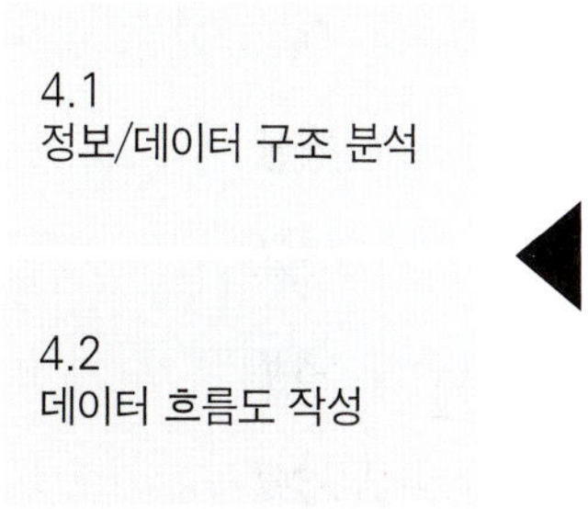

정보 시스템 구조 진단

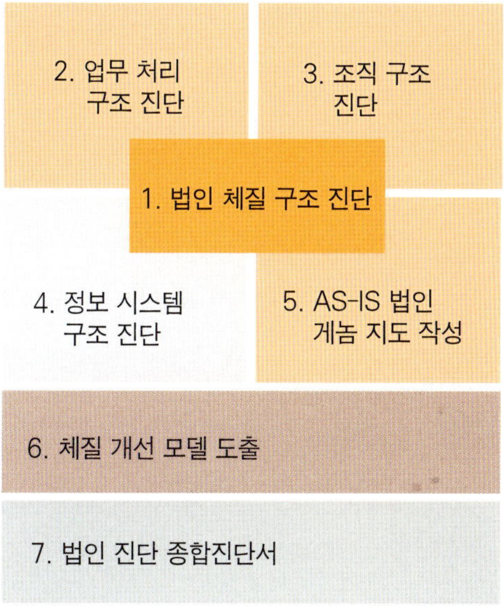

종합 진단의 구성

데이터 흐름도 작성 : 이 과정에서는 데이터가 발생하여 정보로 가공되면서 흐르는 경로를 도해로 작성한다. 예를 들어 매출이 발생하면 매출 전표가 작성되고, 매출 전표는 매출 일보로 작성되고, 매출 일보는 매출 대장을 만드는 기초가 되고, 매출 대장에 의거하여 입금 전표가 작성되고, 입금 전표는 일계장을 만들고, 일계장은 시산표, 손익계산, 대차대조표 등과 같은 회계 장부를 만드는 것과 같은 흐름도(DFD : Data Flow Diagram)이다.

이 과정은 정보 시스템(ERP 등)을 구축할 때 첫 관문이 되기도 한다. 데이터의 발생과 흐름은 업무 처리 구조와 조직 구조의 미세 소자인 행위들의 변화에 따라 변한다. 행위는 업무의 변화에 따라 변하고, 업무는 경영전략의 변화에 따라 변하고, 경영전략은 법인의 시대 환경의 변화에 따라 바뀌는 것이다. 이 이치는 앞에서도 설명한 바 있으나 여기서 또 강조하고 있다.

데이터 흐름도에 따라 사람이 하던 것을 IT를 이용함으로써 정보 처리 속도는 빨라지게 되나 이로 인해 법인이 엄청난 변화 속도에 적응하는 유연성은 약화된다고 한 바 있다.

자동차가 고속으로 질주할 때는 좋으나 태풍을 만나면 일순간에 사라지고 마는 것을 왜 모르는가. 전통적인 ERP와 같은 정보화는 법인을 죽음의 길로 인도한다는 점에 유의해야 한다. 정보 처리 구조의 진단은 업무 처리 구조 진단과 조직 구조 진단의 보조 과정이다.

AS－IS 법인 게놈 지도 작성

AS－IS 법인 게놈 지도 작성 과정은 게놈 도출과 게놈 지도 작성으로 나누어진다.

AS－IS 법인 게놈 도출 : 이 과정에서는 현 법인의 활동 구조에서 정보벨트, 지식벨트, 행위벨트의 구조를 분해해서 구성 세포인 미

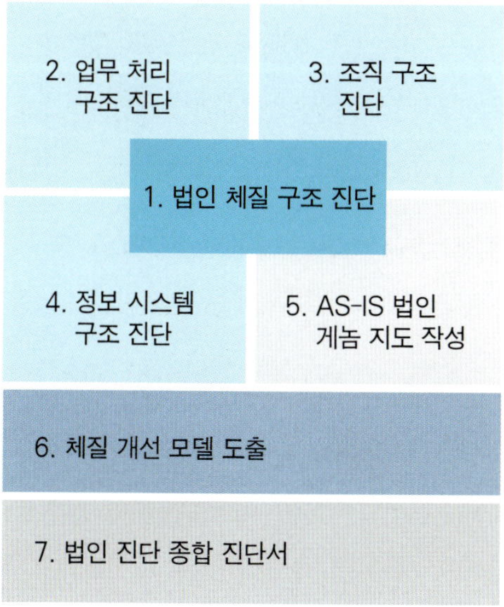

종합 진단의 구성

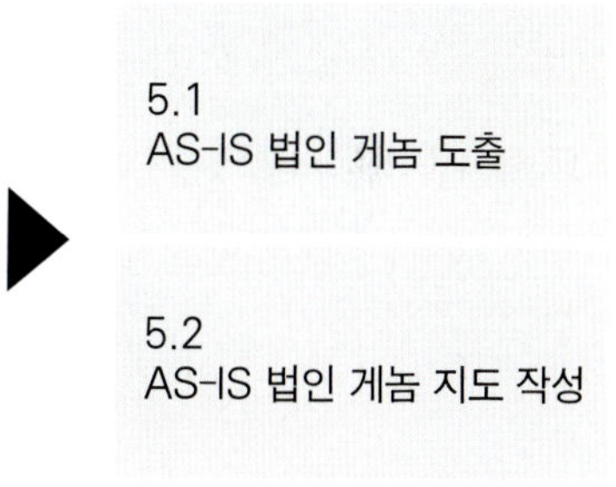

AS－IS 법인 게놈 지도 작성

세 소자들을 찾아내는 작업을 한다.

AS-IS 법인 게놈 지도 작성 : 이 과정에서는 법인의 활동 구조를 구성하고 있는 미세 소자(세포)들의 파동을 도해한 지도를 작성한다. 법인 게놈 지도에는 표면으로 나타나 육안으로 볼 수 있는 행위 요소, 지식 요소, 정보 요소들과 그 관계 현상을 그린 것이 있으

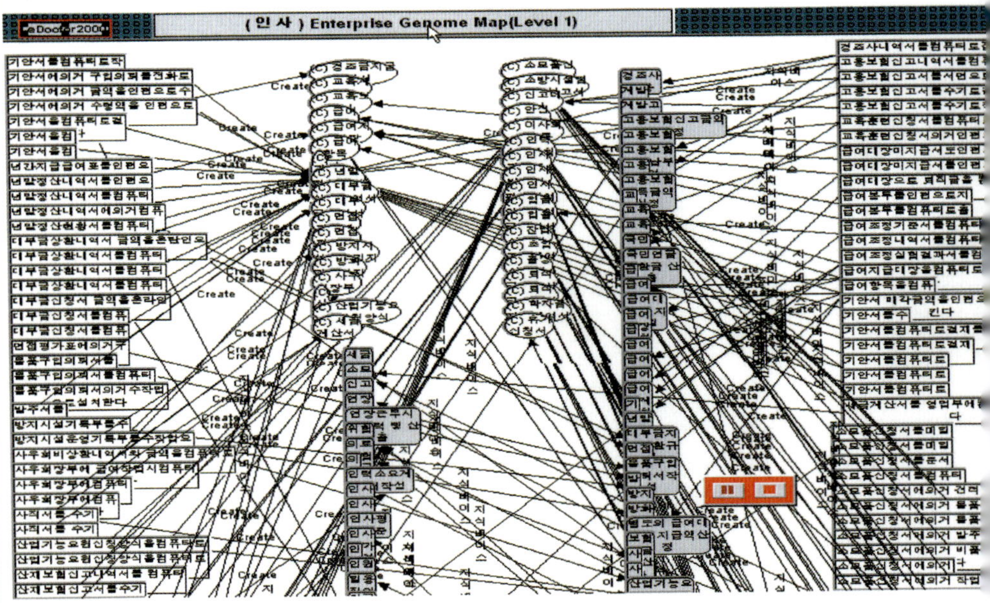

AS – IS **법인 게놈 지도**

며, 사람의 육안으로는 식별할 수 없는 미세 소자들의 파동 현상을 그린 것이 있다.

전통적인 경영 컨설팅, 경영 혁신 컨설팅, 정보화 등에서는 법인 활동의 결과물 즉 재무재표, 원가 계산서, 조직도, 업무 분장, 장표 서식 등을 수집하고 인터뷰 자료 등을 분석하는 과정을 통해 작성된 현상 분석서를 근거로 한다. 그러나 법인의학에서는 법인 게놈 지도를 근거로 한다. 법인 게놈 지도는 법인 활동의 현상을 일으키는 원인을 분석한 것이다.

법인의술의 열쇠는 법인 게놈 지도 작성이다. 법인 활동 구조의 모든 결과들이 이 게놈 지도 작성을 통해 종합적으로 진단된다. 뿐만 아니라 법인 체질도 이를 통해 진단된다.

법인의학 이론이 의술로서 실용화될 수 있는 것도 이 법인 게놈 지도의 발견과 작성 때문이라 하겠다. 법인 게놈 지도를 작성하려면 법인전문의가 '지식기(知識氣)' 능력을 갖고 있어야 하는데 이것이 쉬운 일이 아니다. 따라서 법인 게놈 지도 작성의 지식기를 컴퓨터로 할 수 있도록 한 것이 eDoctor이다.

법인 체질 개선 모델 도출

법인 체질 개선 모델 도출은 AS-IS 법인 체질 구조를 치료한 후 어떠한 체질 구조로 바뀌게 되는가를 미리 예측해 보는 과정이다. 이 과정을 밟는 이유는 법인 체질 개선을 하는 데에는 많은 비용과 시간이 들기 때문에 이를 절약하기 위한 것이며 또한 법인 구성원들에게 이룰 수 있는 목표를 확신시키기 위함이다.

일반적으로 최고경영자(CEO)들은 가시적인 결과가 조기에 실현된다는 확신이 서지 않으면 아무리 방향이 옳고 해 볼 만한 것이라 하더라도 투자를 하지 않으려는 속성을 지니고 있다. 시설이나 부동산과 같은 가시적인 것에는 돈을 아끼지 않으면서도 그것보다 더 이익을 가져올 수 있고 법인체의 생사가 달린 지식기반 정보화 법인으로의 리모델링에는 투자를 망설이는 경우가 많다. 특히 오너가 아닌 임기제 최고경영자의 경우에는 확실하고 구체

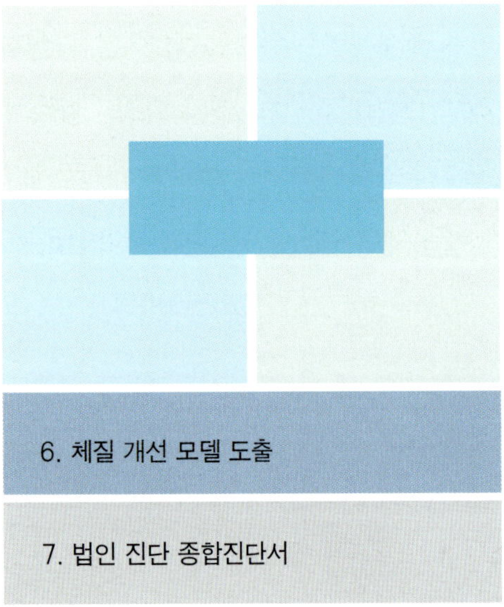

종합 진단의 구성

적인 비전을 제시해야 한다.

이런 경우 법인의 체질 개선 모델을 도출하여 가시적으로 보여줄 수 있다. 사람도 병원에 입원할 때 수술 후 자신이 어떠한 모습으로 건강해질 것인가를 미리 볼 수만 있다면 입원하는 순간 병이 낫기 시작할 것이다. 확실한 믿음의 마음가짐이 서기 때문이다.

법인 진단서 작성

법인 진단서 작성 과정에서는 법인 체질 구조 진단, 업무 구조 진단, 조직 구조 진단, 정보 시스템 구조 진단 등 모든 진단 내용을 기록한 진단서를 작성한다.

직무 분석서, 프로세스 구조도, 업무 행위 진단서, 비즈니스 룰 분석서, 업무 분장 분석서, 의사 결정 패턴 진단서, 기능/부서간 장벽 진단서, 정보/데이터 구조 분석서, 데이터 흐름도(DFD), AS-IS 법인 게놈 지도, 법인 체질 개선 모델 등의 진단 기록 문서들이 작성된다.

진단 방법

법인의료 체계의 여섯 개 과목 중 법인 활동 구조를 진단하는 여섯 개 진료 과정은 사람의 기술만으로 실현이 불가능하다. 법인 의료 기술의 첨단화는 사람의 병을 다루는 의료 기술보다 앞서 있

진료 과정	세부 과정	수행자
1. 법인 체질 구조 진단	· AS-IS 법인 체질 구조 진단	· eDoctor 수행
2. 업무 구조 진단	· 직무 분석	· eDoctor 수행
	· 프로세스 구조도 도출	· eDoctor 수행
	· 업무 행위 진단	· eDoctor 수행
	· 비즈니스 룰 분석	· eDoctor 수행
3. 조직 구조 진단	· 업무 분장 분석	· eDoctor 수행
	· 의사 결정 패턴 진단	· eDoctor 수행
	· 기능/부서간 장벽 진단	· eDoctor 수행
4. 정보 시스템구조 진단	· 정보/데이타 구조 분석	· eDoctor 수행
	· 데이터 흐름도(DFD) 작성	· eDoctor 수행
5. AS-IS 법인 게놈 지도 작성	· AS-IS 법인 게놈 도출	· eDoctor 수행
	· AS-IS 법인 게놈 지도 작성	· eDoctor 수행
6. 법인 체질 개선 모델 도출	· 법인 체질 개선 모델 도출	· eDoctor 수행
7. 법인 진단서 작성	· 법인 진단서 작성	· eDoctor 수행

법인 활동 구조 진단 과정과 방법

다. 이는 인공 지식 법인의사인 eDoctor의 발명으로 해서 가능해진 것이다.

수술 처방

종합 진단이 끝나면 종합 처방의 진료 행위를 하는데 그 과정은 법인 체질 구조 수술 처방, 업무 처리 구조 수술 처방, 조직 구조 수술 처방, 정보 시스템 구조 수술 처방, To-Be 법인 게놈 지도

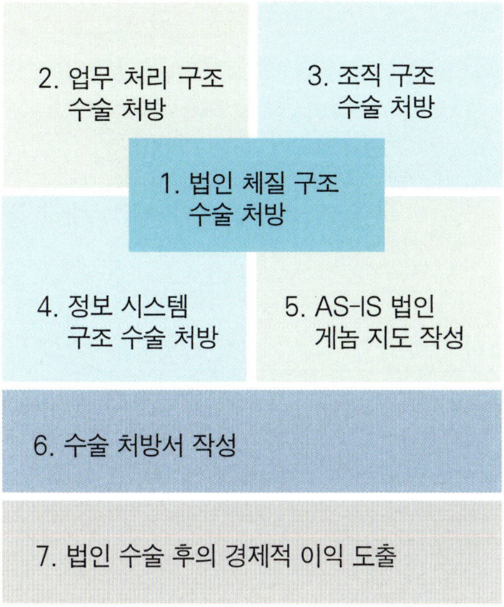

종합 처방의 구성

작성, 수술 처방서 작성, 법인 수술 후의 경제적 이익 도출 등으로 이뤄진다.

법인 체질 구조 수술 처방

이 과정은 업무 처리 구조, 조직 구조, 정보 시스템 구조의 수술 처방이 끝난 후 To−Be 게놈 지도가 작성되면 그 결과로 저비용 고효율의 법인 체질 구조가 eDoctor에 의해 자동으로 생성된다.

고비용 저효율의 체질병을 유발하는 병균세포를 제거하고 저항력을 높여 주는 새로운 세포를 이식하는 처방을 한다. 이 처방전이 체질 형성의 원인인 업무 행위와 그 미세 소자의 수술 처방을 하는 진료 행위의 결과로 나타나는 것이다.

진음, 또는 보음체질이 진양 또는 보양체질로 변화하도록 하는 처방이 수술 처방의 목표이다. 법인의 지식기반 정보화란 법인 체질이 진양 또는 보양형으로 형성되는 것을 의미하는 것이지 단순히 IT를 도입하는 것만을 의미하지 않는다. 따라서 IT는 법인 체질 개선을 위한 약제의 일부로 쓰인다는 점을 다시 한 번 강조한다.

오늘날 IT가 법인에 있어서 비용을 빨아들이는 하마가 되고 있는 것도 IT가 법인 체질을 치유하는 약제로 쓰이지 않고 마구잡이로 이용되기 때문이다. IT 엔지니어는 IT라는 약제를 만드는 전문가이지 법인을 치료하는 의사는 아니다. 그러므로 법인의사는 처방을 내릴 때 IT가 아닌 '자연의 이치'에서 발상해야 한다.

업무 처리 구조 수술 처방

업무 처리 구조 수술 처방에는 업무 행위 수술 처방, 비즈니스 룰 수술 처방, 프로세스 수술 처방, 직무 수술 처방이 있다.

업무 행위의 수술 처방 : 이 과정에서는 불필요하게 존재하는 기생충 같은 업무 행위들을 골라내고 유사한 행위들은 통합하고 복잡한 것은 간소화시키고 난 다음 To-Be 법인 모델에 필요한 행위들을 새로 삽입한다.

비즈니스 룰 수술 처방 : 이 과정에서는 To-Be 법인 모델에 걸림돌이 되는 비즈니스 룰은 제거하고, 쓸데없이 복잡한 것은 간소화시키고, 유사한 목적을 갖는 룰은 통합하고 난 다음 To-Be 법인 모델에 필요한 비즈니스 룰을 삽입한다.

프로세스 수술 처방 : 업무 행위들간에 실시간 연동이 가능하도록 하고 업무 영역별 한계를 명료하게 하면서도 인력 배치의 효율성을 기하도록 업무 흐름의 구조를 도출한다.

직무 수술 처방 : 업무 행위의 재구성에 따라 직무 범위와 내역이

업무 처리 구조 수술 처방의 구조

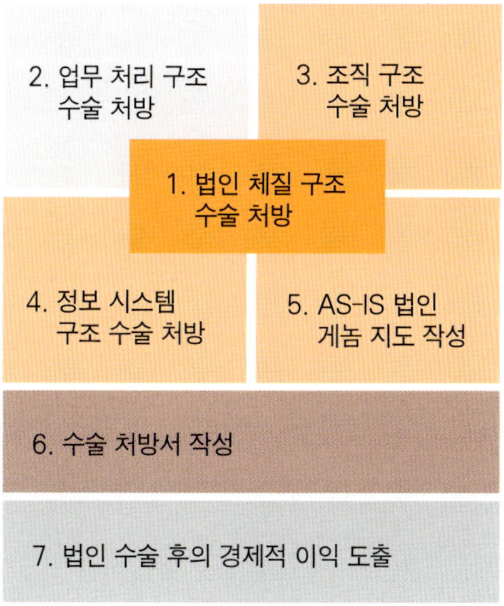

종합 처방의 구성

달라지게 되므로 직무 명세를 재편성해야 한다. 지식기반 정보화 법인의 체질을 형성하는 제도적 장치로써 직무 명세를 구성하여 법인 구성원을 선택하는 기준이 되게 한다.

업무 처리 구조 수술 처방전은 법인 체질을 개선하는 직접적인 진료 행위이므로 지식기반 정보화 법인의 체질형을 금과옥조로 삼아야 한다. 즉 하나이면서 하나가 아닌 업무 행위들이 되도록 해야 하며 일상적인 업무 처리 행위와 커뮤니케이션 행위는 자동화되도록 하고 구상/창조 행위와 서비스 행위는 강화되도록 해야 한다. 이 과정에서 처방된 직무 명세는 인재창조(HRR) 과목의 기초로 활용된다.

조직 구조 수술 처방

조직 구조 수술 처방은 업무 분장 수술 처방, 의사 결정 패턴 수술 처방, 기능/부서간 장벽 수술 처방으로 나뉘어진다.

업무 분장 수술 처방 : 이 과정에서는 수직 구조의 조직단위에 할당되어 있는 업무를 수평 구조의 조직단위에 할당하는 작업을 한다. 예를 들면 수금 관련 업무 행위 중 수금은 영업 부서에서 하고 행정 처리 행위는 회계 부서에서 하던 업무 분장을 모두 영업 담당 직원이 하도록 업무 분장을 재구성하는 것이다. 여기서 행정 처리 행위는 IT 시스템하에서 자동화되기 때문에 현금 취급상에서 고려되는 견제와 통제 문제는 자동으로 해결된다.

의사 결정 패턴 수술 처방 : 이 과정에서는 수직적 계급 구조에서 밑에서부터 위로 순차적 결재를 하는 행위를 수평적 네트워크 구조하에서 동시다발로 결재를 하는 행위 구조로 바꾼다. 즉 EIOM(Electronic Inter Office Memorandom)인 전자 네트워크 동시 결재 방식을 적용한다.

기능/부서간 장벽 수술 처방 : 이 과정에서는 업무산의 계곡 속에서

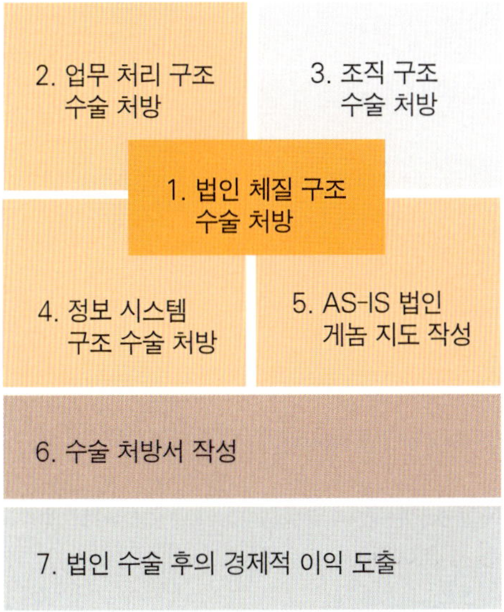

종합처방의 구성

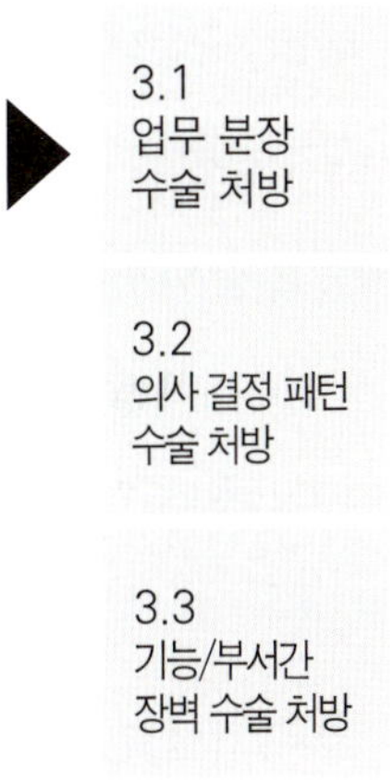

조직 구조
수술 처방의 구성

시각의 장벽을 쌓으면서 업무 행위를 하고 있는 조직 구성원의 시스템적 정신질환을 치유하는 처방을 내린다. 하나와 하나가 아닌 것들이 같은 목적과 목표하에서 공전과 자전하는 법인 활동 구조를 만드는 처방인데, 경결계와 물량계 시스템이 장착될 수 있도록 의사 결정 경로를 수술하는 처방이다.

조직 구조의 수술 처방은 업무 처리 구조의 리모델링을 구현하는 진료 행위이다. 이 진료 과목에서 조직심리상의 문제가 발생한다. 기존의 조직 구조하에서 이익을 점유하고 있는 법인 구성원 중 일부가 자신의 기득권을 지키기 위해 저항하는 경우가 발생할 수도 있다. 따라서 사상전쟁(思想戰爭)의 배수진을 쳐야 한다.

최고경영자는 법인 구성원들에게 '윈 – 윈(Win – Win)' 혁신의 철학을 확실히 심어야 한다. 그리고 그 구체적인 행동계획을 법인 전문의의 처방에 따라 실천에 옮기는데 그 한 예가 '118 혁신 의술' 이다.

조직심리의 구조는 미래 지향적 속성을 지닌 구성원이 10%, 변화를 두려워하는 속성을 지닌 구성원이 10%, 대세를 따르는 속성을 지닌 구성원이 80%이다. 최고경영자가 진취적 성향을 지닌 구성원에게 힘을 실어 주어 리더십을 갖게 하는 것이다. 최고경영자가 법인전문의의 도움을 받아 118 작전 세력을 조직한다.

정보시스템 구조 수술 처방

정보 시스템 구조 수술 처방에는 정보 신선도 수술 처방, 정보 시스템의 이중성 수술 처방, 전자 ISO9000 실현 처방이 있다.

정보 신선도 수술 처방 : 이 과정에서는 정보의 가치를 가늠하는 정보 신선도를 생성할 수 있는 수술 처방을 한다. ERP 등 법인 정보 시스템 구조에서는 2개월을 전후로 한 지난 경영 소식을 갖고 경영 판단과 관리를 하게 하고 있는데 이는 고속도로에서 지

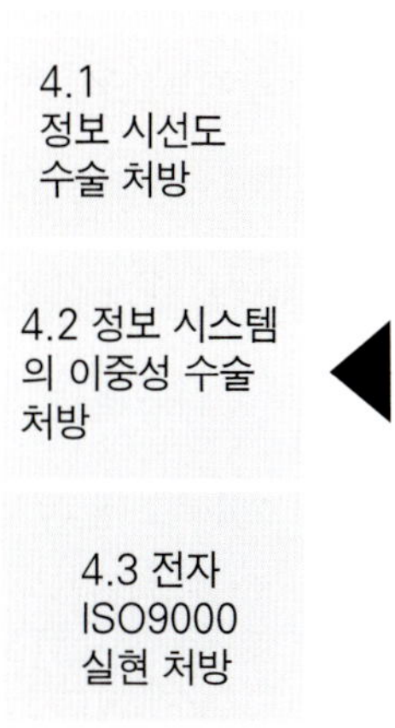

정보 시스템 구조 수술 처방의 구성

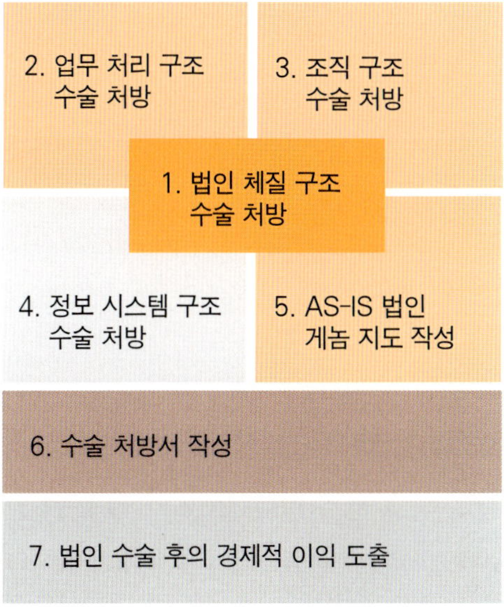

종합 처방의 구성

나친 후에 교통표지판을 찾는 것과 같다.

정확한 데이터가 발생하는 시점과 동시에 정보로 가공되어 필요한 사람에게 필요한 시점에 실시간으로 전달되면서 이용가이드가 접목될 때 정보는 신뢰성을 갖는다. 예를 들면 법인 활동 구조에서 업무 행위들이 발생되는 시점과 동시에 경영 활동의 결과치가 분석되는 결산서가 생성되는 것이다.

200개의 데이터로 1만 2,000여 개의 정보를 가공해 낼 수 있으므로 데이터는 정보 시스템에 1회 입력되면 모든 정보의 원료로 사용될 수 있게 하고 절대로 다른 곳에서 유사한 데이터가 입력되지 않도록 해야 한다. 그리고 업무 구조 단위들간에 실시간 연동되는 정보 처리 시스템이 되도록 해야 한다.

정보의 종류들을 모두 모은 다음 중복되는 것은 폐기하고 유사한 것들은 통합한다. 이러한 과정을 거치고 나면 정보의 양이 약 1/10로 줄게 된다. 이 유효 정보들의 구성 요소인 데이터를 취합하여 분류하면 중복되는 데이터가 가려지는데 이들을 모두 폐기한다. 남는 데이터들이 정보를 만들어 내는 유효 요소이다.

이 유효성 데이터들을 생성 원료별로 분류하는데 실물이나 사안들을 식별해 주는 고정형 데이터(Identification Type), 수량이나 부피와 같이 측정치를 알려 주는 보고형 데이터(Report Type), 계산수식이나 보고형 데이터에 의해 생성되는 유기형 데이터(Generation Type), 그리고 계산수식의 요소로 사용되는 상수형 데이터(Factor Type)가 있다.

고정형 데이터는 마스터 데이터베이스용으로, 보고형 데이터는 입력용으로, 유기형 데이터는 출력용으로, 상수형 데이터는 팩터베이스용으로 쓴다.

정보 시스템의 이중성 수술 처방 : 이 과정에서는 정보화 가치의 이중성과 정보화 속성의 이중성을 수술 처방한다. 정보화 가치의 이중성은 정보 공유와 개인의 프라이버시 보호가 상충되는 것을 의미한다. 정보 시스템은 정보를 공유하게 하는 긍정적인 역할을 하는 반면에, 법인이나 개인의 프라이버시를 파괴하는 부정적인 역할을 동시에 한다. 법인도 사생활이 있다. 법인만이 알고 있어야 하는 경쟁의 약점 요소를 가지고 있다. 경쟁 관계에 있는 법인들이 알게 되면 치명적인 상처를 입게 되는 프라이버시가 있는 것이다.

이중성 치유 처방

이중성	긍정적 측면	부정적 측면	상극관계 처방요법
정보 가치의 이중성	정보 공유	프라이버시 파괴	거짓말 탐지 시스템
정보화 속성의 이중성	정보처리 속도 강화	유연성 약화	레고형 정보화 업무 구조

때문에 이 상극 관계를 치유하는 처방을 내려야 한다. 법인체의 내부 인원이나 외부 사람이 프라이버시를 침해하는 행위를 근원적으로 차단하는 처방으로 '거짓말 탐지' 시스템을 정보 시스템에 내재하도록 한다.

정보화 속성의 이중성은 정보 처리 속도와 유연성이 상충되는 것을 의미한다. 법인의 정보화는 정보 처리 속도를 강화시키는 긍정적인 역할을 하는 반면에 유연성을 약화시키는 부정적인 역할을 동시에 한다. 제아무리 빨리 달리는 쾌속정일지라도 기후 변화에 따른 파도에 대응할 수 있는 순발력이 떨어지면 언제든지 일순간에 침몰할 수 있는 것이다.

이 상극 관계를 치유하는 처방을 내려야 한다. 업무 처리 구조가 칠면조처럼 변화하도록 정보화 업무 처리 구조를 레고형이 되게 한다.

전자 ISO9000 실현 처방 : 이 과정에서는 사무의 품질(Office Quality)이 국제 수준이 되도록 수술 처방한다. 서류의 처리와 관리의 품질을 국제 표준규격에 맞추되 서류 출력을 전자 문서로 하고 필요시 종이에 인쇄하는 POD(Print On Demand)형으로 한다. 사후 서류를 위조할 수 없도록 거짓말 탐지 시스템과 연계시킨다.

법인에서 정보 시스템 구조 수술 처방은 업무 처리 구조와 조직 구조의 수술 처방과 연계되는 것으로, 업무 처리 구조 및 조직 구조를 수술하기 위한 수단으로 존재한다는 것에 유의해야 한다.

업무 처리 구조의 미세 소자인 업무 행위와 조직 구조의 미세 소자인 관리 행위들이 정보와 지식, 마인드에 의해 생성되고, 이 행위들은 데이터를 발자취로 남기고 데이터는 정보의 원료(요소)가 되는 사이클링을 형성하고 있다.

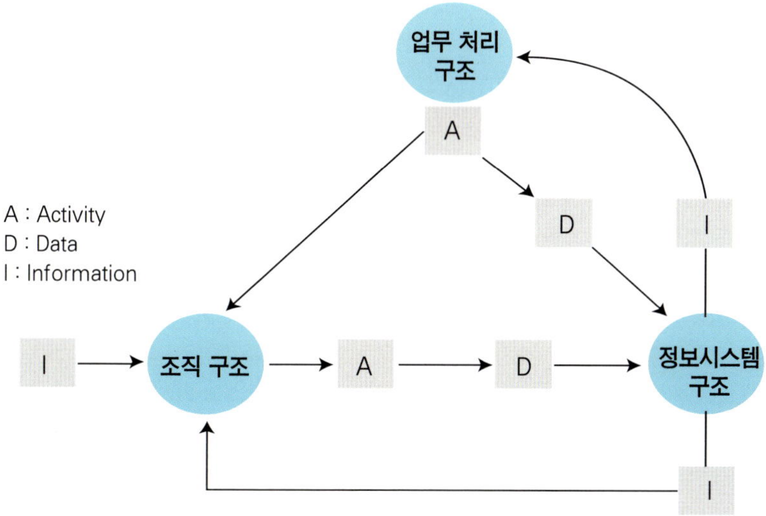

3구조의 사이클링

To-Be 법인 게놈 지도 작성

To-Be 법인 게놈 지도 작성은 To-Be 법인 게놈 도출과 To-Be 법인 게놈 지도 작성으로 세분된다.

To-Be 법인 게놈 도출 : 이 과정에서는 To-Be 법인의 활동 구조상에 형성될 정보벨트, 지식벨트, 행위벨트의 구조를 분해하여 구성 세포인 미세 소자들을 찾아내는 작업을 한다.

To-Be 법인 게놈 지도 작성 : 이 과정에서는 To-Be 법인의 활동

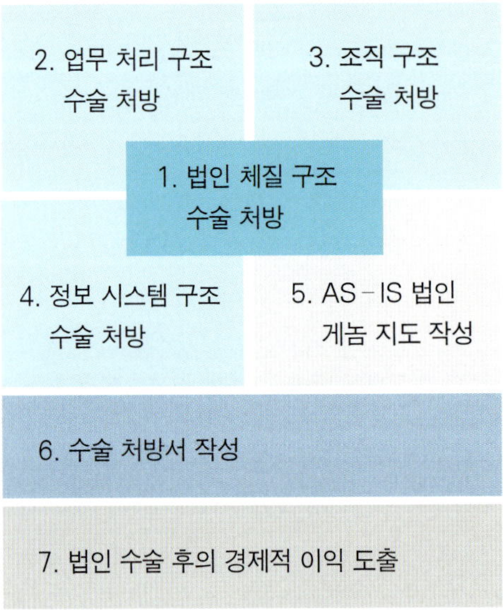

종합 처방의 구성

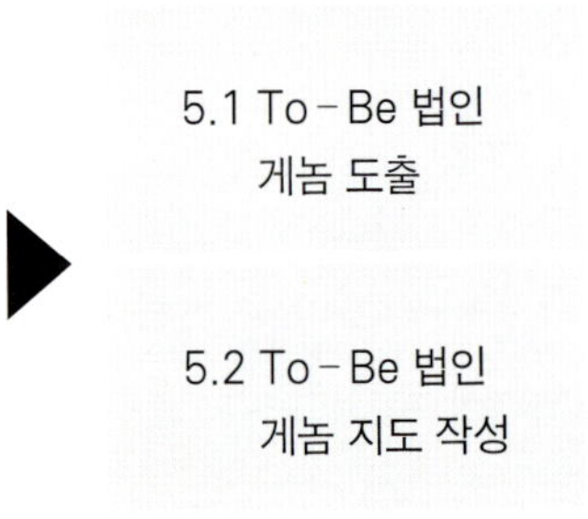

To-Be 법인 게놈 지도 작성

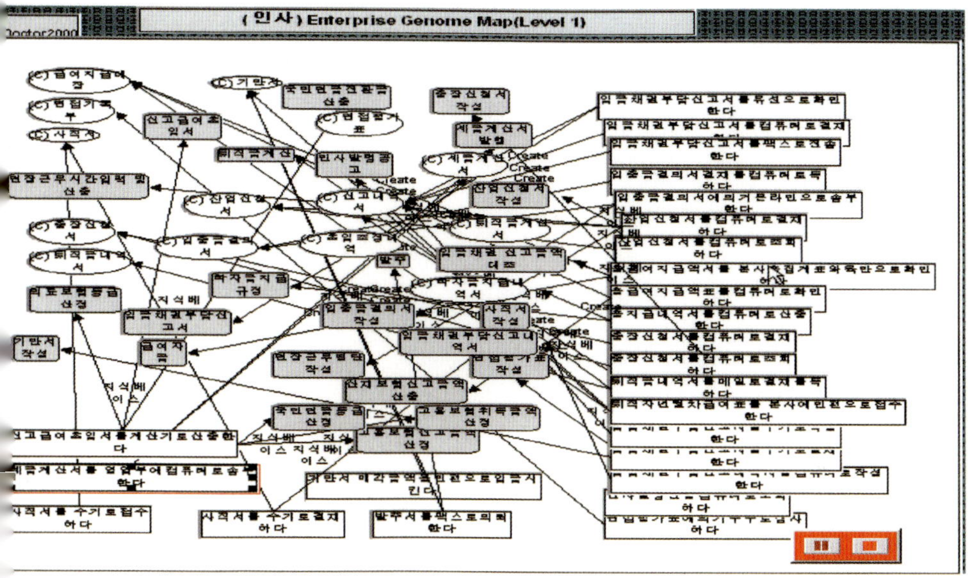

To-Be 법인 게놈 지도

구조를 형성하는 미세 소자들의 파동 현상을 도해한 지도를 작성한다. AS-IS 법인 게놈 지도상에 나타난 기생충 소자들이 제거된 후 새로운 체질 형성을 위해 추가된 소자들이 삽입된 상태의 모습이 그려진다. 이 게놈 지도도 표면에는 행위 요소, 지식 요소, 정보 요소들과 그 관계만 보이게 된다.

AS-IS 법인 게놈 지도로 종합 진단된 것을 To-Be 게놈 지도로 종합 수술 처방이 되는 것이다. 이 역시 eDoctor가 아니면 인간의 능력만으로 해낼 수 없는 과제이다.

수술 처방서 작성

수술 처방서 작성 과정에서는 수술 처방 내역을 문서로 작성하는 작업을 한다. 업무 구조 처방, 프로세스 구조 처방, 조직 구조 처방, 비즈니스 룰 처방, 직무 사양 처방, To-Be 행위 기준 원가, 의사결정 패턴 처방, 노동 강도 처방, AS-IS 법인 모델과 To-Be 법인 모델의 차이 등에 관련된 30여 종류의 문건들을 작성한다.

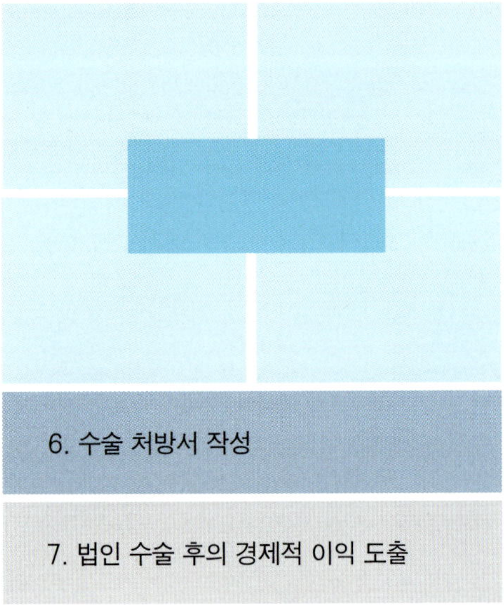

수술 처방서 작성

법인 수술 후 경제 이익 도출

법인 수술 후의 경제적 이익 도출 과정에서는 To–Be모델로 리모델링된 법인이 활동을 통해 창출하는 이익은 계산하지 않고 다만 AS–IS 법인 및 To–Be 법인 모델이 각각 생성하는 활동 소자의 차이에서 오는 비용 절감 이익만을 도출한다. 즉 업무 행위와 정보의 수 감소로 절감되는 직접 비용만을 계산한다. 이 계산 수치만으로도 리모델링의 시급을 결정할 수 있다.

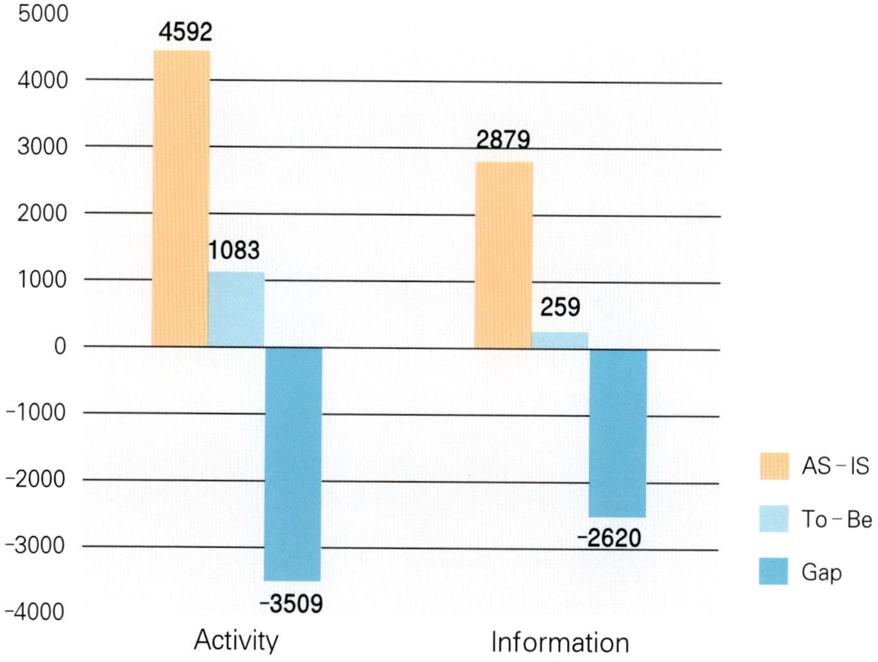

법인 수술 후의 경제적 이익 요인

법인 활동 구조 수술 처방법

법인 활동 구조를 수술 처방하는 7개 진료 과정은 사람의 기술만으로 정확히 수행할 수 없을 뿐 아니라 실현이 어렵기 때문에 eDoctor를 활용한다. 종합 수술 처방이 끝나면 수술 설계 진료를 한다.

수술 설계 과정

수술 설계 과정은 업무 레고 설계, 데이터베이스 설계, 인공 지

법인 활동 구조 수술 처방법

진료과정	세부과정	수행자	전문가 참여분
1. 법인 체질 구조 수술 처방	· 법인 체질 구조 수술 처방	· eDoctor 수행	
2. 업무 처리 구조 수술 처방	· 업무행위 수술 처방	· eDoctor 수행 및 법인전문의 수행	· To – Be모델 구상 설계에 따른 소비자들은 법인 전문의 및 보조의사들이 수행
	· 비즈니스 룰 수술 처방	· 법인 전문의 및 법인 구성원 수행	
	· 프로세스 수술 처방	· eDoctor 수행	· 보조법인 의사 지원
	· 직무수술 처방	· eDoctor 수행	
3. 조직 구조 수술 처방	· 업무 분장 수술 처방	· eDoctor 및 법인 전문의 수행	· 보조법인 의사 지원
	· 의사결정 패턴 수술 처방	· eDoctor 및 법인 전문의 수행	
	· 기능/부서간 장벽 수술 처방	· eDoctor 및 법인 전문의 수행	· 보조법인 의사지원

4. 정보 시스템구조 수술 처방	· 정보 신선도 수술 처방	· eDoctor 수행	
	· 정보 시스템의 이중성 수술 처방	· eDoctor 수행	· 보조법인 의사 지원
	· 전자 ISO9000 실현처방	· eDoctor 수행	· 보조법인 의사 지원
5. To – Be법인 게놈 지도 작성	· To – Be 법인 게놈 도출	· eDoctor 수행	
	· To – Be 법인 게놈지도 작성	· eDoctor 수행	
6. 수술 처방서 작성	· 수술 처방서 작성	· eDoctor 수행	
7. 법인 수술 후의 경제적 이익도출	· 법인 수술 후의 경제적 이익도출	· eDoctor 수행	

식기지 설계, 사용자 인터페이스 설계, 프로그램 부품 설계, 종합 수술 설계서 작성 순으로 진행된다.

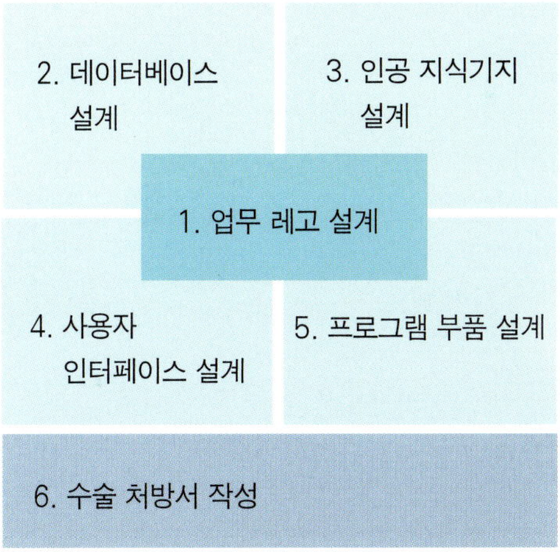

수술 설계의 구성

업무 레고 설계

업무 레고 설계에는 업무 레고 설계와 컴포넌트 비즈니스 베이스 디자인(CBBD)이 있다. 업무 레고 설계 과정에서는 업무 행위들이 다양한 업무 처리 구조 형태로 형성되고 또 해체될 수 있도록 하는 '비즈니스 레고 유니트(Business Lego Unit)'를 설계한다.

이 레고 유니트는 레고의 기초 단위인 업무 행위가 업무의 변화에 따라 성질을 달리해 변하는 버츄얼 폼(Virtual Form)을 뜻한다. 즉 변화에 따라 만들어지는 가상 형태이다. 컴포넌트 비즈니스 베이스 디자인 과정에서는 버츄얼 폼을 업무단위별로 구조화하는 설계를 한다. 즉 버츄얼 폼들로 다양한 업무 처리 구조를 갖고 있

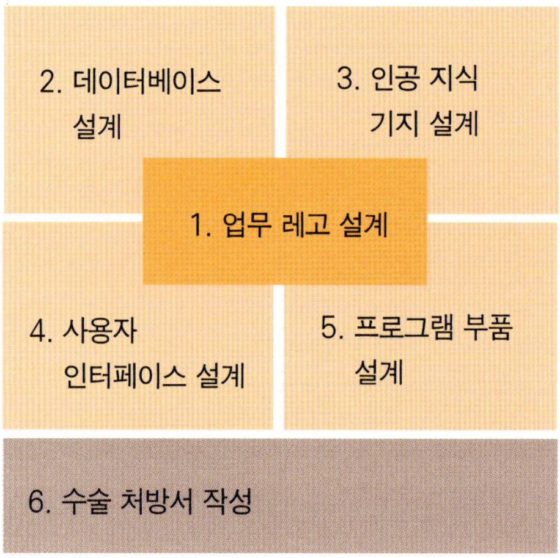

수술 설계의 구성

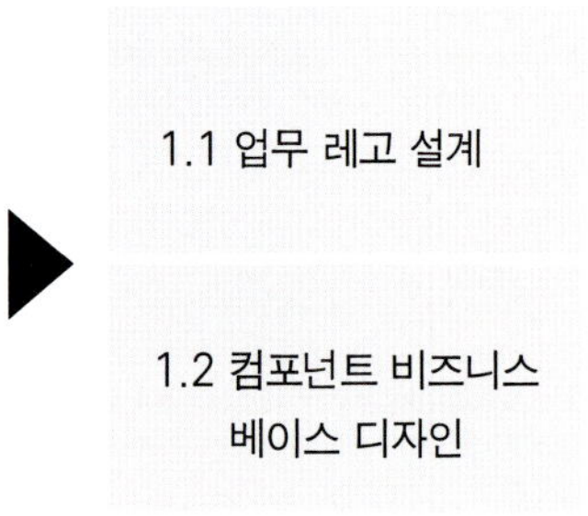

업무 레고 설계의 구성

으면서도 변화에 실시간으로 적응하는 업무 시스템을 디자인하는 작업이다.

실시간 경영 시스템(REMS)은 이 컴포넌트 비즈니스 베이스 디자인에 따라 구축되는 것이며 렘스는 IT 시스템에 탑재되어 작동된다. 그런데 IT 시스템은 업무 처리 구조보다 더 빨리 변하게 되어 있다. 시대가 흐를수록 IT 기술의 변화 속도는 가속화되고 있다. 이 때문에 기업 같은 법인에서 IT 시스템을 구축하자마자 끊임없이 시스템을 보수해야 하는 것이다.

IT 시스템을 운영하기 시작한 지 2년여 만에 보수 유지비 지출이 IT 시스템 구축비를 상회하는 경우도 있다. 그렇기 때문에 IT 생산 업체들은 글로벌 표준을 통해 '피포(PIPO; Plug-In, Plug-Out)' 라는 조립식 기술을 채택하여 변화에 대응하는 유연성을 확보하고 있다. 이 연장선에서 지식기반 정보화 업무 처리 구조에도 표준화를 시도하고 있는 것이다.

그러나 경영은 문화이기 때문에 표준화는 상극이며 다양화와 상생을 이룬다고 한 바 있다. 다양화는 수예(手藝)를 통해 극치를 이룰 수 있으며 수예는 변화의 속도와 무관하게 가치성이 유지되며 '슬로우 스피드(Slow Speed)' 가 존중된다. 경영 시스템이 다양성을 유지하면서도 변화에 실시간으로 적응할 수 있는 유연성을 가지려면 '다양화+스피드' 인 업무 구조의 레고화를 해야 하는

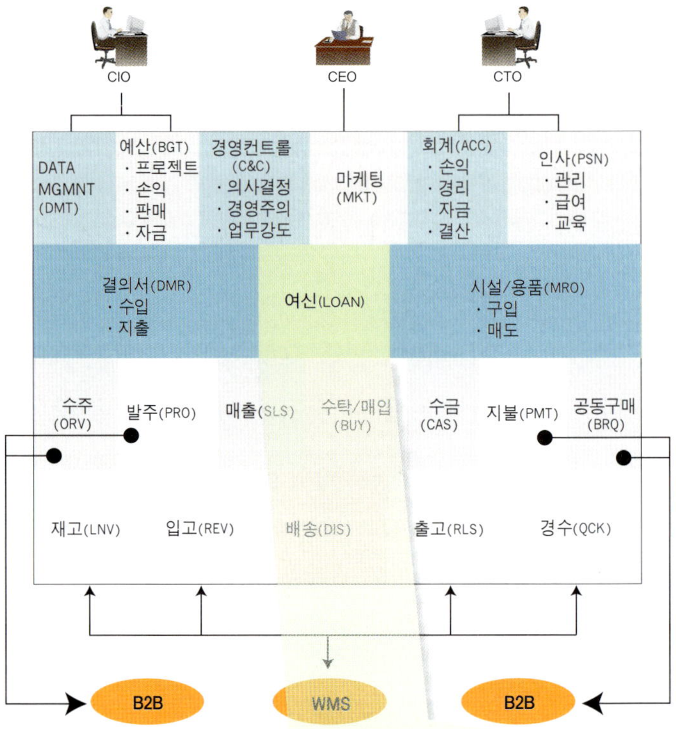
CIO
CEO
CTO
DATA MGMNT (DMT)
예산(BGT)
· 프로젝트
· 손익
· 판매
· 자금
경영컨트롤 (C&C)
· 의사결정
· 경영주의
· 업무강도
마케팅 (MKT)
회계(ACC)
· 손익
· 경리
· 자금
· 결산
인사(PSN)
· 관리
· 급여
· 교육
결의서(DMR)
· 수입
· 지출
여신(LOAN)
시설/용품(MRO)
· 구입
· 매도
수주 (ORV)
발주(PRO)
매출(SLS)
수탁/매입 (BUY)
수금 (CAS)
지불(PMT)
공동구매 (BRQ)
재고(LNV)
입고(REV)
배송(DIS)
출고(RLS)
경수(QCK)
B2B
WMS
B2B

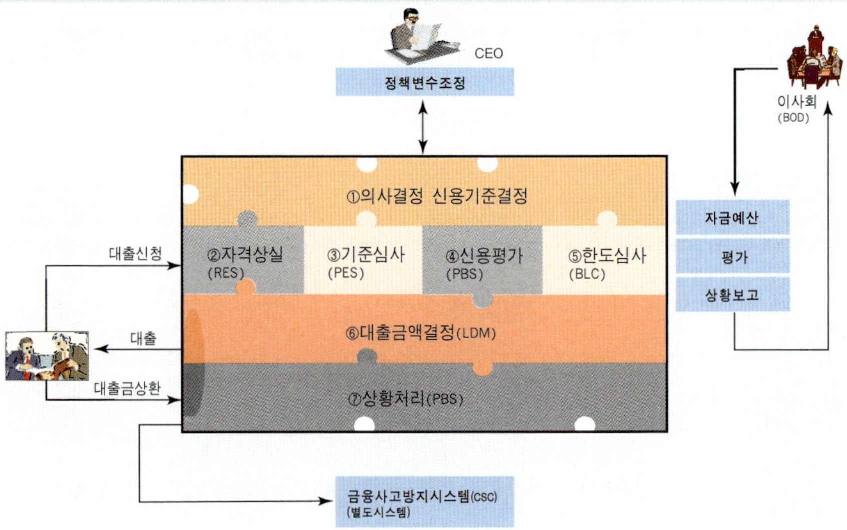
CEO
정책변수조정
이사회 (BOD)
①의사결정 신용기준결정
②자격상실 (RES)
③기준심사 (PES)
④신용평가 (PBS)
⑤한도심사 (BLC)
⑥대출금액결정(LDM)
⑦상황처리(PBS)
대출신청
대출
대출금상환
자금예산
평가
상황보고
금융사고방지시스템(CSC) (별도시스템)

업무 레고 설계

것이다.

이 진료 과정은 지식기반 정보화 법인을 구현하는 데 그 성공을 담보하는 의술이다. 여기서 법인전문의는 비즈니스 전략가로서, 아티스트로서, 그리고 IT 엔지니어로서 집결시킨 자신의 혼을 실체화시키는 작업을 한다.

또 이 과정을 통해 비즈니스 구조와 IT 구조가 결합되면서 융화될 수 있는 실체적 사실을 이루어 내는 것이다. 경영 기술과 컴퓨터 · 통신 기술은 있어 왔던 것이며 각각 발전을 거듭하고 있다. 그러나 이 두 기술을 문화적으로 빠르게 융합시키는 노하우와 기술은 지금까지는 존재하지 않았다. 이 때문에 지식기반 정보화란 화두만이 메아리치고 있었던 것이다.

데이터베이스 설계

데이터베이스는 정보의 원료기지이다. 이 원료기지를 설계하는 것을 데이터베이스 설계라고 생각하면 된다. 데이터베이스 설계는 테이블(Table) 설계와 릴레이션십(Relationship) 설계로 나누어진다.

테이블은 기록 단위(레코드) 내에 있는 기재란과 같은 속성을 지니고 있으며, 기재란은 엘레멘트(Element)로 구성되는데 이 엘레멘트는 기재란에 기록될 항목과 같은 속성을 갖고 있다. 이 과정에서는 테이블의 종류와 명칭을 만들고 엘레멘트의 타입과 사이즈를 설정한다. 그리고 엘레멘트의 생성원류 즉 입력, 유기(Generating) 또는 출력 중 어느 것에 의해 엘레멘트의 값이 생성되는가를 식별한다.

엘레멘트의 이름도 이때 정하는데 법인의 문화를 수용하는 것이 좋다. 엘레멘트의 명칭은 엘레멘트의 내용을 담는 그릇이므로 내용이 뜻하는 바를 전달할 수 있는 단어로 지어야 한다. 다시 말해 법인 구성원들이 업무를 처리할 때 사용하는 단어를 써야 한다. 또 법인 규모가 커서 같은 대상을 조직 부서마다 명칭을 다르게 사용하는 경우도 있다. 이들은 모두 통일해서 같은 명칭으로

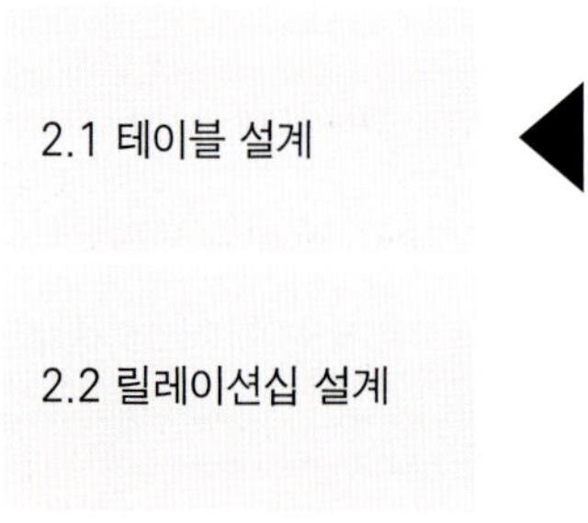

데이터베이스 설계의 구성

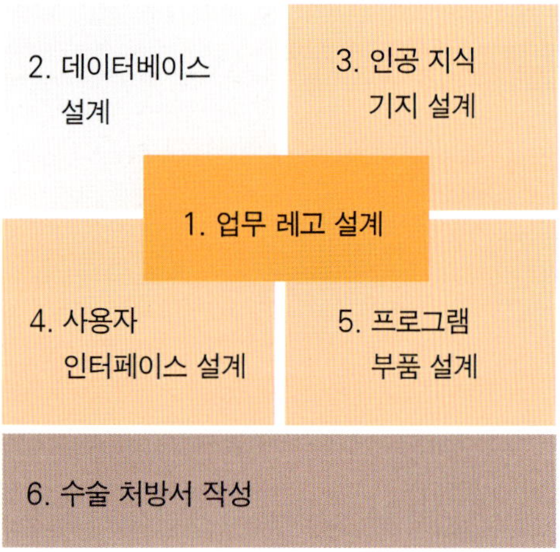

수술 설계의 구성

만들어야 한다.

릴레이션십 설계 과정에서는 테이블과 테이블 간에 형성되는 관계를 설계한다. 테이블간의 관계는 부모와 자식과 같은 원류와 파생의 관계, 원류를 같이하고 있는 수평 관계, 하나와 여럿과의 관계인 일 대 다수의 관계 또는 그 역의 관계 등이 있다.

데이터베이스 설계는 정보계 시스템의 핵심을 디자인하는 작업이다. 이 작업을 하는 사람은 법인이 수행하고 있는 업무 정보의 내용과 구조 그리고 데이터의 흐름 전체를 구체적이고도 세밀하게 파악하고 있어야 한다. 뿐만 아니라 데이터베이스 설계 기술에도 능통해야 한다.

업무 정보 관련 영역은 각 분야별 업무 담당자들이 잘 알고, 데이터베이스 설계 영역은 IT 엔지니어들이 잘 알고 있다. 이 두 영역의 전문가들이 상호 지식과 기술을 어떻게 접합하느냐가 난제인 것이다. 이 난제를 해결할 수 있는 기술이 법인의술 중 하나인 eDoctor를 이용하는 것이다.

지식기지 설계

인공 지식기지 설계는 인공 지식을 만드는 지식 기술 영역으로 리스키마 설계와 지식 미분으로 세분화된다. 지식 기술은 최고 수준으로 IT를 이용하는 인간의 사고 영역에 컴퓨터를 적용하는 기술이다. 법인의학 사상과 이론을 실용화시키는 법인의술이 생겨날 수 있었던 것도 이 지식기술 덕분이다. eDoctor는 인공 지식시스템으로 KT를 활용해 만든 것이다.

리스키마 설계 과정에서는 인공 인지 구조를 설계한다. 지식이 인간 두뇌에 기억되는 인지 구조의 형태를 컴퓨터에 재현시키는 작업이라 하겠다. 미분된 지식을 행위의 속성에 따라 적분하여 업무 행위 지식을 생성하도록 하는 것이다. 업무 행위 지식은 업무 행위의 방법과 요령에 관련된 지식을 의미한다.

지식 미분 과정에서는 지식을 미분한다. 지식 미분이란 지식이 내포하고 있는 사상과 의미를 분해하여 조건 요인에 따라 적분될 수 있도록 한 것을 의미한다. 예를 들어 '순발력'은 '다양화'와 '스피드'로 분해되며 '다양화+스피드'로 적분하면 '순발력'이 된다. 즉 '다양화+스피드=순발력'이다.

수리학(數理學) 지식에서의 미분은 변수(Factor), 계산 인자(Operation), 비교 인자로 분류되는 틀이 있어 비교적 쉬우나 다른 학문의 지식은 미분하기가 복잡하고 어렵다.

인공 지식기지는 법인체의 경결계와 물량계를 다룬다. 경결계는 열두 개의 경결과 네 개의 경혈로 구성된 시스템이다. 경혈은 경결계를 조절하는 포인트이다. 경결계와 물량계의 이론과 구조는 설명하기 매우 어렵다. 설명을 바라는 사람에게 정관(精觀)하

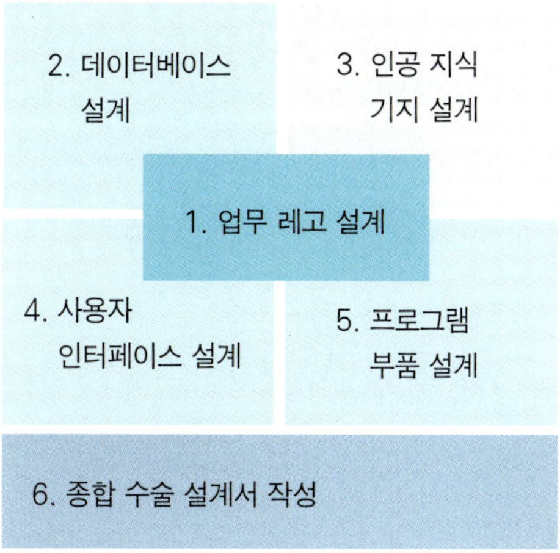

수술 설계의 구성

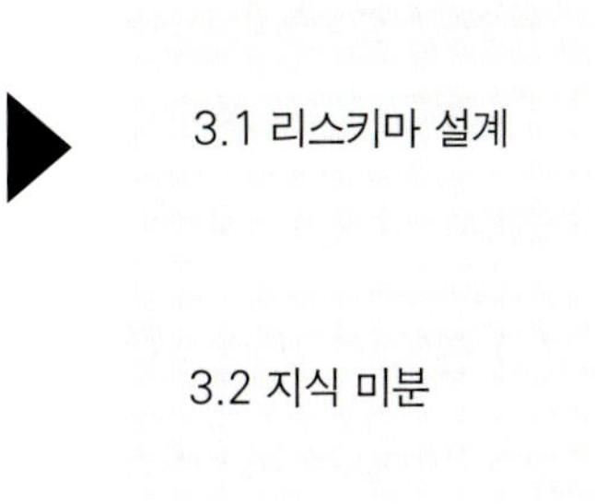

인공 지식기지 설계의 구성

면 보이는 것으로 각자가 깨달으면 된다고 대답할 수밖에 없다. 그러나 이는 알고서 활용하고자 하는 사람에게 무모한 대답이다.

따라서 eDoctor를 통해 간접적으로 의문을 해소하게 한 것이다. 지식기반은 인공 지식기지 위에서, 정보화는 데이터베이스 위에서 이루어지는 것이다. 그러므로 인공 지식기지 설계가 지식기반 경영 시스템을 구현시키는 핵심이 된다 할 수 있다.

경영 사례나 규정집들을 데이터베이스 형태로 구축한 것을 KB(Knowledge Base)라고 하기 때문에 KB를 인공 지식기지로 잘못 이해하는 경우가 많다. 이 점에 유의할 필요가 있다.

사용자 인터페이스 설계

사용자 인터페이스 설계는 선택화면 설계와 작업화면 설계로 나뉜다.

선택화면 설계 과정에서는 업무 수행자가 업무를 선택할 수 있는 업무 메뉴를 보여 주는 컴퓨터 화면을 설계한다. 사용자의 시스템 사용 인가 여부를 확인하는 박스, 업무 메뉴 선택 박스, 해당 업무 취급 가능 확인 박스가 순차적으로 화면에 나타나도록 한다. 동시에 작동 요령을 음성으로 해설하고 비인가자인 경우에는 정중히 사절하는 메시지를 음성과 문자로 내보낸다. 간편하고 명료하게 작동 시간에 알맞은 속도에 따라 작업화면이 나올 때까지의 과정을 설계한다.

작업화면 설계에서는 업무 행위에 따른 작업화면을 설계한다. 작업화면의 구도와 배치, 색상은 생산성에 지대한 영향을 주므로 유의해야 한다. 색상은 뜨지 않게 하고 열(熱)보다 냉(冷) 지향색으로 하여 글자 폰트는 타이틀, 항목, 내용, 강조점에 따라 크기와 모양을 달리 선택한다.

절약 의미와 여백의 미를 감안하여 화면의 구도와 배치를 잡는다. 항목 이름은 오른쪽 맞춤으로, 내용은 왼쪽 맞춤으로 한다. 입력, 수정, 삭제, 출력, 조회, 확인, 취소, 다음, 종료와 같은 단추는 빈도에 따라 오른쪽에서 왼쪽으로, 상에서 하로 배열한다.

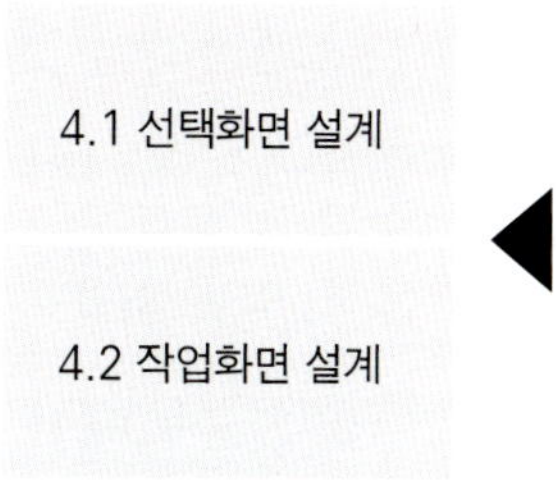

사용자 인터페이스 설계의 구성

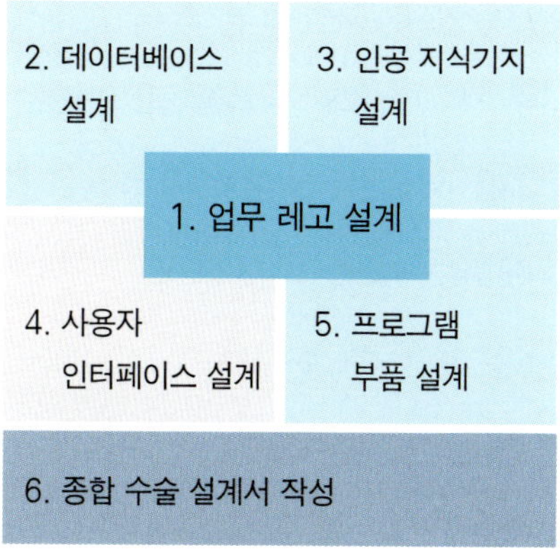

수술 설계의 구성

아날로그 종이 화면은 수평 구조의 면으로밖에 할 수 없으나 디지털 전자 화면은 수직 구조의 면으로도 할 수 있다. 3차원 구조의 입체 화면 등도 가능하기 때문에 디자인하기에 따라 업무 성격에 따른 의미를 전달하는 데 보다 효율성을 높일 수 있다. 예를 들면 상품별 흐름, 고객 연령별 흐름, 시차의 흐름이 모두 만나는 점상의 판매 경향을 화면에 나타냄으로써 판매 전략 정보를 보다 효율적으로 전달할 수 있다.

프로그램 부품 설계

프로그램 부품 설계는 다음과 같이 D파트, L파트, A파트, I파트로 세분화된다.

D파트 설계 과정에서는 데이터 딕셔너리(Data Dictionary), 코드 딕셔너리(Code Dictionary), 데이터 검증(Data Verification)에 관한 프로그램 부품을 설계한다. 데이터를 속성별로 분해하여 검증하고 관리하는 파트이다.

L파트 설계 과정에서는 로직(Logic)과 메시지(Message)에 관한 프로그램 부품을 설계한다. 업무 처리상에서 조건값에 따라 흐름의 방향을 달리 결정하며 메시지를 생성하는 파트이다.

A파트 설계 과정에서는 팩터 테이블(Factor Table)과 계산수식을 만드는 프로그램 파트를 설계한다.

I파트 설계 과정에서는 행위간 연결(Activity Integration), 유저 인터페이스와의 연결, 타 영역의 시스템과 연결하는 프로그램 파트를 설계한다.

프로그램 부품 설계 과정에서 만들어진 파트들은 테이블과 인공지식 그리고 유저 인터페이스 설계 과정에서 생성된 것들과 함께 업무 레고의 형성에 따라 프로그램의 구성 부품으로 조립된다.

프로그램 오브젝트 오리엔티드(Program Object Oriented) 기법은 프로그램의 개발에서 여러 줄의 프로그램 문장으로 코딩되면서 반복적으로 사용되는 기능들을 컴포넌트로 한다. 이 컴포넌트들을 저장해 놓고 메뉴 선택으로 재활용할 수 있게 함으로써 컴퓨터 프로그래머의 생산성이 올라가게 된다.

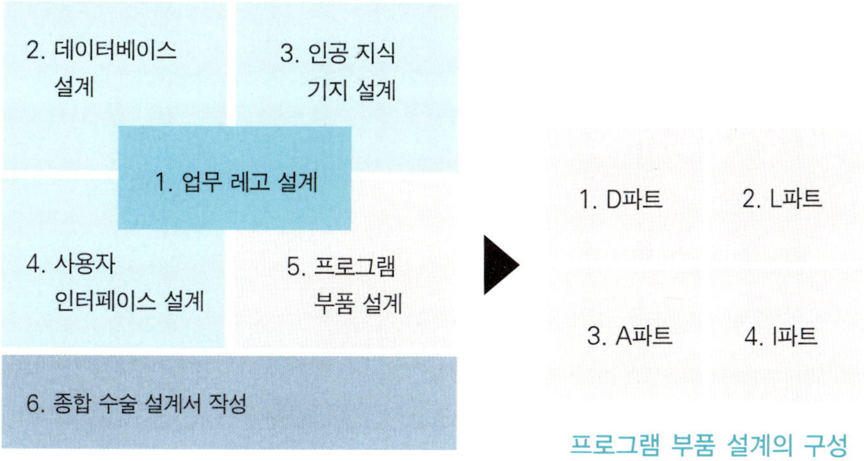

수술 설계의 구성

프로그램 부품 설계의 구성

프로그래머는 컴포넌트를 선택함에 있어 업무 처리 구조를 알아야 하고, 또 업무 처리의 구조가 바뀌면 그 부분을 이해한 다음 이에 해당되는 프로그램의 수정 부분을 찾아내서 수정해야 한다. 또한 업무 처리 구조가 부품화되어 있지 않아 업무 전체를 분석하고 이해하면서 컴포넌트 배열과 연결 코딩을 수작업으로 해야 한다. 정보 시스템의 유연성 문제는 해결될 수 없는 기법인 것이다.

그러나 여기에서 말하고 있는 프로그램 부품은 업무 레고 구조에 따라 미분과 적분이 되면서 프로그램의 조립 · 재조립 · 수정이 기본적으로 자동화되기 때문에 정보 시스템의 고질병인 유연성의 악화 문제를 해결하는 것이다. 또한 프로그래머의 생산성뿐 아니라 정보 시스템 구축에서 기간 · 노동력 · 비용면의 90%에 해당하는 프로그램 코딩의 앞부문 공정에서 생산성이 최소한 10배 이상 올라가게 된다.

종합 수술 설계서 작성

종합 수술 설계 작성에서는 수술 설계 과정에서 생성된 모든 결과물이 문서화된다.

업무 레고 구조도(CBBD), 테이블 구조도, 업무 지식 구조도, 화면 설계도, 데이터 딕셔너리, 코드 딕셔너리, 데이터 베리데이션, 메시지 테이블, 팩터 테이블, 프로그램 조립도 등에 관한 설계 문

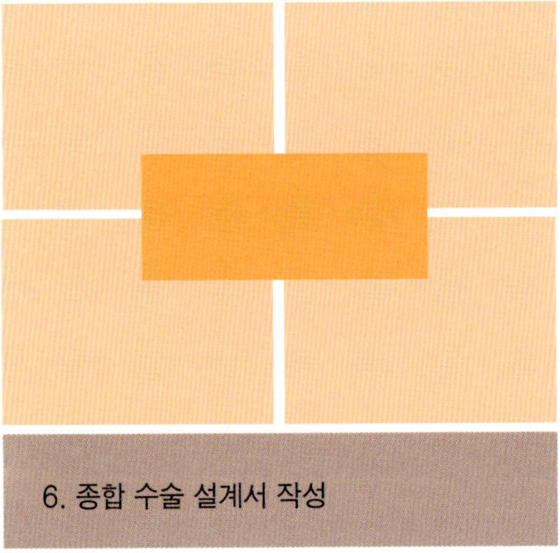

종합 수술 설계의 구성

서가 작성된다.

수술 설계 방법

법인 활동 구조를 수술 설계하는 6개 진료 과정의 수행을 사람의 기술만으로는 할 수 없기 때문에 eDoctor를 활용하게 된다. 종합 수술 설계가 끝나면 수술 시행에 들어간다.

법인 활동 구조 수술 설계 방법

진료과정	세부과정	수행자	전문가 참여분
1. 업무 레고 설계	· 업무 레고 설계	· eDoctor 수행	
	· 컴포넌트 비즈니스 베이스 디자인	· eDoctor 수행 및 법인 전문의 수행	
2. 데이터베이스 설계	· 테이블 설계	· eDoctor/법인의사 수행	현업 실무자 지원
	· 릴레이션십 설계	· eDoctor/법인의사 수행	
3. 지식 설계	· 리스키마 설계	· eDoctor 수행	업무별 전문가 지원
	· 지식 미분	· eDoctor 및 법인 전문의 수행	
4. 사용자 인터페이스 설계	· 선택화면 설계	· eDoctor 및 보조 법인의사 수행	업무 실행자 지원
	· 작업화면 설계	· eDoctor 및 보조 법인의사 수행	

5. 프로그램 부품 설계	· D파트 설계	· eDoctor 및 보조 법인의사 수행	
	· L파트 설계	· eDoctor 및 보조 법인의사 수행	
	· A파트 설계	· eDoctor 및 보조 법인의사 수행	
	· I파트 설계	· eDoctor 및 보조 법인의사 수행	
6. 종합 수술 설계서 작성	· 종합 수술 설계서 작성	· eDoctor 수행	

수술 시행

수술 시행은 프로그램 조립, 시스템 테스트, 데이터 마이그레이

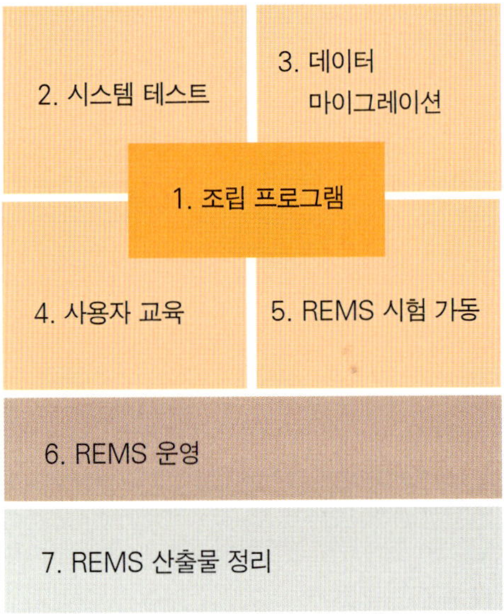

수술 시행의 구성

션, 사용자 교육, REMS 시험 가동, REMS 운영, REMS 산출물 정리 순으로 진행된다.

프로그램 조립

컴퓨터 프로그램 조립은 프로그램 조립과 런 모듈(Run Module) 생성으로 세분화된다.

프로그램 조립 : 이 과정에서는 CBBD 구조대로 프로그램 부품을 조립한다. 조립과 동시에 프로그램 소스 코드(Source Code)들이 자동으로 생성된다. 이 상태에서 프로그램 단위의 테스트를 하면서 조정한다.

런 모듈(Run Module) 생성 : 이 과정에서는 앞의 과정에서 생성된 프로그램 소스 코드를 기계어로 변환시키는 컴파일(Compile)작업을 한다. 이는 단지 컴퓨터에게 컴파일을 지시하는 버튼만 클릭하면 되는 작업이다.

거짓말 탐지기는 프로그램 생성 과정에서 eDoctor에 의해 자동으로 삽입된다. 그리고 지식기반 정보화에서 정보화만 하려고 할 때는 지식기지에 관련된 프로그램만 제외시키면 되며, 나중에 지식기반 정보화로 발전시키려고 할 때 추가 설치할 수도 있다.

수술 시행의 구성

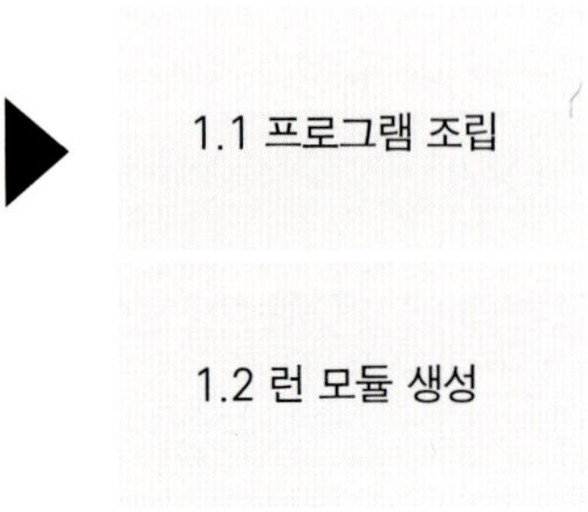

프로그램 조립의 구성

시스템 테스트

시스템 테스트는 IT 시스템 인프라 설치, 매니지먼트 시스템 인프라 설치, REMS 탑재, 시스템 테스트, 사용자 매뉴얼 작성 순으로 진행된다.

IT 시스템 인프라 설치 : 이 과정에서는 컴퓨터 및 커뮤니케이션 네트워크, 데이터베이스 관리 시스템(DBMS), 클라이언트 서버 플랫폼(CS Platform) 및 기타 정보 처리용 소프트웨어 패키지 등을

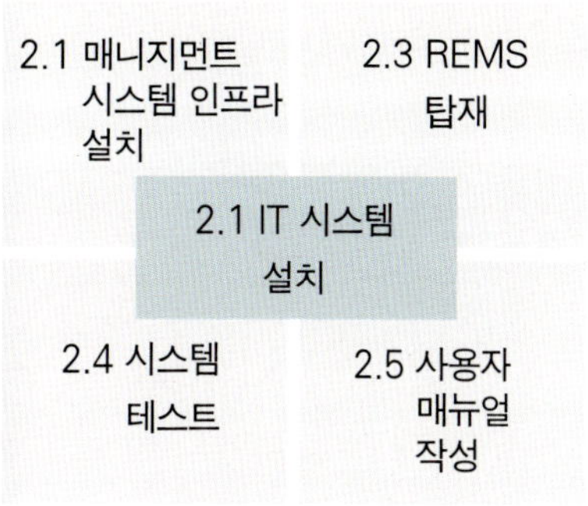

시스템 테스트의 구성

수술 시행의 구성

설치한다. 클라이언트 서버 플랫폼은 업무와 IT의 네트워킹을 구현해 주는 소프트웨어이다.

매니지먼트 시스템 인프라 설치 : 이 과정에서는 조직 구조를 수평적 네트워크로 하여 프로세스의 대기 시간을 단축하여 기회이익을 창출하며, 인맥 중심 조직을 업무 중심 조직으로 바꾸게 하는 소프트웨어를 설치한다. 그 예가 EIOMS이다.

REMS 탑재 : 이 과정에서는 법인 활동 구조를 수술 시행하는 데 핵심이 되는 실시간 경영 시스템을 IT 시스템에 탑재한다.

시스템 테스트 : 이 과정에서는 테스트용 데이터를 조성한 다음 시

스템을 가동시켜 결점을 찾아내 교정, 조율해 시스템의 무결점을 확보한다.

사용자 매뉴얼 작성 : 이 과정에서는 법인 구성원들이 REMS를 통해 업무 수행을 하는 요령을 설명한 가이드 북을 작성한다.

시스템 테스트는 REMS 개발자들의 지휘하에 IT 엔지니어들이 실시하고 법인 구성원들이 테스트 대상에 일부가 되는 형태로 시행된다. 법인 구성원들이 IT를 몰라도 업무 행위를 하는 데 불편이 없는가를 검증하고 조율하는 것에 초점을 두고 시스템을 테스트해야 한다. 그러나 IT는 합리성을 지향하기 때문에 법인 구성원들의 비합리적인 업무 행위에 맞도록 조정해 달라는 요구는 무시하게 되는데 이 과정에서 마찰이 일어나지 않도록 해야 한다.

데이터 마이그레이션

데이터 마이그레이션은 마이그레이션 프로그램 제작과 데이터 변환 구축으로 세분화된다.

마이그레이션 프로그램 제작 : 이 과정에서는 기존의 컴퓨터 시스템에 존재하는 데이터베이스 컨텐츠와 파일 구조로 되어 있는 콘텐츠 등을 새로운 REMS 구조 형태로 재편성하는 컴퓨터 프로

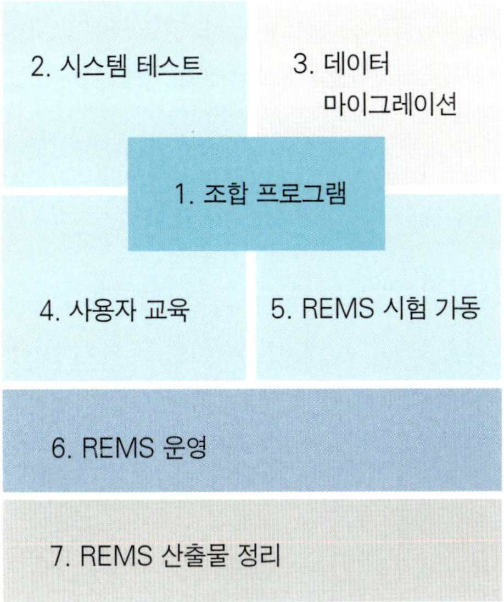

수술 시행의 구성

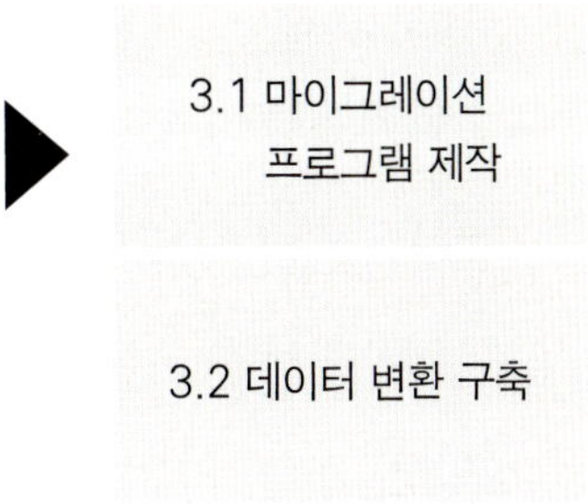

데이터 마이그레이션의 구성

그램을 제작한다. 기존의 컴퓨터 시스템이 오래된 것일수록 보관되어 있는 디지털 자료들의 데이터 배열 구조와 코드 형태들이 여러 번 변경되어 왔을 것이다. 또 그것들이 체계적으로 관리되지 않았다면 이 과정에서 많은 시간과 비용이 들 것이다. 이러한 경우에는 후발선입의 원칙에 입각해서 마이그레이션 프로그램을 제작한다.

데이터 변환 구축 : 이 과정에서는 기존의 디지털 자료를 마이그레이션 프로그램을 통해 REMS의 데이터베이스로 이전 구축하는 작업을 한다. 새로운 데이터나 서류상에 있는 자료는 수작업으

로 REMS에 입력한다. 월말, 기말 또는 연말을 기준으로 하여 마감한 자료들은 REMS 데이터베이스의 기초이자 시작되는 데이터로 한다. 그리고 이전 자료들은 REMS를 운영하면서 후발선입의 순서대로 REMS 데이터베이스로 구축한다. 법인 활동의 경향을 분석하고 예측하기 위한 데이터를 상시 가동 데이터베이스(Open Data Base)에 보존하는데 3~5년간의 활동분이 되어야 한다.

데이터 마이그레이션의 책임은 IT 시스템 공급 업체나 REMS를 개발한 기업병원에 있는 것이 아니고 법인 자체에 있다. 쓰레기를 비축하면 쓰레기가 나오는 것이 IT 시스템의 데이터베이스 관리시스템(DBMS)이다. 쓰레기를 넣느냐 마느냐는 전적으로 법인 구성원들에게 달려 있는 것이다.

데이터 마이그레이션은 법인이 기업병원에서 퇴원 수속 절차를 밟는 것이다. 이후부터 법인은 필요시 통원 치료를 받게 된다.

사용자 교육

사용자 교육은 지식기반 정보화 경영 이론과 REMS 활용 교육으로 세분화된다.

지식기반 정보화 경영 이론 과정에서는 최고경영자를 비롯한

법인 구성원 전원에게 지식기반 정보화 경영 이론과 실체를 교육시킨다. 강의는 법인전문의가 한다. 변화에 대한 두려움이나 기득권 상실의 갈등이 법인 구성원 내에 있을 수 있기 때문에 그러한 생각을 불식시켜 마음을 열게 해야 한다.

REMS 활용 교육 과정에서는 법인 구성원들이 모두 REMS하에서 업무 행위를 할 수 있도록 REMS를 작동할 수 있는 교육을 시킨다.

REMS 시험 가동

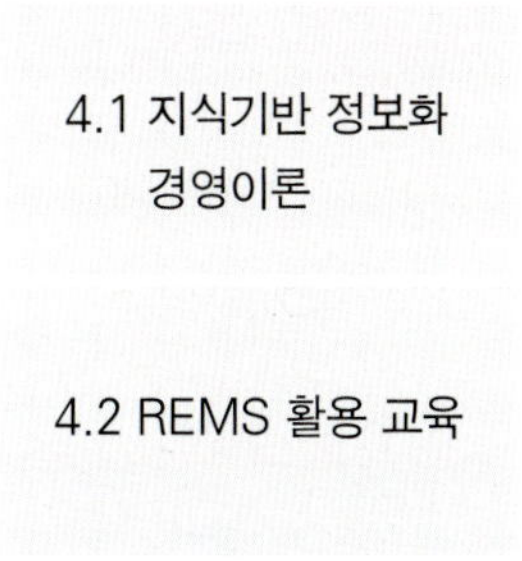

사용자 교육의 구성

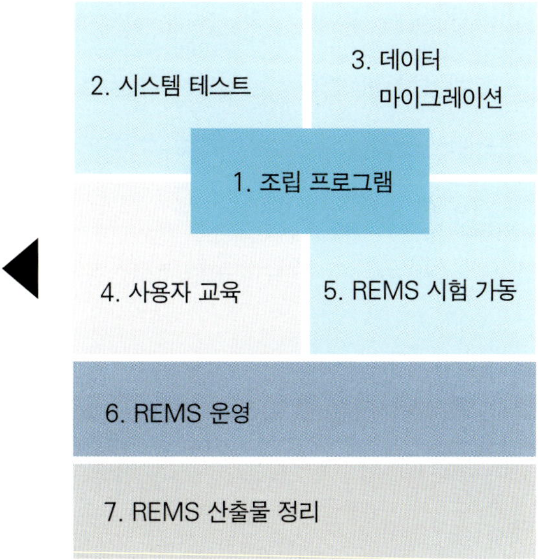

수술 시행의 구성

REMS 시험 가동은 병행 실시와 단독 실시로 세분화된다.

병행 실시 과정에서는 법인 구성원들이 기존의 시스템과 병행하여 REMS로 업무 행위를 해 보는 작업을 실시한다. 기존 시스템에서 출력된 결산서와 REMS에서 생성된 결산서를 비교해 차이가 있는가를 찾아내 조정한다.

단독 실시는 기존 시스템의 결산서 내용과 REMS의 결산서 내용이 일치되면 기존 시스템의 가동을 중단하고 REMS 운영으로 며칠간 무결성을 지켜본다.

기존 시스템 중에서 디지털 데이터와 소프트웨어는 비상시 활

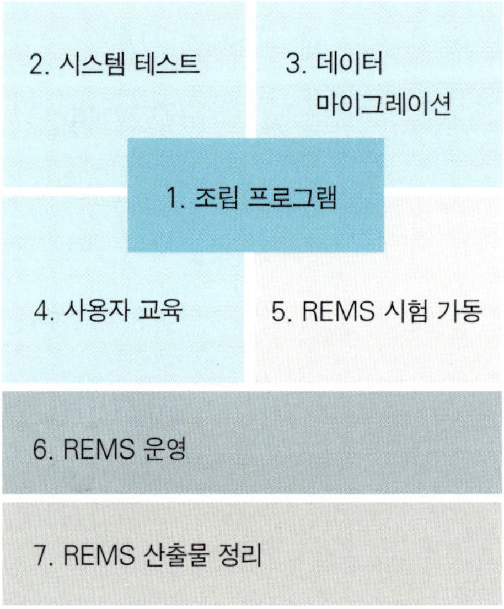

수술시행의 구성

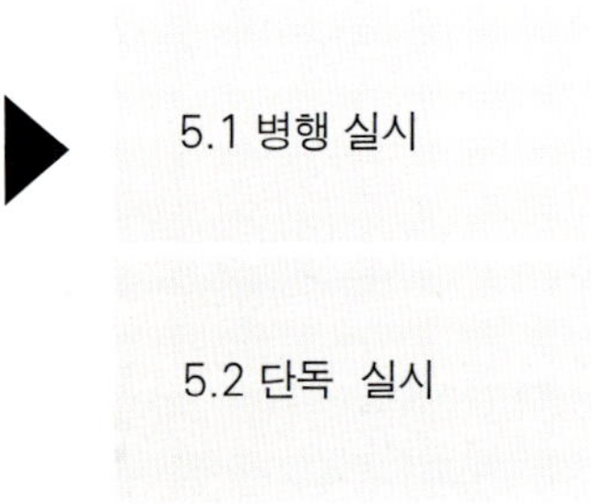

REMS 시험 가동의 구성

용한다는 생각으로 정리해 보관하고 나머지 사용되지 않는 것들은 삭제한다. 그리고 기존의 정보 시스템 관리 요원들을 REMS 관리 요원으로 업그레이드한다.

REMS 운영 및 산출물 정리

REMS 운영은 지식기반 정보화 경영의 엔진이다. REMS는 법인의 자산 중 자금보다 귀한 자산인 데이터와 지식 자원을 관리할 책임과 권한을 갖는 조직기구에서 관장하게 된다. 자금은 모자랄 때 차용이 가능하지만 데이터와 지식은 손상되거나 분실되면 차

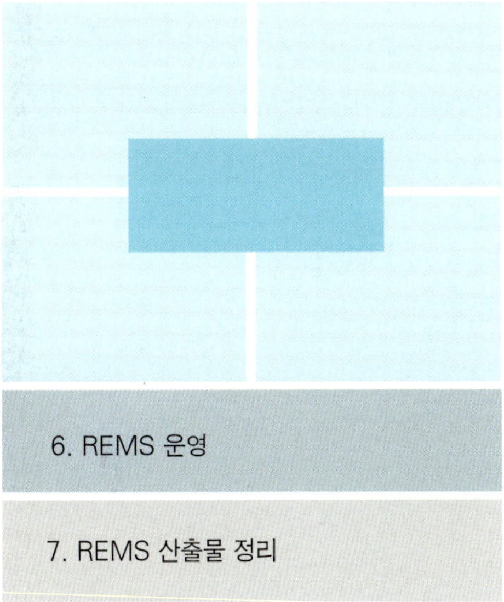

REMS 운영과 REMS 산출물 정리

용도 불가능하다.

따라서 데이터와 지식을 창조하고 관리하는 책임부서로서 데이터/지식관리부를 설치하고 경영 책임자로서 CIO(Chief Innovation Officer)를 채택한다. 참고로 CIO는 'Chief Information Officer'가 아니다. 이때의 CIO는 이미 임무가 끝난 'Carrier Is Over'의 CIO인 것이다.

REMS 산출물 정리는 REMS 자체도 경영 환경 진화에 따라 변하고 발전되어야 함으로 이에 대비한 조치이다. REMS가 변화에 맞춰 순발력 있게 재구성되고 보수 관리가 이루어질 수 있도록 보존되어야 한다. 따라서 실물과 설계서가 일치되도록 문서가 작성되어 도큐멘트로 정리되어야 한다. 수술 시행에 참여했던 진용이 철수한 후에도 REMS 운영 요원들이 REMS를 관리하는 데 불편이 없어야 하기 때문이다.

법인 활동 구조 수술 시행 방법

법인 활동 구조의 수술 시행은 고비용 저효율의 기업병을 수술하는 마지막 과정으로서 지식기반 정보화 기업으로 탄생하는 순간이다. 그러므로 진통이 따르게 마련이다.

그동안 습성화된 업무 행위들을 바꾸지 않으면 더 이상 살아남기 어렵다는 압박감에다 뜻대로 바뀌지 않는 습성을 가진 사람들도 있고, 자신의 습성에 연연하여 불편을 느끼는 사람까지 여러 가지 어려움이 있다. 그리고 기존의 방식대로 업무를 병행하여 새로운 경영 시스템으로 업무 수행을 해야만 하기 때문에 작업 시간이 일시적으로 폭증하게 된다. 따라서 휴일과 야간에도 일을 해야

법인 활동 구조 수술 시행 방법

진료과정	세부과정	수행자	전문가 참여분
1. 프로그램 조립	· 프로그램 조립	· eDoctor및 보조법인의사 수행	
	· 런 모듈 생성	· 컴퓨터시스템(OS)	
2. 시스템 테스트	· IT시스템 인프라 설치	· IT 엔지니어 수행	
	· 매니지먼트 시스템 인프라 설치	· 보조법인의사 수행	
	· REMS 탑재	· 보조법인의사 수행	
	· 시스템 테스트	· 보조법인의사 수행, IT 엔지니어 수행	· 업무별 업무수행자 지원
	· 사용자 매뉴얼 작성	· 보조법인의사 수행	
3. 데이터 마이그레이션	· 마이그레이션 프로그램 작성	· IT엔지니어 수행	· 보조법인의사 지원
	· 데이터 변환 구축	· IT 엔지니어 수행	· 보조법인의사 및 업무별 수행자 지원
4. 사용자 교육	· 지식기반정보화 경영 이론	· 법인전문의 수행	
	· REMS 활용 교육	· 보조법인의사 수행	
5. REMS 시험 가동	· 병행 실시	· 법인측의 시스템요원 수행	· 보조법인의사 지원
	· 단독 실시	· 법인구성원 수행	
6. REMS 운영	· REMS 운영	· 법인측 CIO	
7. REMS 산출물 정리	· REMS 산출물 정리	· 보조법인의사 수행	

하는 어려움이 발생한다.

이 과정에서 하는 일이 대부분 실무자들의 몫이 되겠으나 최고경영자가 관심을 집중시키고 진두지휘에 나서야 한다. '사상과의 전쟁' 인 것이다. 그러므로 법인의 최고경영자는 법인전문의의 지휘하에 움직여야 한다. 즉 법인전문의의 작전 방침에 따라 최고경영자의 명으로 수술 시행 과정이 진행되는 것이다.

법인 의술 11

수술 후 법인 활동 구조의 모습

Computer Communication Network는 IT 인프라, DBMS는 데이터베이스 창고, CSplatform은 업무와 IT의 네트워킹 인프라이며, EIOMS는 조직경영 인프라이다.

REMS는 실시간 경영 시스템으로 이 안에 거짓말 탐지기인 지식산소(knoxygem)와 지식기지가 들어 있다. 그리고 REMS는 정보시스템이 다루는 정보계와 지식기반 시스템이 다루는 경결계, 물량계로 구성된다.

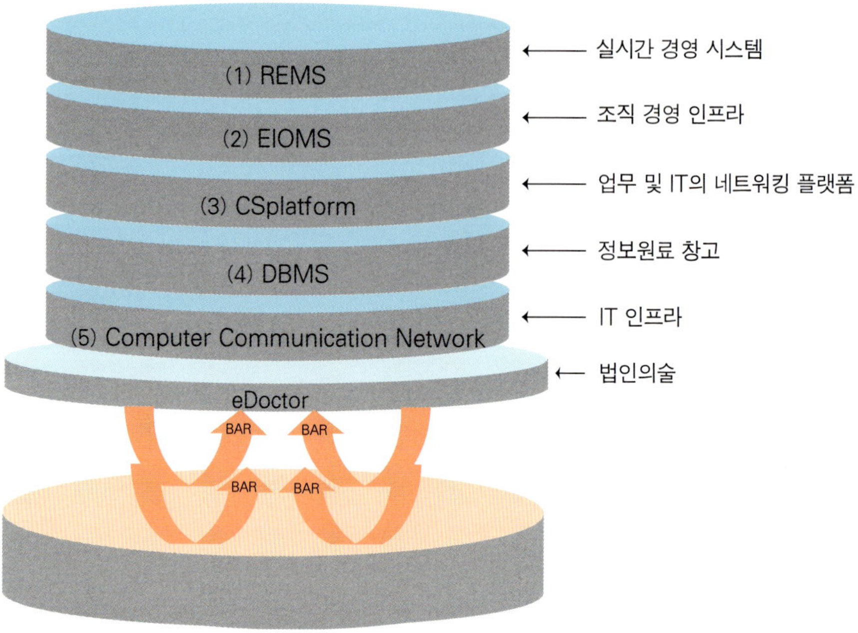

수술 후 법인 활동 구조의 모습

법인 의술 12

REMS 구조

실시간 경영 시스템(REMS : Real-time management system)은 지식기반 정보화 모델의 경영 시스템이다. 이것은 ERP(전사적 자원 계획), CRM(수요고객관리 시스템), MIS(경영 정보 시스템), SIS(전략 정보 시스템), KMS(지식콘텐츠 관리 시스템) 등의 정보 시스템들이 하나로 융화된 상태가 AIA(업무 행위 연동 아키텍처) 구조하에서 가동되는 DMS(의사 결정 시스템)에 의해 자동 조정되도록 정보계, 경결계, 물량계를 모두 포함하고 있다.

REMS는 x, y, z, v의 4D(4Dimension)구조로 되는 메인 보디(Main-Body)와 이 보디에서 가지를 친 사이버 로지스틱스(Cyber-Logistics) 및 사이버 클라이언트 서버(Cyber Client-Server)로 구성된다.

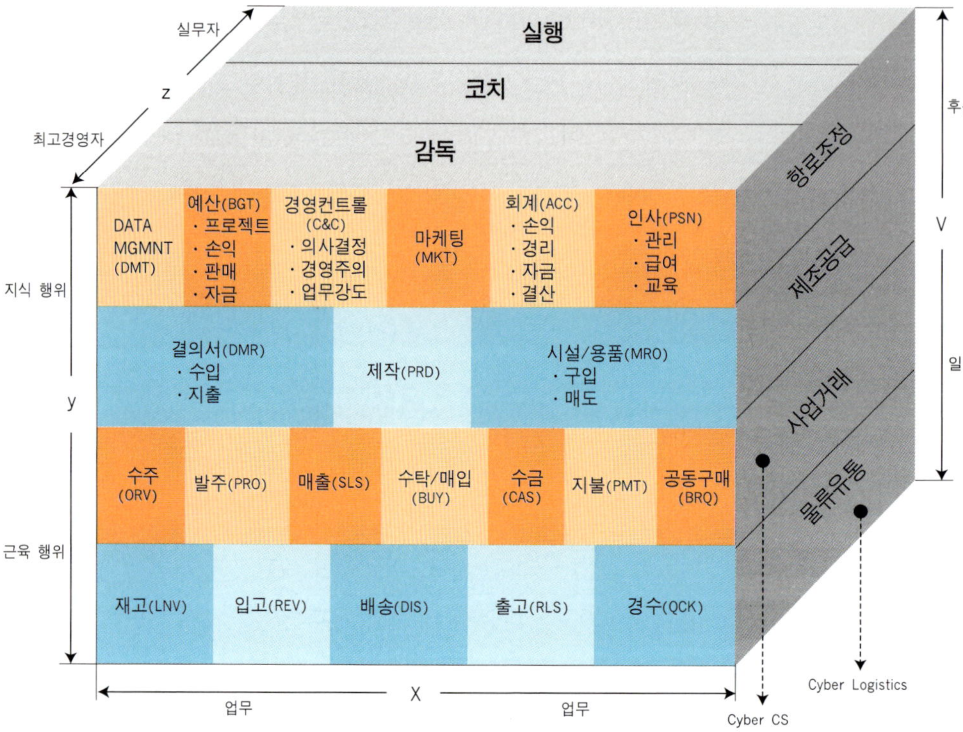

제조판매 기업형 REMS 본체

x측은 업무 구조 디멘션이며 y측은 행위 디멘션이다. y측의 밑은 근육 행위 방향이고 상단은 지식 행위 방향이다. z측은 노하우 디멘션으로 앞쪽은 경영자의 노하우 방향이고 뒤쪽은 실무자의 노하우 방향이다. v측은 활동 영역으로 밑은 일선현장의 방향이고 위쪽은 후방을 향한다. x측은 업무 영역이며 y측은 업무 수행

영역이다. z축은 조직 영역이며 v축은 공간 영역이다.

v축이 변화의 분출구이기 때문에 v축에 맞추어 x축이 변하므로 y축이 x축에 맞추어 변해야 하고 z축이 이 변화를 받아들이는 것이다. v축의 변화는 자연의 섭리로서 누구도 저지할 수 없다. 순응하는 것이 사는 길이다. v축의 변화물결을 타고 항해하는 법인의 핸들은 z축이 쥐고 있다. z축이 물결의 파고를 예측하고 적응하면서 핸들을 조정해 목표 지점으로 법인을 인도하는 것이 생존하는 방법이다.

따라서 z축의 최고봉에 있는 CEO(최고경영자)의 결정과 지휘가 법인을 풍랑에서 구할 수도 있고 좌초시킬 수도 있는 것이다. 뿐만 아니라 법인의 승무원들도 주어진 위치에서 임무를 다하지 않고 선상반란과 같은 행위를 하면 법인은 풍랑에 삼켜지고 만다. 법인 선박의 전 승무원들이 톡톡 튀는 행위를 하다가도 법인 선박 키의 방향에 맞춰 하나가 되는 시스템 파워를 생성해야 하고, CEO는 물결의 변화를 감지하고 적시에 키를 조정하는 지도력을 발휘해야 한다. 이러한 법인 생존의 원리를 구현하는 시스템 경영을 지향하는 것이 REMS이다.

지금은 물론 앞으로도 법인의 규모가 적건 크건 간에 사람과 IT 만으로는 경영을 하기가 어렵다. IT 강국이란 지식기반 사회의 '고속도로' 인 인프라가 잘 건설되어 있다는 것을 말한다. 농경 시대의 우마차나 육지, 해상, 항공 따로 하는 식의 산업화 시대의 자동차, 선박, 비행기 등으로는 효력을 제대로 발휘할 수가 없는 고속도로인 것이다. x, y, z, v의 4차원 경영 시스템으로만 이 고속도로를 효율적으로 활용할 수가 있다.

REMS의 내부 구조를 보면 REMS는 경영 컨트롤이 중심에 있으면서 CEO의 명령을 집행하고, 집행 사항을 확인하고 조정하는 일을 한다. 경영 컨트롤은 최고경영자의 의사 결정을 지원하는 지식기지와 실시간 경영수치 및 추이에 관한 정보를 생성할 수 있는 데이터베이스를 참모로 거느리고 있다. 또한 경영 활동의 부문별 영역마다 서버가 있고 이 서버에는 각자 지식 기지와 데이터베이스가 있으면서 영역 내 업무 행위들을 지휘한다.

따라서 업무 영역별로 활동하게 되지만 경영 컨트롤과 연계되어 가동되기 때문에 하나로서 활동하기도 한다. CEO의 지휘에 따라 실시간으로 일사불란하게 움직이는 구조인 것이다. 이는 '하나이면서 하나가 아니다' 라는 법인사상을 구현하는 실시간 경영의 시스템 구조이다.

사이버 클라이언트 서버는 회사가 소비 고객이나 공급 고객과 사업 거래를 온라인으로 하는 시스템이다. 인터넷망을 이용하면서도 호스터 - 터미널 아키텍처인 웹(web)방식의 정보통신이 아닌 클라이언트 서버 아키텍처인 고객 봉사자 방식의 업무 처리 시

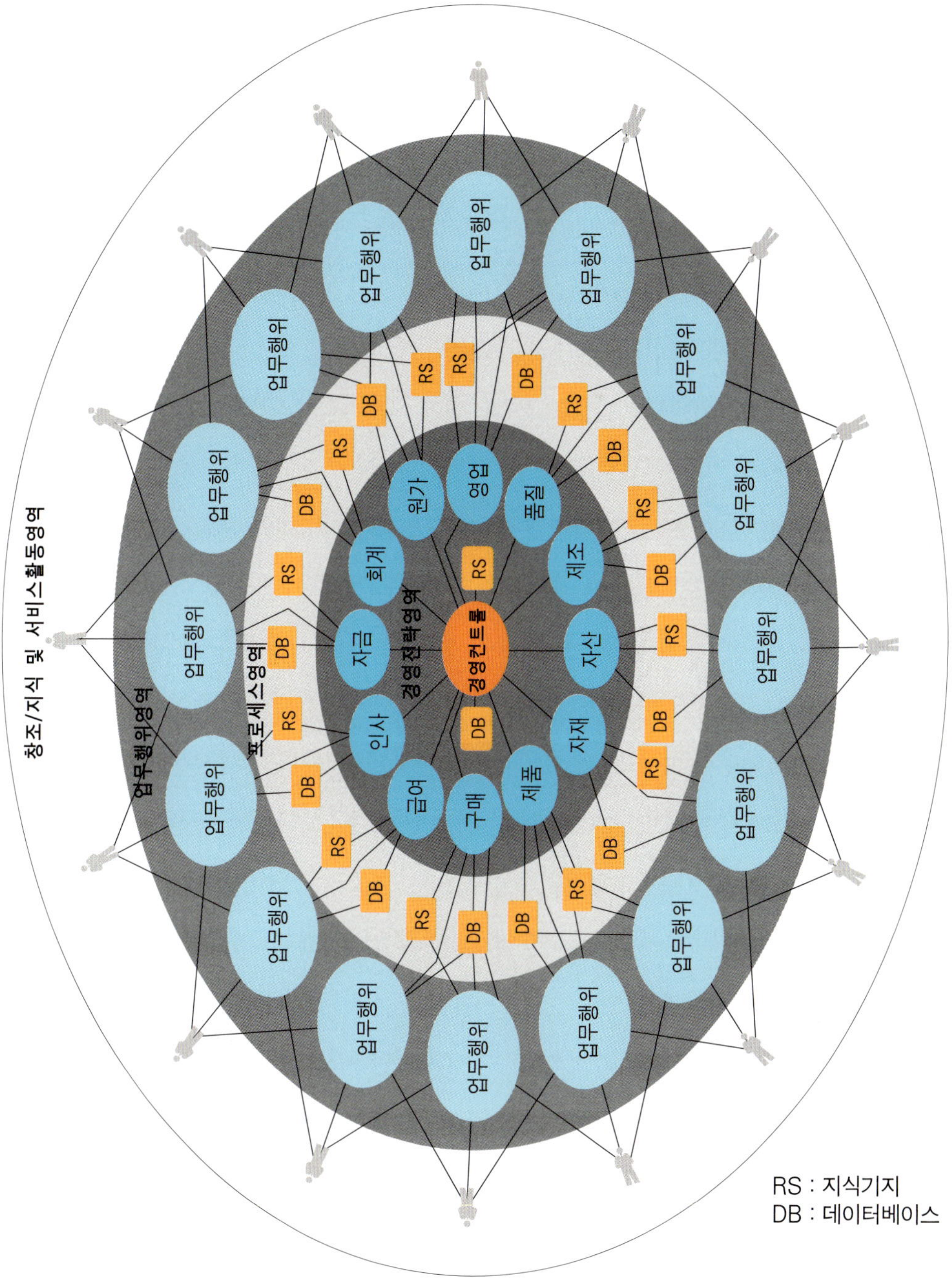
창조/지식 및 서비스활동영역
업무행위영역
프로세스영역
경영전략영역
경영컨트롤
영업
원가
품질
회계
제조
자금
자산
인사
자재
급여
구매
제품
업무행위
RS
DB
RS : 지식기지
DB : 데이터베이스

REMS 내부 구조도

스템이다.

클라이언트서버 아키텍처는 전용 선망(WAN : Wide Area Network)을 이용하기 때문에 통신비가 많이 들 뿐만 아니라 별도로 통신 장비를 설치해야 하기 때문에 시설비도 많이 든다. 이런 결점을 보완하여 별도로 통신 장비를 설치하지 않고 저렴한 통신 비용으로도 가능할 수 있도록 한 것이 사이버 클라이언트 서버 시스템이다.

사이버 로지스틱스는 전용 물류창고 외에 도매점이나 공장의 제작 창고들도 모두 하나의 창고와 같이 연계하여 활용하고 관리할 수 있게 함으로써 물류 비용을 절약하고 배송기간을 단축할 수 있게 해 준다.

IT 시스템을 기업에 적용해서 실시간 경영이 될 수 없는 경우와 되는 경우의 예를 들어 보겠다. 경영활동의 결과는 손익 현황, 자산부채 현황, 자금 현황 등의 결산 정보로 작성되어 경영자 및 관계자에게 전해진다. 이를 '경영 소식'이라고 생각하면 된다. 기업의 구성원들이 사업 또는 업무 행위를 하는 순간에 그 결과들이 경영 소식으로 자동 생성되어 전해지는 것이 실시간 경영의 핵심이다. 컴퓨터 및 정보통신 네트워크 시스템을 인프라로 하여 실시간 경영 시스템을 구축하면 될 것이 아니겠는가 하고 생각할 수 있으나 실제 상황에서는 전 영역에 걸쳐 실현되는 경우가 드물다.

대표적이며 보편화된 것이 ERP인데 이 기업 정보 시스템으로 실시간 경영이 불가능한 이유를 살펴보자.

ERP의 회계 관리 시스템에서 단초가 되는 '회계전표 등록' 화면을 보면 회계번호, 사업장, 입력 부서 코드 및 부서명, 입력 경

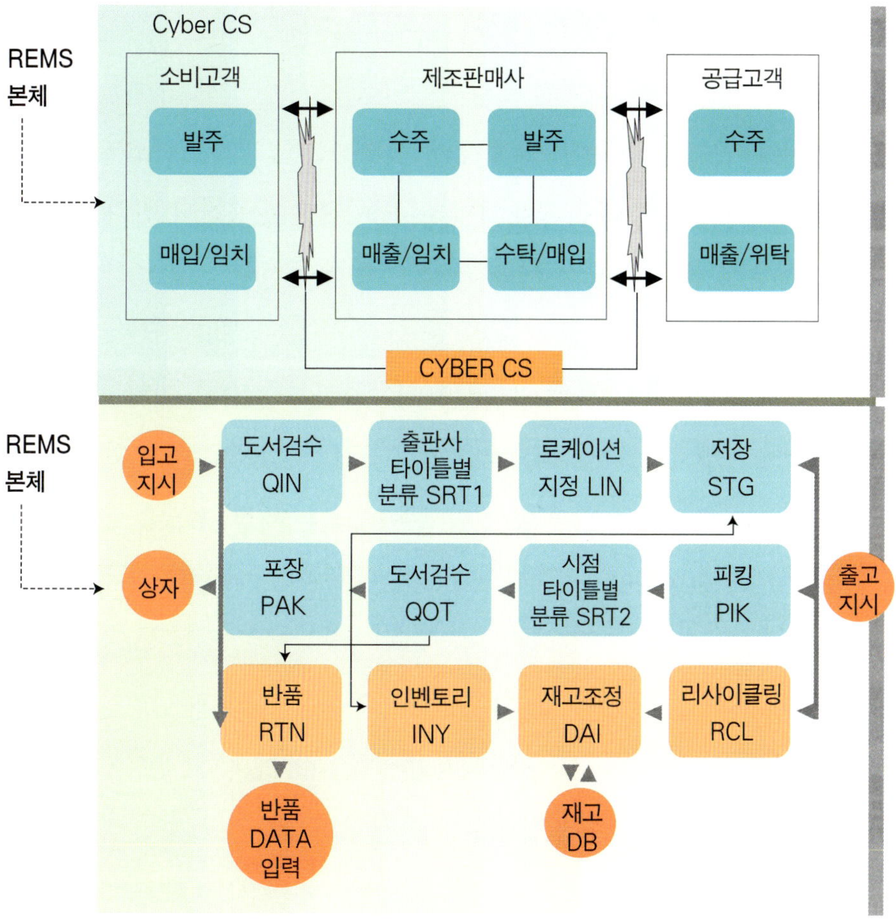

REMS 구조

로, 전표 구분, 공통 적요, 계정 코드, 계정명, 차대 구분, 금액, 귀속 부서 코드 및 부서명, 계산서, 적요사항 등의 항목들을 입력하게 되어 있다.

이 회계전표의 내용은 매입, 매출, 출금, 입금 등의 업무 행위들에 관한 데이터로서 업무 행위가 있은 후에 실행 부서로부터 수집한 관련 문건을 근거로 해서 작성된다.

이러한 과정을 거쳐 회계전표 데이터가 컴퓨터에 입력될 때는 관련 업무 행위들이 있은 지가 오래된 후이다. 결산 정보는 회계전표 데이터가 컴퓨터에 입력된 후 처리되어 생성되는 것이다. 그러므로 업무 행위의 발생 시간과 동시에 경영 소식이 나올 수가 없다.

IT 시스템의 성능이 아무리 빠르더라도 기업 정보화가 실시간 경영을 실현시킬 수 없는 이유가 바로 이것이다. 실시간 경영 시스템으로 컴퓨터와 통신 장비를 활용하지 못하는 것은 초음속 화물운송 비행기를 놔두고 지게로 짐을 싣고 내리는 것과 마찬가지이다.

REMS의 회계 시스템에서는 그림에서 보는 바와 같이 사업현장에서 업무 행위들이 있음과 동시에 회계전표 내용이 자동 생성되어 결산으로 이어져 실시간 경영을 가능케 하고 있다. 회계 부서에서 필요시 회계전표를 확인하거나 조정하면 된다. 전표를 작성하고 컴퓨터에 입력하는 업무 행위들을 하던 요원들은 최고 경영자의 경영 컨트롤을 자문하는 책사로서 또는 재무기술(財務技術) 전문가로 일하게 된다.

ERP에서도 REMS에서와 같이 실시간 경영 시스템을 구현하면 되지 않겠느냐는 의문을 가질 수 있다. 그러나 ERP는 정보기술

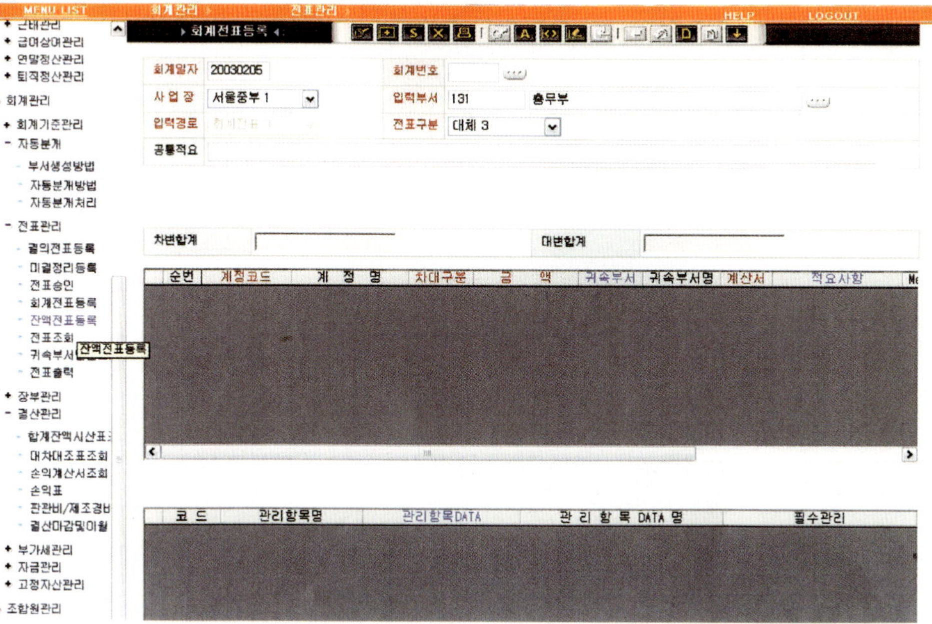

ERP 시스템의 회계전표 등록 화면

(IT)로서 구현되기 때문에 기술적으로도 실시간 경영 시스템이 될 수가 없다.

회계전표를 작성하는 데 있어서 계정의 분화와 조합이 180가지 이상의 경우로 변하면서 발생하기 때문에 회계전문가의 두뇌에 의존할 수밖에 없다. 따라서 회계요원이 회계전표를 작성하게 하는 것이다.

이에 비해 REMS는 지식 기술(KT)을 근간으로 하기 때문에 회계전문가의 두뇌에 형성되어 있는 인지 스키마를 인공지식으로

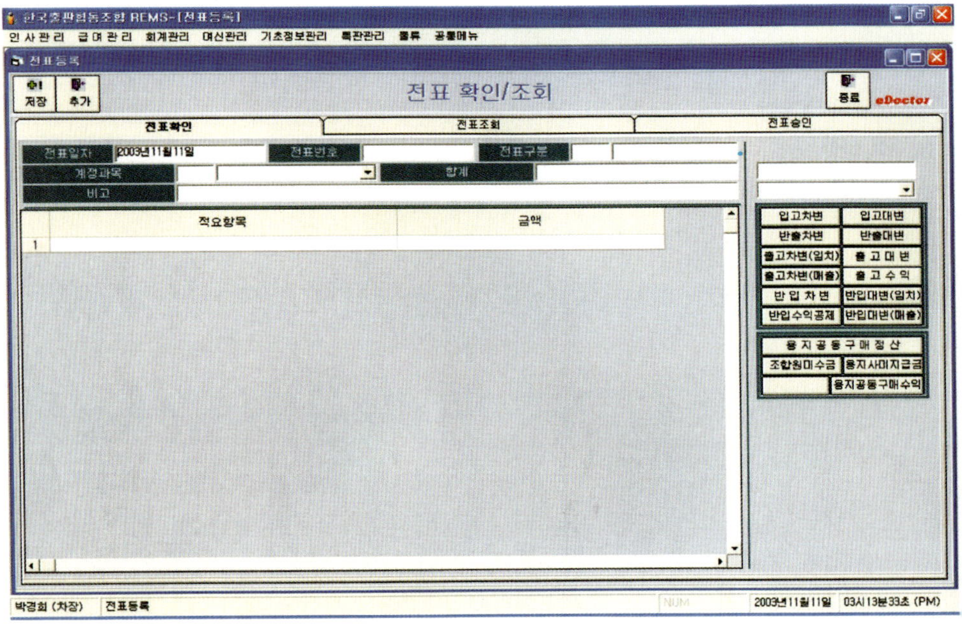

REMS의 회계전표 자동생성 확인 화면

만들어 사용함으로써 회계전표와 분개를 자동으로 하게 된다.

ERP는 IT로 하는 것이며 REMS는 KT로 하는 것이다.

REMS의 구체적인 내용은 법인의학 각론에서 다룬다.

법인 의술 13

공간 환경 구조 과목

산업화 법인 활동의 본거지인 오피스의 개념은 사무행정을 하고 회의를 하는 곳이다. 그러나 지식기반 정보화 법인의 오피스는 창조를 생산해 내는 문화적 공간이라는 개념을 갖는다. 그곳에 가면 생각이 저절로 떠오르고, 나오면 또 가서 일하고 싶은 생각이 나게 하는 공간이다. 공간 환경 구조 과목은 튀는 창조와 차분한 이성이 교감되는 작업 환경, 품격 높은 지성미가 넘치는 문화적 환경으로 작업 공간 환경을 리모델링하는 수술 과목이다.

구상 공간은 최고경영자가 주로 많이 사용하는 곳으로 초가을 저녁 보름달이 떠오르고 시원한 바람과 함께 솔잎 냄새가 풍기면서, 아름다운 음악이 잔잔히 흘러 나오는 공간이다. 도시 한복판에 있는 빌딩에서도 인공적으로 만들 수 있는 공간이다.

작업 공간은 인사 관련 사항이나 과학기술에 관한 문제를 다루는 회의 공간으로 하늘색으로 디자인하고, 격려하고 흥을 돋우는 모임의 장소는 분홍색으로 디자인한다. 흰색은 금물이다. 동적 거리는 크게 고려치 않아도 된다. 좁은 공간도 '큐빅 올로케이션' 식으로 설계하면 넓은 작업 공간을 마련할 수가 있다.

휴식 담소 공간은 법인 구성원들이 컴퓨터를 상대로 홀로 일을 하기 때문에 '홀로병' 에 걸리기 쉬우므로 2시간마다 10분 간격으로 쉬는 시간을 마련하여, 이때 모여서 정담을 나눌 수 있게 만든 공간이다.

계급이 높을수록 차지하는 공간을 넓게 하는 권위주의 개념의 산업화 사무실 구조에서 IT 시스템으로 작업을 하는 것은 돼지 목에 진주목걸이를 해 주는 것과 같다. 창조와 지식, 스피드와 시간 그리고 서비스 경영의 패턴은 IT 시스템 구축만으로 형성되는 것이 아니다. 법인 구성원들의 의식 구조가 업그레이드되고 행동 패턴이 달라질 때 나오는 것이다.

작업 공간의 수술은 법인체의 옷을 갈아입히는 것과 같다. 사람이 연미복을 입었을 때, 작업복을 입었을 때, 또는 군복을 입었을 때마다 행동거지가 달라진다는 것을 생각해 보면 된다. 사람은 활동 공간의 환경과 제도 및 시스템이 바뀌면 행동을 달리하게 된다. 행동을 달리하다 보면 습성이 바뀐다. 습성이 바뀌면 의식이 바뀌게 된다. 왼손잡이를 오른손잡이로 만드는 것만큼이나 어려운 것이 의식 구조를 바꾸는 의술이다.

의식 구조를 쌓고 있는 성벽은 대포로 열게 할 수 있는 것이 아니다. 마음의 문을 열게 하는 것이 첩경인데 그 길이 여기에 있다. 이제 남은 문제는 법인 구성원들의 머릿속에 낀 먹물을 닦아 내는 일이다.

법인 의술 14

인재 재창조 과목

인재 재창조 과목은 법인의술의 진료과목 중에서 상시 일상적으로 시행해야 하는 과목으로 머릿속에 낀 먹물을 닦아 내는 의술이다.

'경영은 사람' 이라고 한다. 법인은 사람들로 구성되어 있다. 이 사람들을 업그레이드함으로써 지식기반 정보화 법인 구조가 지향하는 목표로 갈 수 있다. 이러한 작업은 일상적으로 실시되어야 하는 경영 과제이다. 이 경영을 인재 경영이라고 한다.

오동나무를 심고 키우는 것은 목재 육성이며 사람을 키우는 것은 인재 육성이다. 목재(木材)를 공예품으로 만드느냐 땔감으로 하느냐는 목재(木財) 경영이며, 인재(人材)가 법인에게 이익을 갖다 주게 하느냐 해를 갖다 주게 하느냐는 인재(人財) 경영이다. 경영하기에 따라 인재(人材)가 인재(人財)가 될 수도 있고 인재(人災)가 될 수도 있다.

인간에게 콜레스테롤이 끼듯 법인에도 콜레스테롤이 있다. 바로 인재(人財)는 떠나고 인재(人災)만 남는 경우이다. 달면 삼키고 쓰면 뱉는 토사구팽의 인사관리 때문에 일어나는 현상이다.

산업화 시대에는 '인사 관리'는 있었으나 인재 경영은 없었다. 인사권을 행사하는 사용자의 힘에 대항하기 위해 근로자들은 자신들의 힘을 집결시키는 활동을 한다. 노동조합은 정당한 행위로 간주될 수밖에 없다. 그러나 '너 죽고 나 살자'라는 식의 이분법 구도를 가져오는 '인사 관리'는 지식기반 정보화 시대에는 있을 수 없는 일이다.

지식기반 정보화 법인의 활동 구조는 인재 경영이 가능한 시스템 경영 구조이다. 이 시스템에서는 황제적 경영이나 정보의 독점, 상대방의 약점을 들춰 내는 비겁한 경쟁이 불가능하며 투명성과 신뢰성이 보장된다.

인사 관리를 인재 경영으로 수술하는 의술이 인재 재창조 과목이다. 인재 경영은 '요람'에서 '무덤'까지를 경영 대상으로 한다. 법인체에 인재(人材)로 입사하는 '요람'에서부터 인재(人財)로 거듭나면서 활동하다 때가 되어 퇴사하는 '무덤'까지를 경영한다. 이 인재 경영 영역을 시스템화 하기 위해 분해하면 1단계에서 인사 정책, 채용, 조직문화 의식회, 인사 운영, 인사 평가, 조정, 인력 계발, 퇴직 처리, 퇴직 후 지원 등으로 나뉜다.

이 아홉 개의 작은 영역을 두 단계로 분해하면 30개가 되는데 그 중에서 직무 경력 경로 관리(CPM : Carrier Path Management), 인사 고과, 교육, 인간 자원 회계 및 인사 기상(人事氣像) 등이 인재를 지속적으로 재창출하는 역할을 한다. 이 다섯 부문이 일상적 업무 행위와 관리 행위들의 REMS에 의해 자동화되면서 얻어진 시간을 인재 경영의 자원으로 활용하면 구체적이고도 핵심적인 방법이 된다.

CPM은 법인 활동 구조의 변화에 맞추어 직무 구조와 사양(Job Specification)을 개선 또는 개발하고 이 직무를 수행하는 법인 구성원들의 개별 직무 능력 구조와 사양을 조정하는 역할을 한다. 인사 고과는 상벌 고과가 아닌 계발(啓發) 고과로서 법인 구성원별로 직무 능력 구조와 사양 중에서 부족한 부문을 찾아내 교육 훈련 과정에 보내는 역할을 한다. 인간 자원 회계는 인재 재창출 교육 훈련에 투자된 비용과 그 효과를 대차대조표로 만들어 경영지표로 하게 하는 역할을 한다. 인사 기상은 법인 구성원들의 영향 파동을 분석해 의사 결정 행위를 조율케 하는 역할을 한다.

법인 구성원들의 마음을 집결시키는 역량이 최고경영자의 리더십이다. 법인 구성원이 법인체에 들어오는 순간부터 낡기 시작하는 참신성을 향상시키면서 연륜이 쌓일수록 역량 또한 향상되게 하는 것이 경영이다.

사람을 벌면 돈이 벌리는 것이 사업이다. 미래를 창조하고 변화를 관리해 가는 길이 법인의 항로이다. 이 원칙은 누구나 알고 있지만 누구나 실천할 수 있는 것은 아니다. 하지만 'REMS+인재경영'으로는 누구나 할 수 있다. 인재 경영은 법인의학 각론에서 다루기로 한다.

법인 의술 15

법인 진료 프로젝트 관리

법인을 리모델링하는 법인 진료 프로젝트는 골드칼라 근로자들이 중심에 선 과제이다. 이 프로젝트를 행정 관리자나 엔지니어와 같은 화이트칼라 근로자가 기획하고 관리하기는 어렵다. 아티스트, 비즈니스 전략가, 지식 미적분학자, IT 엔지니어, 업무 분야별 전문가 등의 다양한 시각들이 교차되는 작업이기 때문이다. 행정 관료의 잣대로는 프로젝트의 계획과 실행이 어렵다.

그러므로 법인 진료 프로젝트는 아티스트, 비즈니스 전략가, 지식 미적분학자, IT 엔지니어의 역량을 모두 갖춘 토털 시스템 전문가인 '아트비즈노지니어(Artbizknogineer)' 가 할 수 있는 기획 관리이다. 그러나 '아트비즈노지니어' 는 현실적으로 존재하기가 어려운 전문인이다. 따라서 인공지식 전문가로 해결할 수밖에 없다.

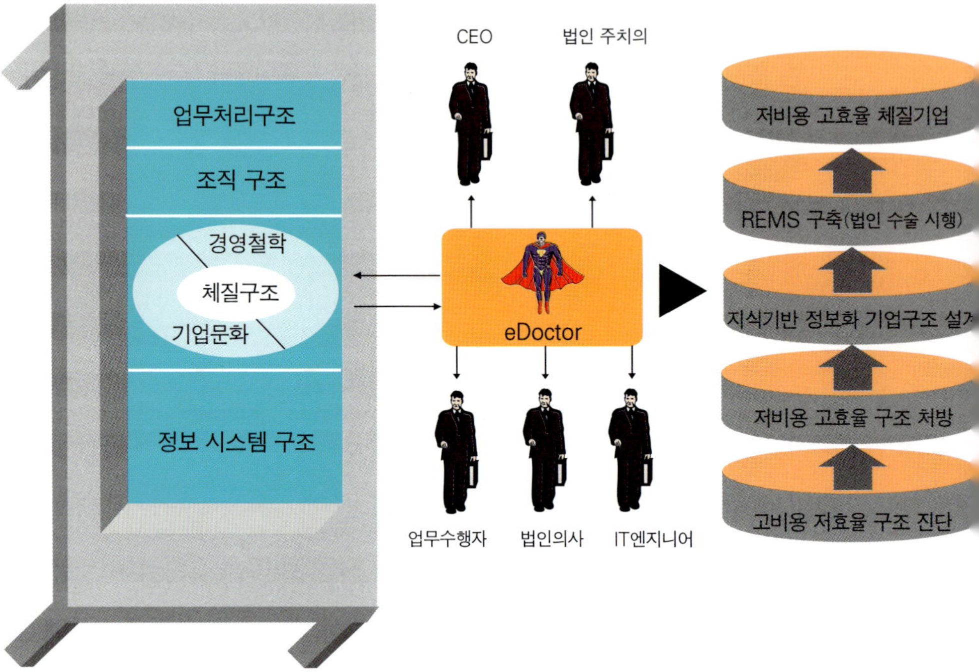

법인의 입원　　　　법인 치료　　　　법인 진료 프로젝트

따라서 eDoctor가 '아트비즈노지니어'의 핵심적인 역할을 대행하면 된다.

법인
의술
16

법인의학의 산봉우리에 오르면 보이는 모습

〔1〕 BAR은 법인의 수술 방향을 다루는 법인의학 이론이다.

〔2〕 MSR은 조직 구조의 수술을 다루는 법인의학 이론이다.

〔3〕 BPR은 업무 처리 구조의 수술을 다루는 법인의학 이론이다.

〔4〕 ISR은 정보 시스템 구조의 수술을 다루는 법인의학 이론이다.

〔5〕 eDoctor는 MSR, BPR, ISR의 법인의학 이론을 실현시키는 법인의술이다.

〔6〕 SER은 작업 공간 환경의 수술을 다루는 법인의학 이론이다.

〔7〕 HRR은 인재를 재창출하는 법인의학 이론이며 인재 경영 시스템을 구현한다.

법인 체질 구조는 업무 처리 구조, 조직 구조, 정보 시스템 구조

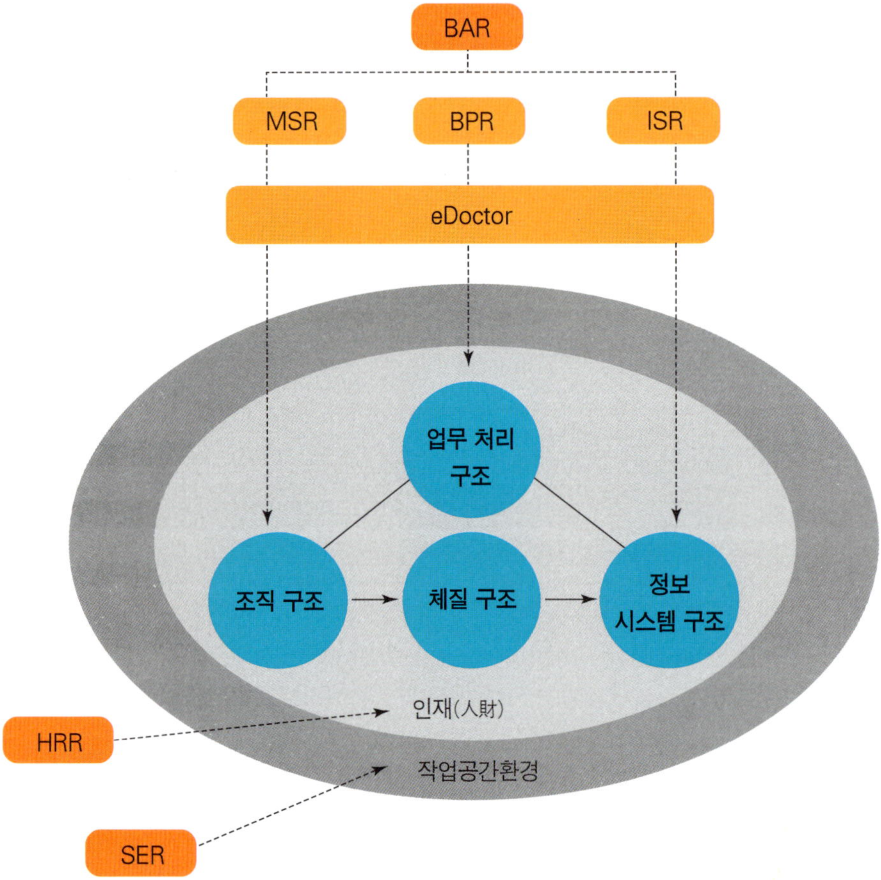
BAR
MSR
BPR
ISR
eDoctor
업무 처리 구조
조직 구조
체질 구조
정보 시스템 구조
인재(人財)
작업공간환경
HRR
SER

법인/법인의학/법인의술

의 수술로 자연 치료가 된다.

법인의학/의술은 지식기반 정보화 법인을 구축하거나 기존의 산업화 법인을 지식기반 정보화 법인으로 리모델링하는 사상이며 이론이고 기술이다.

법인전문의(法人專門醫)는 법인의 고비용 저효율의 체질병을 치료하는 주치의이다.

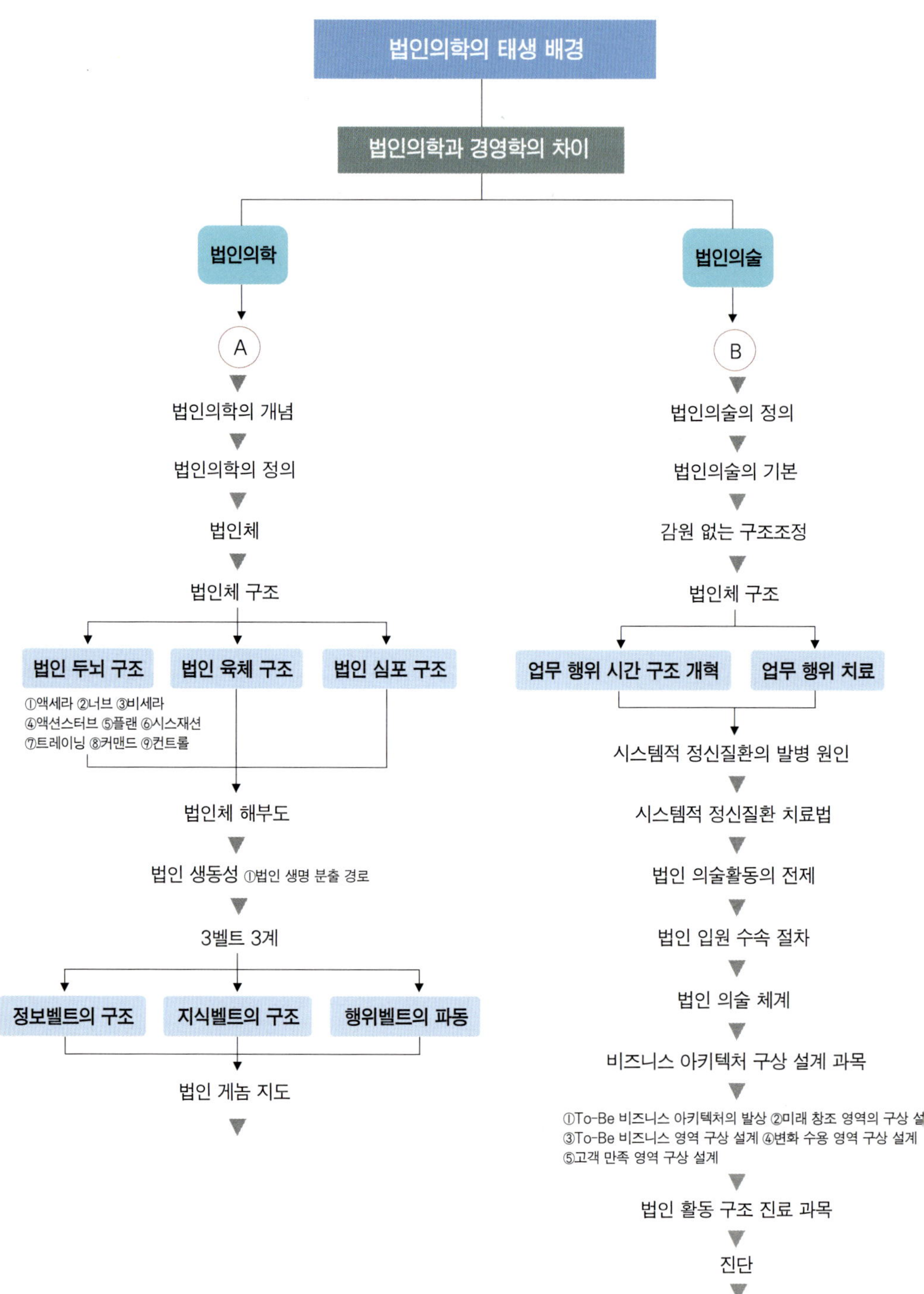

법인의학의 태생 배경

법인의학과 경영학의 차이

법인의학

A

- 법인의학의 개념
- 법인의학의 정의
- 법인체
- 법인체 구조
  - **법인 두뇌 구조**
    ①액세라 ②너브 ③비세라
    ④액션스터브 ⑤플랜 ⑥시스재션
    ⑦트레이닝 ⑧커맨드 ⑨컨트롤
  - **법인 육체 구조**
  - **법인 심포 구조**
- 법인체 해부도
- 법인 생동성 ①법인 생명 분출 경로
- 3벨트 3계
  - **정보벨트의 구조**
  - **지식벨트의 구조**
  - **행위벨트의 파동**
- 법인 게놈 지도

법인의술

B

- 법인의술의 정의
- 법인의술의 기본
- 감원 없는 구조조정
- 법인체 구조
  - **업무 행위 시간 구조 개혁**
  - **업무 행위 치료**
- 시스템적 정신질환의 발병 원인
- 시스템적 정신질환 치료법
- 법인 의술활동의 전제
- 법인 입원 수속 절차
- 법인 의술 체계
- 비즈니스 아키텍처 구상 설계 과목
  ①To-Be 비즈니스 아키텍처의 발상 ②미래 창조 영역의 구상 설
  ③To-Be 비즈니스 영역 구상 설계 ④변화 수용 영역 구상 설계
  ⑤고객 만족 영역 구상 설계
- 법인 활동 구조 진료 과목
- 진단

| 법인의학 체계도 |

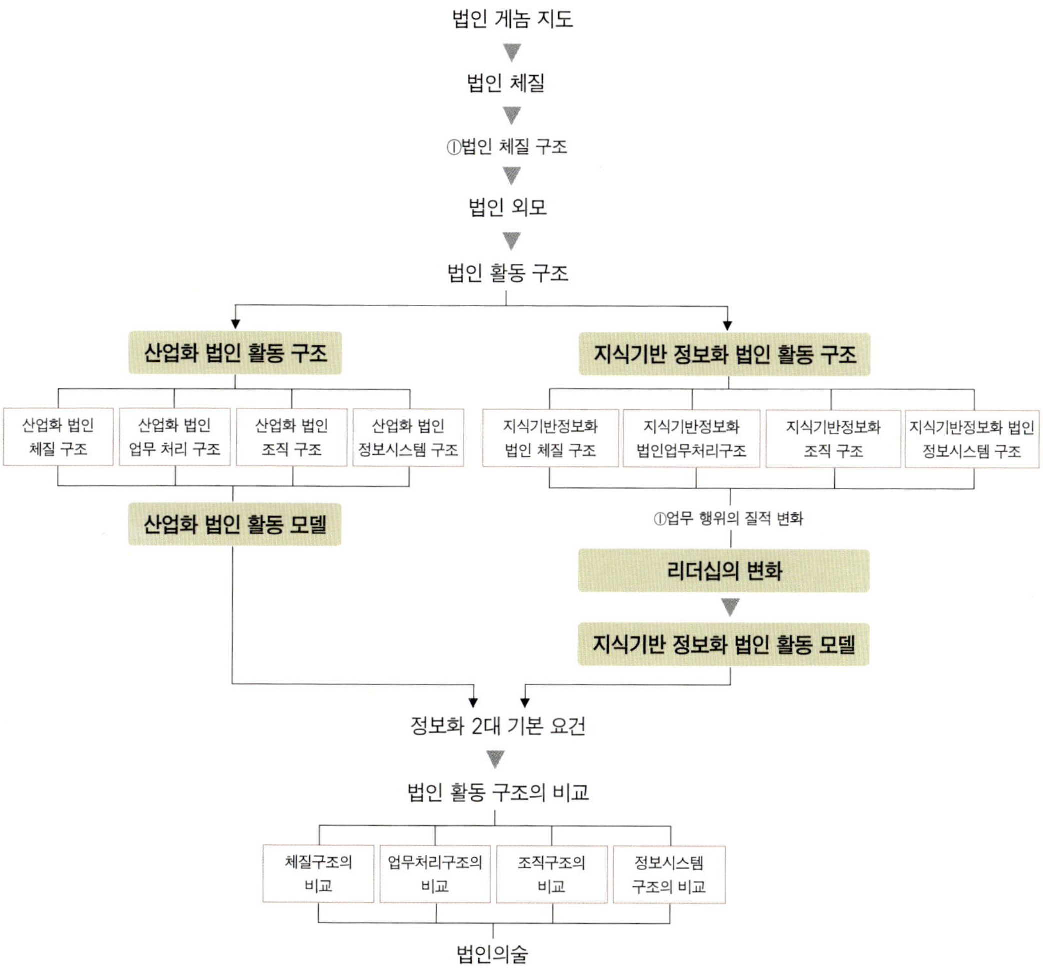
법인 게놈 지도
법인 체질
①법인 체질 구조
법인 외모
법인 활동 구조
산업화 법인 활동 구조
산업화 법인 체질 구조
산업화 법인 업무 처리 구조
산업화 법인 조직 구조
산업화 법인 정보시스템 구조
산업화 법인 활동 모델
지식기반 정보화 법인 활동 구조
지식기반정보화 법인 체질 구조
지식기반정보화 법인업무처리구조
지식기반정보화 조직 구조
지식기반정보화 법인 정보시스템 구조
①업무 행위의 질적 변화
리더십의 변화
지식기반 정보화 법인 활동 모델
정보화 2대 기본 요건
법인 활동 구조의 비교
체질구조의 비교
업무처리구조의 비교
조직구조의 비교
정보시스템 구조의 비교
법인의술

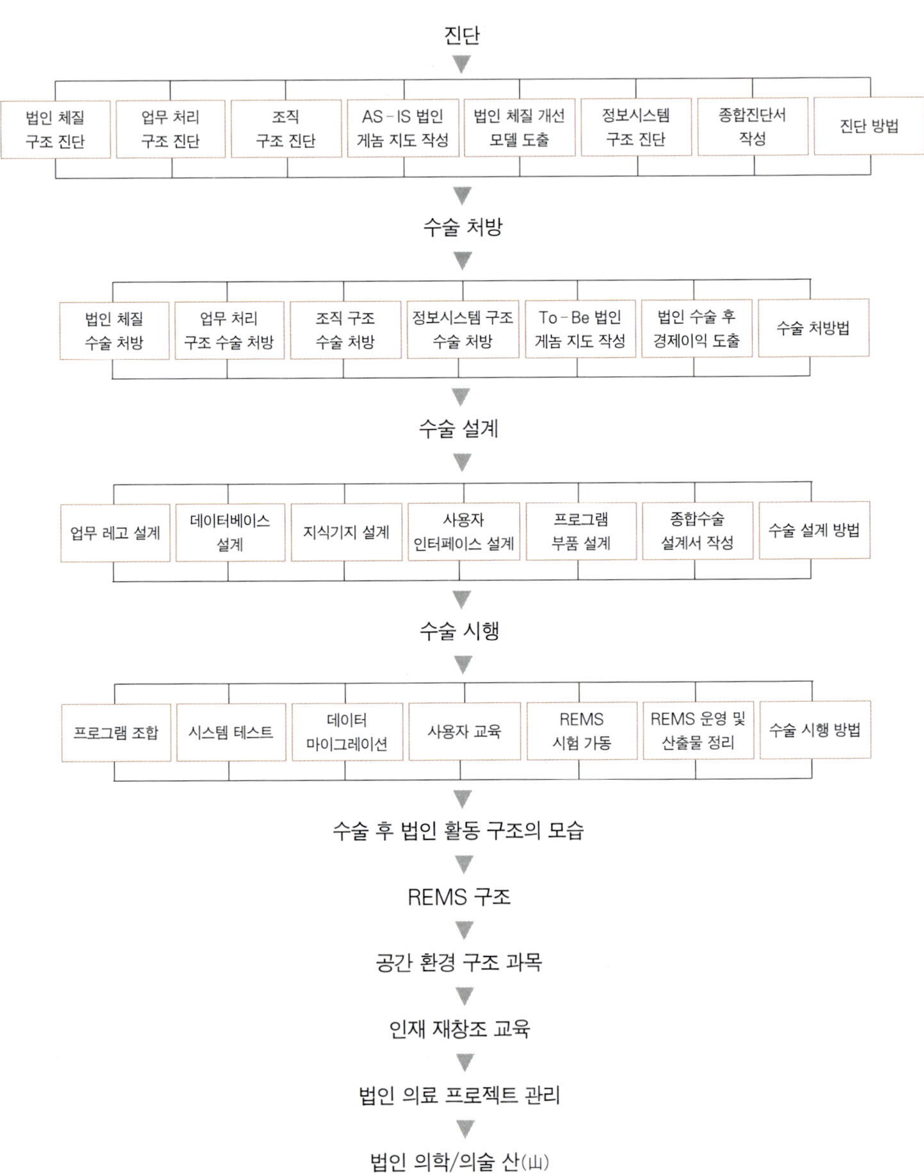

진단

- 법인 체질 구조 진단
- 업무 처리 구조 진단
- 조직 구조 진단
- AS-IS 법인 게놈 지도 작성
- 법인 체질 개선 모델 도출
- 정보시스템 구조 진단
- 종합진단서 작성
- 진단 방법

▼

수술 처방

- 법인 체질 수술 처방
- 업무 처리 구조 수술 처방
- 조직 구조 수술 처방
- 정보시스템 구조 수술 처방
- To-Be 법인 게놈 지도 작성
- 법인 수술 후 경제이익 도출
- 수술 처방법

▼

수술 설계

- 업무 레고 설계
- 데이터베이스 설계
- 지식기지 설계
- 사용자 인터페이스 설계
- 프로그램 부품 설계
- 종합수술 설계서 작성
- 수술 설계 방법

▼

수술 시행

- 프로그램 조합
- 시스템 테스트
- 데이터 마이그레이션
- 사용자 교육
- REMS 시험 가동
- REMS 운영 및 산출물 정리
- 수술 시행 방법

▼

수술 후 법인 활동 구조의 모습

▼

REMS 구조

▼

공간 환경 구조 과목

▼

인재 재창조 교육

▼

법인 의료 프로젝트 관리

▼

법인 의학/의술 산(山)